# RÉGION ET DÉVELOPPEMENT

n° 53-2021

# Migration et développement inclusif

L'Harmattan

# REVUE RÉGION ET DÉVELOPPEMENT

Revue fondée en 1995 par Gilbert Benhayoun et Maurice Catin



Revue semestrielle référencée dans ECONLIT et dans IDEAS (REPEC)

**Site web : www.regionetdeveloppement.org**
**ISSN 2117-0843**

---


**5-7, rue de l'Ecole-Polytechnique, 75005 Paris**
http://www.editions-harmattan.fr
ISBN : 978-2-343-24376-4
EAN : 9782343243764

# Région et Développement

## n° 53-2021

## Migration et développement inclusif

**Coordonné par Joël OUDINET**

**Région et Développement**
*n° 53-2021*
www.regionetdeveloppement.org

# Introduction
# L'impact de la migration sur le développement inclusif

**Joel OUDINET***

***Résumé*** **–** Les migrations internationales qui se sont intensifiées avec la mondialisation peuvent aider au développement économique des pays d'origine. Le développement peut être plus ou moins inclusif en fonction des caractéristiques des pays, de celles des migrants et de leur diaspora, et évidemment des politiques mises en place. Une revue de littérature des études récentes insiste sur l'importance des envois de fonds des migrants pour réduire la pauvreté et développer l'inclusion financière des pays d'origine malgré des frais de transfert encore élevés. La migration de plus en plus qualifiée peut développer les échanges internationaux, les investissements directs étrangers, avec l'aide des diasporas, et accroître la productivité par transfert de compétences. La migration a un impact non négligeable aussi sur les pays d'accueil. Ils peuvent bénéficier de l'apport des immigrés qui occupent des emplois complémentaires à ceux des natifs sur des marchés du travail segmentés. Les migrants qualifiés peuvent aussi stimuler l'innovation. En ce sens, les pays développés d'accueil ont intérêt à mettre en place des politiques d'immigration et d'intégration adaptées. Ce numéro spécial sur le lien entre les migrations et le développement inclusif comprend un ensemble d'articles qui apportent des éléments de réflexion à cette thématique.

***Classification JEL***
F22, F24, O15, R23

***Mots-clés***
Impact des migrations
Inégalités
Envois de fonds
Transferts immatériels
Retour des migrants
Rôle des diasporas

* CEPN-CNRS UMR 7234, Université Sorbonne Paris Nord ; Institut Convergences Migrations ; joel.oudinet@univ-paris13.fr

Depuis les années soixante-dix, la mondialisation a vu une intensification de l'ensemble de ses composantes, les échanges commerciaux, les investissements directs à l'étranger (IDE), les mouvements de capitaux et les migrations internationales. La croissance de la migration internationale, pourtant moindre que celles des autres composantes du fait des restrictions imposées par certains pays d'accueil, est de 60% en cinquante ans (3,6% de la population en 2020 contre 2,2% en 1970) pour atteindre 281 millions dans le monde selon les données de la Banque mondiale.

Le flux migratoire n'est pas uniquement orienté des pays du Sud en direction de ceux du Nord. Un nombre quasi équivalent de migrants se déplacent entre les pays du Sud, car souvent les restrictions, la distance et donc le coût final sont moindres. Ce coût explique également que les migrants en grande proportion ne sont pas originaires des pays les plus pauvres faute de moyens. Ce sont les pays à revenu intermédiaire qui ont les taux d'émigration les plus élevés (Dumont et al., 2010). C'est aussi pour ces raisons que les migrations internes, au sein d'un pays, représentent près de trois fois le volume des migrations internationales, soit environ 740 millions de personnes en 2019, selon le PNUD.

La migration a un effet important sur la croissance mondiale, que ce soit sur les pays d'accueil et les pays d'origine. Les modèles macroéconomiques internationaux des Nations Unies estiment qu'une augmentation de 5% de la migration mondiale permet un accroissement du revenu mondial de près de 1000 milliards de dollars et les pays développés d'accueil capteraient un cinquième de ce surplus (Van der Mensbrugghe et Roland-Holst, 2009). Cependant, ces résultats globaux peuvent masquer des interactions complexes et des effets inégaux, des gagnants et des perdants, sur les marchés du travail des pays.

Quels sont les canaux par lesquels se propagent les effets directs et indirects de la migration sur l'économie des pays ? Le développement peut être plus ou moins inclusif en fonction des caractéristiques des pays, de celles des migrants et de leur diaspora, et évidemment des politiques mises en place. Il faut rappeler que les Nations Unies incluent les politiques migratoires afin de réduire les inégalités socio-économiques dans leurs objectifs de développement durable.

Nous analysons les impacts économiques sur les pays d'origine et les pays d'accueil dans la première partie. Dans la seconde partie, nous présentons les contributions qui sont publiées dans ce numéro spécial de Région et Développement, qui fait suite à un autre numéro portant sur les migrations (n° 51-2020).

## 1. L'IMPACT DE LA MIGRATION SUR LE DÉVELOPPEMENT INCLUSIF : UNE REVUE DE LITTÉRATURE

### 1.1. L'impact sur les pays d'origine

L'intensification de la mondialisation associée à une polarisation des échanges et une spécialisation des activités a marginalisé certains pays peu développés. Comme l'aide publique au développement ne progresse plus depuis les années 1990, l'insertion de nombreux pays en développement dans l'économie mondiale passe par la migration de leurs travailleurs. Les migrants soutiennent le développement de leurs économies d'origine par différents canaux que l'on peut regrouper sous trois aspects : les envois de fonds des migrants ; le développement du commerce, de l'entreprenariat et des investissements ; l'impact lié aux retours des migrants et les transferts de compétences.

#### *1.1.1. Des transferts de fonds des migrants en hausse aidant le développement inclusif des pays d'origine*

***Des envois de fonds qui réduisent la pauvreté, mais avec des frais encore élevés***

Les envois de fonds, qui représentent 540 milliards de dollars en 2020, sont la source principale des flux financiers internationaux pour de nombreux pays. Pour certaines petites économies comme les Tonga, Samoa, ces transferts peuvent dépasser 20% de leur PIB. De plus ce flux financier est bien plus stable que d'autres flux internationaux comme les investissements directs à l'étranger.

Malgré la pandémie de Covid, les transferts n'ont baissé que de 1,6% (548 milliards) en 2019 alors que les IDE ont chuté de près de 30% selon la Banque mondiale. Parmi les déterminants des transferts retenus en général, l'envoi « pour altruisme » et l'envoi « pour l'assurance » expliquent cette stabilité et ont même un aspect contracyclique (Rapoport, Docquier, 2006). Un migrant qui envoie de l'argent à sa famille pour des raisons altruistes va chercher à maintenir le niveau de vie de la famille récipiendaire. En cas de baisse de son revenu, il essaiera d'augmenter son transfert. Comme il n'y a souvent pas d'assurance formelle dans les pays les moins développés, les familles vivant de l'agriculture demandent à un de leur membre d'émigrer pour envoyer de l'argent. Cette stratégie de diversification des sources de revenus permet à la famille de s'assurer contre les risques climatiques et autres et d'éviter de tomber dans la pauvreté dans les périodes critiques. Le migrant parti avec cette volonté va augmenter le montant de ses envois en cas de choc affectant les revenus des familles (De Brauw et al., 2013) ou bien après des catastrophes naturelles (Halliday, 2006 ; Arouri et al., 2015).

Outre cet aspect de réponse conjoncturelle, les transferts des migrants ont un rôle reconnu dans la réduction structurelle de la pauvreté pour l'ensemble des pays récipiendaires à faible revenu (Adams et Page, 2005). Les réductions des taux de pauvreté vont jusqu'à 20 points dans les zones urbaines des pays les plus pauvres (Acosta et al., 2008 ; Chiwuzulum et al., 2010 ; Margolis et al., 2015).

Pour estimer l'effet distributif des envois de fonds, les études récentes ont comparé des distributions de revenus réels avec des distributions de revenus contrefactuels, c'est-à-dire ce que seraient les revenus du migrant dans le pays d'origine s'il était resté. Les résultats montrent que les transferts réduisent les inégalités dans certaines régions urbaines qui ont des réseaux migratoires bien établis (Acosta et al., 2008 ; Gubert et al., 2010 ; Margolis et al., 2015 ; Koczan et Loyola, 2018) alors qu'ils vont les augmenter dans d'autres régions plus rurales où la migration est moindre (Adams, 1991 ; Taylor et al., 2008 ; Möllers et Meyer, 2014). Cet apparent paradoxe est expliqué par le rôle de la diaspora qui permet d'atténuer les coûts de la migration (Stark et al., 1988). Plus la diaspora est nombreuse, ancienne et organisée, plus elle facilite l'intégration des nouveaux arrivants et réduit le coût financier et psychologique de la migration. Ce coût plus faible de la migration permet aux plus pauvres d'émigrer et ensuite d'envoyer de l'argent pour sortir leurs familles de la pauvreté. Dans ce cas, le coefficient de Gini qui mesure les inégalités de revenu baisse, les envois des migrants vont tendre à réduire les inégalités entre les ménages. À l'inverse, si la diaspora est peu nombreuse, seules les familles de classe moyenne ou supérieure peuvent financer la migration et elles seront en retour récipiendaires des envois; dans ce cas, les inégalités entre les ménages s'accroissent. Ebeke et Le Goff (2010) montrent cette relation non linéaire en U inversé entre émigration et inégalités pour un panel de 80 pays en développement, à la suite des résultats trouvés par McKenzie et Rapoport (2007) pour le Mexique. Seules les régions qui ont une diaspora bien organisée voient leurs inégalités baisser. Dans une analyse contrefactuelle comparant deux régions algériennes (une kabyle et une arabe) avec des passés migratoires différents, Margolis et al. (2015) confirment cet effet sur les inégalités. La réduction de la pauvreté est plus forte en Kabylie, car la diaspora kabyle présente en France est très organisée. Elle permet aux plus pauvres de migrer, et incite aussi fortement les migrants à envoyer de l'argent à leurs familles. Ainsi, il y a très peu de familles kabyles tombées en extrême pauvreté en ayant supporté une « double perte » (pas de travail par celui qui est parti et pas d'envoi d'argent en compensation).

Par contre, les transferts de pensions de retraite peuvent impacter cette relation entre diaspora et inégalités. L'histoire migratoire entre la France et l'Algérie dure depuis plus d'un siècle et demi, du fait du passé colonial, et un nombre significatif de migrants a pu travailler plus de quarante ans en France avant de revenir en Algérie. Comme la pension moyenne est cinq fois plus élevée que l'envoi moyen d'argent, il n'y aucune famille récipiendaire d'une pension sous le seuil de pauvreté et certaines de ces familles passent dans les quantiles supérieurs de revenu (Margolis et al., 2015). La relation en courbe en U inversé entre inégalités et diaspora est globalement vérifiée mais doit être relativisée par le poids des pensions. Une diaspora ancienne réduit les coûts de migration et permet aux plus pauvres d'émigrer et d'envoyer de l'argent à leur famille (d'où une réduction des inégalités) mais si ces migrants sont restés suffisamment longtemps avant de revenir avec une pension de retraite, ils peuvent accroître les inégalités.

Les transferts de fonds internationaux joueraient un rôle encore plus important si les frais d'envoi étaient moins élevés. La moyenne mondiale des frais est de 6,5 % en 2021 selon la Banque mondiale mais ils varient considérablement selon les corridors, les fournisseurs et le montant envoyé[1]. Ils ont tendance à être les plus élevés sur les petits marchés lorsqu'il y a peu de concurrence vis-à-vis des opérateurs de transferts d'argent historiques comme Western Union et MoneyGram. Ainsi, les corridors vers l'Afrique subsaharienne ont des frais de l'ordre de 8% en moyenne et peuvent atteindre 20% pour certains corridors, alors qu'ils sont en moyenne de 4,6% en Asie (Banque mondiale).

Ces montants élevés ont expliqué le développement de canaux informels de transferts (connus sous différents noms, hawalas au Bengladesh ou système fax en Afrique occidentale), associant deux boutiques intermédiaires dans les deux pays. Celle du pays d'accueil reçoit la somme du migrant, et celle du pays d'origine paye au bénéficiaire qui présente un code. Les frais sont moindres mais la fiabilité l'est également, et comme ces revenus supplémentaires relèvent du marché parallèle, les bénéficiaires ne peuvent pas les déclarer pour obtenir des crédits complémentaires auprès des banques. Avec l'arrivée des opérateurs de télécoms et des fintech sur le marché des transferts de fonds, la concurrence a permis une forte réduction des frais (Schmitz et Endo, 2011). La baisse a représenté trois points en moyenne sur les dix dernières années. Selon la Banque mondiale, une réduction de cinq points de pourcentage peut permettre d'économiser jusqu'à 16 milliards de dollars par an aux migrants et à leurs familles. L'impact sur le développement inclusif est donc significatif mais il reste encore du chemin pour atteindre à l'horizon 2030 une des cibles de l'ONU pour réduire les inégalités : les coûts de transaction des transferts doivent atteindre l'objectif de 3% en moyenne, et aucun corridor ne doit être à plus de 5%.

### *Une source de devises stable qui peut aider à l'inclusion financière des pays d'origine*

L'arrivée des fonds envoyés par les migrants par les canaux formels est une source de devises car, lors du transfert, il y a une opération de change entre les monnaies des deux pays. Cette source de devises atténue la contrainte sur la balance des paiements des pays récepteurs, qui parviennent ainsi à négocier de meilleures conditions d'emprunt sur les marchés internationaux en faisant valoir les transferts de fonds comme contrepartie.

Cet apport de devises peut toutefois avoir des effets négatifs. Il peut rapidement provoquer un « effet boomerang » sur la balance commerciale, si les transferts sont essentiellement utilisés pour acheter des biens importés. À plus long terme, il peut y avoir un risque de « syndrome hollandais », l'apport régulier de ces envois de

[1] https://remittanceprices.worldbank.org/sites/default/files/rpw_main_report_and_annex_q121_final.pdf

fonds pouvant se comparer aux devises obtenues par les pays riches en matières premières. Dans ce cas, une appréciation du taux de change réel effectif de la monnaie d'origine peut provoquer l'orientation de la production vers les biens non-échangeables au détriment des industries de biens échangeables. Les produits de ces derniers secteurs en concurrence avec les produits extérieurs deviennent moins compétitifs et sont délaissés ; cela peut expliquer qu'à long terme les emplois se déplacent vers les biens non échangeables, si aucune politique de change ou industrielle n'est mise en place. Ce risque, particulièrement présent dans les pays d'Amérique du Sud aux régimes de change flexible (Amuedo-Dorantes et Pozo, 2004), est atténué lorsque le régime de change est géré en conséquence et que les transferts sont majoritairement utilisés pour des biens d'investissement (voir l'exemple des pays du Maghreb dans le numéro spécial précédent, Nefzi et al., 51-2020).

Lorsque les transferts transitent par les canaux formels, cela aide au développement du secteur financier dans les pays d'origine. Les institutions financières peuvent proposer aux familles récipiendaires d'ouvrir des comptes pour sécuriser leurs dépôts, faire fructifier une épargne et avoir la possibilité d'un crédit ou d'un microcrédit en s'associant avec des organismes de microfinance (Aggarwal et al., 2011 ; Fromentin et Leon, 2019). Il peut d'ailleurs se développer un cercle vertueux car les envois favorisent une inclusion financière et les familles, détentrices de comptes, demandent à recevoir les transferts via les canaux formels. Cependant, ce processus vertueux n'a pu se mettre en place dans les pays d'Amérique latine qu'à partir d'un niveau initial de développement financier (Fromentin, 2018).

#### *1.1.2. Le rôle des diasporas dans les échanges internationaux*

La théorie standard des échanges internationaux postule que le commerce des biens est substituable à la mobilité des facteurs de production et donc à celle du travail. Les dernières études empiriques montrent, au contraire, qu'il existe une complémentarité entre le commerce international et les migrations.

Les diasporas encouragent le commerce bilatéral entre le pays d'origine et le pays de destination de diverses manières.

Les préférences des migrants pour les produits de leurs pays d'origine, en particulier les produits alimentaires, provoquent une demande nouvelle dans les économies d'accueil.

Les migrants peuvent également jouer un rôle d'intermédiaire entre cette nouvelle demande et l'offre des entreprises de leur pays d'origine. Connaissant les deux pays, ils ont une bonne information des marchés potentiels et des circuits de distribution, ils diminuent donc les asymétries d'information pour les entreprises qui veulent développer ce commerce (Combes et al., 2005). Ils obtiennent aussi plus facilement la confiance de leurs compatriotes pour réduire le coût de négociation et d'application des contrats. Cette réduction des coûts de transaction contribue au développement d'un réseau d'affaires (Rauch, 2001). Plusieurs études économétriques sur les États-Unis, le Canada et la France ont montré l'impact des réseaux de migrants sur la croissance des échanges commerciaux (Gould, 1994 ; Head et Ries, 2001 ; Wagner et al., 2002 ; Combes et al., 2005). Ce sont aussi les États américains qui avaient des diasporas vietnamiennes nombreuses qui ont accru leurs exportations vers le Vietnam (Parsons et Vezina, 2018).

Pour développer les IDE, la réduction de l'asymétrie d'information des investisseurs étrangers par les migrants est aussi primordiale (Plaza, 2013). La force de l'impact sur l'investissement et ainsi sur le commerce dépend de la cohésion de la diaspora et des compétences des migrants. Plusieurs études insistent sur l'apport des réseaux de migrants aux États-Unis et en Allemagne pour expliquer la croissance des IDE vers leur pays d'origine (Kugler et Rapoport, 2005 ; Buch, Kleinert et Toubal,

2006 ; Javorcik et al., 2011). En Europe, il y a une complémentarité entre migration qualifiée et IDE (El Yaman et al., 2007). Le degré de qualification des migrants accentue cet effet positif (Docquier et Lodigiani, 2010). Cet effet d'accompagnement du réseau d'affaires est durable comme l'ont montré Burchardi et al. (2016) sur 130 ans de données locales aux États-Unis. Le développement d'une diaspora dans un comté américain augmente la probabilité qu'une entreprise locale investisse dans le pays d'origine des migrants.

Les informations, la connaissance des migrants de leurs marchés locaux et des réseaux dans leur pays d'origine permettent d'encourager le développement du commerce bilatéral ainsi que celui des investissements directs dans leurs pays d'origine. Les migrants aident donc leur pays d'origine à atteindre une des cibles de réduction des inégalités, définie par l'ONU[2].

### *1.1.3. Une migration qualifiée et un partage des connaissances*

La migration contemporaine est de plus en plus le fait d'une main-d'oeuvre qualifiée et la question de l'impact sur les économies d'origine de cette fuite des cerveaux se pose, principalement pour les pays pauvres, proches des pays d'accueil et faiblement peuplés comme les Caraïbes. Lorsque le départ de qualifiés est très conséquent, des pénuries de main-d'œuvre dans certains métiers peuvent être dramatiques ; l'exemple des médecins en Afrique subsaharienne est particulièrement significatif.

À la suite d'une étude sur 147 pays entre 1975 et 2000, Beine et al. (2011) estiment que l'impact global devient négatif quand la part d'émigrés qualifiés dépasse le seuil de 20%. Sous ce taux d'émigration, les effets externes positifs en termes de transferts de fonds, de commerce, d'IDE, de partage de connaissances et d'incitations à l'éducation semblent compenser la perte initiale de capital humain.

La valorisation des compétences acquises à l'étranger peut aussi avoir un effet incitatif sur l'investissement éducatif de la part de ceux qui sont restés. Cette accumulation de capital humain est plus significative dans les pays à faible revenu et à faible niveau initial de capital humain (Beine et al., 2008).

Les montants envoyés par les migrants qualifiés sont souvent plus élevés car ils ont de meilleurs revenus. Par contre, l'intention de retour est un déterminant primordial pour continuer à envoyer de l'argent plus de dix ans après leur arrivée, et ce désir de retour est moindre chez les migrants qualifiés mieux intégrés dans les pays d'accueil. Par exemple, les vieux Algériens (nommés communément « Chibanis ») effectuent des transferts plus élevés que des migrants arrivés plus récemment et pourtant plus qualifiés. Mais ces derniers ont décidé de rester en France alors que les Chibanis ont majoritairement prévu de passer leur retraite en Algérie (Miotti et al., 2015).

Enfin, les retours de migrants qualifiés améliorent la productivité grâce au partage des compétences acquises.

La décision du retour dans le pays d'origine est assez fréquente chez les migrants car la décision du départ a été souvent difficile. On pense à tort que les seuls retours sont des renvois de migrants pour des raisons administratives, mais un grand nombre de retours se font d'une manière volontaire notamment lorsque les migrants n'ont pas obtenu la réussite escomptée en termes d'emploi, de salaire ou de qualité de vie.

La durée de présence est un facteur dans la décision du retour : un migrant installé depuis longtemps et intégré voit sa probabilité de retour diminuée. Les taux de

---

[2] ONU : « encourager les flux financiers, y compris les investissements étrangers directs, vers les États qui en ont le plus besoin, en particulier les pays les moins avancés, les pays africains, les petits États insulaires en développement ».

retour sont les plus élevés au cours de la première décennie suivant l'arrivée, puis se stabilisent (Dustmann et Görlach, 2016), mais ce constat peut être modifié par le contexte des conditions de départ (Miotti et al., 2015). Enfin, les retours dépendent de la politique d'intégration du pays d'accueil. On estime que le taux de retour est sensiblement moindre en Australie et en Amérique du Nord qu'en Europe.

Barrett et Goggin (2010) donnent aussi l'exemple des migrants mexicains, hongrois ou irlandais qui ont prévu de migrer temporairement pour accumuler des économies avant de retourner pour partager les compétences qu'ils ont acquises. Mais l'apport dans leur pays sera limité si les migrants, en particulier qualifiés, ne trouvent au retour que des emplois déqualifiés (Wahba, 2015).

Le transfert des connaissances peut aussi se faire à distance, avant le retour. Ces transferts « sociaux et immatériels » peuvent influencer les comportements de ceux qui sont restés dans le pays d'origine. Ces transferts peuvent prendre différentes formes, comme des transmissions d'idées, de normes sociales au niveau de la politique (Chauvet et al., 2016), de l'égalité des genres (Moreno-Fontes Chammartin, 2008) ou de la santé (partage des connaissances des habitudes alimentaires, normes d'hygiène, de l'énergie nutritionnelle des aliments, fertilité ; Bertoli et al., 2015).

Les transferts immatériels sont souvent couplés avec les envois de fonds, et leurs effets sur la santé sont souvent significatifs. Les migrants permettent ainsi de réduire une sous-alimentation qui reste élevée en Afrique subsaharienne (23% de la population en 2015). Un doublement des transferts entraînerait une réduction de 11% des personnes sous-alimentées dans 35 pays d'Afrique, d'après Sambo (2018). L'impact est encore plus prononcé dans les pays à déciles de revenus intermédiaires que dans les pays des déciles de revenus inférieurs, là où les structures et les institutions peuvent soutenir ces transferts.

### 1.2. L'impact sur les pays d'accueil

#### *1.2.1. Des migrants occupant des emplois complémentaires à ceux des natifs sur un marché du travail très segmenté*

La première idée reçue concernant l'effet économique de la migration sur les pays d'accueil est souvent négative. Les immigrés viendraient concurrencer les emplois des natifs et l'augmentation de l'offre de travail pousserait les salaires à la baisse, et donc augmenteraient les inégalités. Cette idée, soutenue par des politiques pour des raisons populistes, suppose un équilibre partiel entre une offre et une demande homogène sur le marché du travail. Cela fait abstraction des autres canaux par lesquels les migrants ont des effets positifs qui viennent contrebalancer les effets négatifs sur l'économie d'accueil (Oudinet, 2006). Les études empiriques indiquent que ces effets externes sont suffisants pour que l'effet soit nul, voire positif à long terme dans la majorité des pays d'accueil. Dans une revue de littérature reprenant 27 études empiriques, Péri (2014) montre que l'élasticité des salaires est proche de zéro dans 80% des pays.

Le premier aspect à signaler est que les immigrés occupent des emplois différents des natifs et ne sont pas vraiment en concurrence avec eux (Peri et Sparber, 2009). Le marché du travail est en effet très segmenté et les migrants sont surreprésentés dans des emplois difficiles, précaires et mal payés, comme ceux de la construction, de la restauration, des services aux personnes ou des services aux entreprises (sécurité et nettoyage). En France, la part des immigrés dans ces secteurs oscille entre 20 et 40%, soit deux à trois leur part dans la population active. Lorsque les emplois qualifiés ont des conditions de travail difficiles, comme les urgences dans les hôpitaux, ils sont aussi occupés par de nombreux médecins étrangers.

Par contre, du fait de cette segmentation du marché du travail, les nouveaux arrivants peuvent être en concurrence sur des emplois avec les anciens immigrés. La substitution est d'autant plus forte s'il y a une concentration géographique des migrants (Beine et al., 2011). D'Amuri et al. (2010) constatent, par exemple, que sur dix nouveaux immigrés en Allemagne, il y a eu trois anciens immigrés qui ont été remplacés, mais aucun effet sur l'emploi des natifs. En raison de leur spécialisation et de leurs compétences différentes, plusieurs études empiriques ont montré que les migrants ne sont pas des substituts des natifs, même pour des niveaux de scolarité similaires. Au contraire, leur complémentarité permet un partage des compétences qui accroît la productivité de la main-d'œuvre (Card, 2009 ; Cattaneo et al., 2015 ; D'Amuri et Peri, 2014).

Dans la majorité des pays d'accueil les plus développés, les natifs ont souvent abandonné les postes difficiles de l'industrie pour leur préférer des emplois mieux rémunérés, souvent créés dans les services. Ce déplacement des emplois des natifs français de l'industrie vers des secteurs de services explique l'augmentation de leurs revenus entre 1962 et 1999 (Ortega et Verdugo, 2014). Les migrants occupant des emplois dans les services aux personnes ont aussi permis aux femmes qualifiées de trouver des emplois ou bien de travailler plus longtemps, et d'augmenter la productivité du pays (Jaumotte, and al., 2016).

Concernant l'effet des migrants sur l'économie d'accueil, il ne faut évidemment pas négliger l'impact sur la demande. L'augmentation de la population liée à l'immigration accroit la demande de biens et services ainsi que la demande de travail de la part des entreprises. Les immigrés augmentent la demande locale en consommant ou en investissant (Ozden et Wagner, 2014). La migration peut même, dans certains cas, avoir un effet multiplicateur engendré par la demande (Greenwood and al., 1986). L'intégration de la demande interne dans un modèle macroéconomique contrebalance la baisse initiale des salaires des emplois en concurrence. Greenwood et Hunt (1995) ont estimé leur modèle en équilibre partiel pour les Etats américains où l'immigration provoquait une baisse de 1,8% des salaires des autochtones. En intégrant les effets sur la demande de biens, les résultats s'inversaient et l'effet était nul sur les revenus des natifs.

Les emplois sont créés, soit directement par les immigrés (comme des restaurants ou des commerces ethniques), soit indirectement du fait de l'augmentation de la population dans les pays d'accueil (comme dans les services des administrations, les écoles...).

Les immigrés sont également plus enclins à créer une entreprise que les natifs quel que soit le secteur d'activité (Vandor et Franke, 2016). Pour eux, s'investir dans l'entreprenariat est une voie d'insertion économique et sociale et constitue une réponse à des emplois plus précaires ou au chômage. La majorité de leurs activités commerciales sont liées aux préférences ethniques de leurs communautés. Les « réseaux ethniques », quand ils sont bien organisés, jouent un rôle certain dans l'entreprenariat des migrants en leur prêtant des fonds. Ce secteur financier informel les aide d'une manière très efficace (Wang et Maani, 2014). On s'aperçoit que le taux d'entreprenariat est plus élevé quand les diasporas sont très concentrées. Les relations au sein de la communauté facilitent l'acquisition de compétences professionnelles, comme par exemple les Coréens ou les Tamouls aux États-Unis dans le nettoyage et les motels (Kerr et Mandorff, 2015).

Différentes études empiriques montrent que les réseaux de migrants en favorisant le commerce ont contribué à la croissance économique (Burchardi et al., 2016 ; Cohen, Gurun et Malloy, 2017 ; Parsons et Vezina, 2018).

#### *1.2.2. Des migrants entrepreneurs qui stimulent l'innovation et améliorent les finances publiques*

Les modèles de croissance endogène montrent l'importance de l'accumulation et du partage des connaissances pour induire une croissance sur le long terme. Pour accueillir les nouvelles populations, le développement des équipements des entreprises et des institutions publiques nécessite une accumulation de capital qui se traduit à long terme par une augmentation de la productivité. Sur la période 1960-2006, l'apport de 1% de population a accru la productivité de 0,5% aux États-Unis (Péri, 2012).

Aux États-Unis le taux de dépôt de brevets d'un migrant est le double de celui d'un natif. L'arrivée des immigrés qualifiés à l'après-guerre aux États-Unis a donné un coup de fouet à l'innovation avec une hausse de 15 % du nombre de brevets (Hunt et Gauthier-Loiselle, 2010).

À long terme, la variété des compétences et des idées des immigrés est fortement corrélée à l'innovation et à la croissance. On acquiert plus d'expérience au contact d'une personne qui a des connaissances différentes des nôtres. Les migrants, qui sont souvent surqualifiés dans les postes qu'ils occupent, partagent les compétences qu'ils ont acquises dans leur pays d'origine et peuvent améliorer ainsi l'efficacité du travail (Docquier et al., 2018). Cet effet d'innovation que peuvent avoir les immigrants hautement qualifiés contribue à la croissance économique et à la croissance des salaires pour l'ensemble de l'économie à long terme (Kerr et Lincoln, 2010).

Cette croissance de la productivité et de l'innovation aura aussi des effets sur les finances publiques des pays d'accueil. Des idées fausses sont véhiculées sur les dépenses sociales engendrées par les migrants. L'hypothèse que les migrants choisiraient les États les plus généreux (« tourisme social ») a été largement démentie par les études empiriques. L'impact de l'immigration sur les finances publiques n'est pas du tout négatif dans les pays d'accueil (pour une synthèse des études, voir Chojnicki et Ragot, 2012). Au contraire, les immigrés paient plus de taxes qu'ils ne reçoivent de prestations. Pour la France en 2005, le solde budgétaire est positif et atteint entre quatre et douze milliards soit 0,5% du PIB. Dans les pays comme l'Allemagne ou l'Espagne où la population est vieillissante, la contribution nette des migrants peut même atteindre 1% du PIB. Le solde est moins positif dans les pays où les cotisations fiscales sont les plus faibles et non pas à cause d'une forte demande de prestations (OCDE, 2013). L'intégration des immigrés dans des emplois formels est déterminante pour augmenter leur contribution économique et fiscale.

Le solde budgétaire d'un seul individu est trompeur. En effet, un immigré paie, en moyenne, un peu moins de taxes qu'un natif car il a des revenus et des consommations moindres, et il reçoit en moyenne un peu plus d'allocations. Par exemple, un migrant de 40 ans a une contribution moyenne nette au budget public inférieure de 20% à celle d'un natif français. Mais ce constat individuel est compensé en considérant la contribution de l'ensemble des étrangers, surreprésentés dans les classes d'âge actif qui sont les seules classes à contribuer positivement aux finances publiques. En France, 70% des immigrés ont entre 20 et 60 ans, contre seulement 53% des natifs. Comme la majorité des migrants arrivent après 20 ans, les pays d'accueil ne payent pas le coût de leur éducation. Leurs pensions plus faibles et leur moindre contribution aux prestations de santé expliquent aussi que les migrants à la retraite coûtent moins au budget que les natifs.

Cet effet démographique contribue à réduire l'impact budgétaire du vieillissement de la population autochtone des pays d'accueil. Les dépenses de retraite et de soins de santé dans les économies développées devraient atteindre 24,8 % du PIB en 2100 contre 16,4 % en 2015, simplement en raison du vieillissement de la population. Davantage d'immigration permettrait de réduire les dépenses liées à l'âge de 2 % du PIB d'ici 2100 (Cléments et al., 2015). L'immigration ne pourra pas, à elle seule, maintenir les taux de dépendance des personnes âgées aux niveaux actuels, mais elle pourrait alléger la charge pesant sur les systèmes de retraite à répartition des pays d'accueil.

Les modèles macroéconomiques internationaux permettent de mesurer l'apport des flux migratoires sur l'emploi, l'investissement et la productivité dans les pays d'accueil. Ortega et Peri (2009), dans un modèle intégrant les migrations en direction de quatorze pays de l'OCDE, constatent que l'immigration augmente l'emploi, sans éviction des natifs, et de là les investissements. Ainsi le supplément de 1% de population a permis une croissance de 1% du PIB entre 1980 et 2005, sans affecter la hausse des salaires moyens et du revenu moyen par personne.

Une projection à l'horizon 2030 de divers scénarios migratoires montre aussi que les pays d'accueil européens seraient largement perdants s'ils mettent en place ou maintiennent une politique d'immigration restrictive qui affaiblit les perspectives d'une reprise durable de la demande, alors qu'ils ont besoin d'une main-d'œuvre de remplacement (Duwicquet et al., 2014). Il faut que les gouvernements aient le courage de mettre en place des politiques d'immigration adaptées et proactives. L'ONU, pour permettre un développement durable et inclusif à l'horizon 2030 insiste d'ailleurs sur « faciliter une migration et une mobilité ordonnées, sûres, régulières et responsables, notamment par la mise en œuvre de politiques migratoires planifiées et bien gérées ».

## 2. LES CONTRIBUTIONS AU NUMÉRO « MIGRATION ET DÉVELOPPEMENT INCLUSIF »

Ce numéro spécial de la revue *Région et Développement* sur le thème « migrations et développement inclusif » apporte des éléments complémentaires aux questions ainsi soulevées dans la littérature. Les quatre premières contributions sont centrées sur les pays d'accueil, l'impact et le rôle de leurs politiques migratoires, alors que les deux derniers articles analysent des effets spécifiques de la migration sur le développement inclusif des pays d'origine.

La première contribution de **Albert Millogo, Ines Trojette et Nicolas Péridy** met en avant le peu d'efficacité des politiques d'admission en France. Ils montrent que la migration reste déterminée par la conjoncture économique et les opportunités d'emploi, et par des raisons socio-culturelles comme les liens coloniaux, la connaissance de la langue, l'organisation de la diaspora. À partir d'un modèle gravitaire estimé sur les flux migratoires en provenance de 141 pays entre 1995 et 2014, ils trouvent que les politiques d'immigration françaises n'ont régulé ni les flux des migrants ni les flux de réfugiés. Par contre, les incitations réglementaires en direction des qualifiés ont été positives pour attirer les migrants.

Comme il y a souvent un écart entre les politiques d'immigration et les pratiques, les auteurs estiment trois indices qui permettent d'évaluer les changements au niveau de l'admission, de l'intégration et de l'asile. L'indicateur d'admission intègre les conditions requises comme le niveau d'études ou les actifs financiers détenus par les migrants à leur arrivée alors que l'indice d'intégration renvoie plutôt aux conditions de résidence. À l'instar de l'étude de Beine et al. (2019) pour plusieurs pays européens, ils constatent pour la France que seules les politiques d'intégration ont eu un impact, au contraire des politiques d'admission.

Ils vérifient la robustesse de leurs résultats en utilisant deux indicateurs du projet DEMIG (De Haas et al., 2015). Seule la mise en œuvre des politiques a un impact, et non l'ampleur des changements de politiques.

L'immigration reste définie par des raisons socioculturelles qui s'inscrivent dans l'histoire. Les politiques d'intégration doivent rester cohérentes dans la durée pour être lisibles et efficaces vis-à-vis des migrants.

**Vincent Fromentin, Joris Michel et Sylvain Weber** vont confirmer le rôle de la conjoncture sur une migration particulière, la migration transfrontalière ou pendulaire.

Dans leur modèle d'analyse pour la Suisse et le Luxembourg, ils réalisent deux types de tests de causalité (fréquentiel et non-paramétrique) pour identifier des possibles relations non-linéaires entre cinq variables : les travailleurs frontaliers, les travailleurs résidents, la valeur ajoutée totale, la valeur ajoutée du secteur financier et les indices boursiers.

Dans ces deux pays où le poids du secteur financier et la dépendance à la migration pendulaire sont très importants (ces migrants occupent 6% des emplois en Suisse et 46% au Luxembourg, soit respectivement 10 et 80 fois la moyenne européenne), c'est l'instabilité financière qui est déterminante pour expliquer le nombre de migrants transfrontaliers. À l'aide de données trimestrielles entre 1995 et 2020, les auteurs montrent que les travailleurs frontaliers sont bien plus impactés que les travailleurs résidents par les variations du secteur financier. L'ajustement de la main d'œuvre à la demande est réalisé essentiellement sur les transfrontaliers et moins sur les résidents, résultat qui confirme ceux obtenus par Dustmann et al. (2010). L'ajustement est non-linéaire en raison d'asymétries entre créations et suppressions d'emplois : il n'y a pas le même nombre d'embauches après un choc de demande positif que de licenciements après un choc négatif.

Ce rôle d'amortisseur des déséquilibres sur le marché du travail que jouent les migrants protège les résidents, au contraire des idées reçues croyant à tort que la migration a des effets négatifs sur l'emploi et les revenus des natifs. Une des raisons évoquées dans la section précédente provient de la segmentation du marché du travail existant dans les pays d'accueil développés. Les emplois difficiles, précaires et moins rémunérés sont souvent délaissés par les natifs. Les migrants occupent ainsi plus ces postes qui connaissent souvent des difficultés de recrutement au niveau local.

De nombreuses études ont souligné la surconcentration des migrants dans les emplois pénibles. L'effet des conditions de travail des migrants sur leur santé est l'objet de la contribution de **Nadiya Ukrayinchuk et Carine Drapier**.

En utilisant l'enquête Santé réalisée en France sur près de 19 000 personnes de plus de 18 ans, les auteures comparent la pénibilité professionnelle et la santé des migrants à celle des Français de naissance. À partir des différents critères de l'enquête, elles élaborent des indices pour la pénibilité objective, la pénibilité vécue et globale. Concernant la pénibilité objective, les différences se situent principalement au niveau des rythmes de travail, des horaires atypiques et des expositions aux poussières, fumées et températures extrêmes. Les immigrés sont bien plus exposés à ces contraintes physiques alors qu'ils sont moins soumis à des risques psychosociaux, au stress (« pénibilité vécue »). Après un contrôle économétrique des autres déterminants de santé (âge, genre, conditions de vie, accès aux soins, style de vie, capital santé, environnement psychosocial) et correction de l'endogénéité, les résultats montrent, sans ambiguïté, que la pénibilité physique professionnelle présente un effet néfaste sur la santé des immigrés. Les migrants, à leur arrivée, sont pourtant en meilleure santé que les populations locales ; ce « healthy migrant effect » s'explique par une auto sélection positive. Ce sont les conditions difficiles de leur travail qui dégradent leur état de santé, et cet effet qui s'accentue avec la durée de séjour, nommé « exhausted migrant effect » a déjà été souligné dans d'autres pays (Bollini et Siem, 1995).

La dégradation de la santé des migrants a des répercussions négatives sur le coût des soins et sur la productivité avec les arrêts de travail. Pour contrecarrer cela, la politique de santé associée à leur métier devrait être ainsi plus inclusive. Cela permettrait de conserver l'impact positif sur les finances publiques, que l'on a décrit précédemment, et d'améliorer leur productivité.

**Ernest Tesse** examine, à partir d'une enquête, les comportements d'entreprenariat des migrants haïtiens dans les territoires d'outre-mer français en Amérique (TOMFA).

Les immigrés, dans la majorité des pays étudiés, créent en moyenne plus d'entreprises que les nationaux car c'est une de leur voie d'insertion économique et sociale. Mais ils ont besoin du soutien logistique et financier de leur diaspora. Le cas haïtien semble différent et l'enquête montre que les migrants n'ont en général pas ce soutien de leur communauté qui n'est pas assez riche et organisée. Le manque de ressources financières est mis en avant pour expliquer que les migrants repoussent à plus tard leur volonté de créer leur entreprise. D'autres freins sociaux et culturels spécifiques à la société haïtienne, soulignés dans l'enquête, accroissent leur aversion au risque et réduisent fortement le taux d'entreprenariat.

Pour aller au-delà de ces multiples freins, des politiques d'information et d'accompagnement doivent être mises en place par les économies d'accueil. La création de commerces par les migrants haïtiens permettrait de développer un commerce ethnique bilatéral. Les aides publiques au développement pourvues par les canaux gouvernementaux semblent insuffisantes pour des pays à faibles revenus comme Haïti. Il faudrait cibler des aides en direction de diasporas haïtiennes déjà un peu organisées pour qu'elles soient le déclencheur de créations d'entreprise et d'un commerce bilatéral entre le territoire d'accueil et le pays d'origine. On peut ajouter que les transferts de fonds issus d'un entreprenariat réussi, et passant par des canaux formels – permettant aux organismes de microfinance de mieux évaluer les revenus réguliers des ménages récipiendaires – pourraient inciter à des demandes de crédit pour développer en parallèle à Haïti un projet de commerce ou d'entreprise.

La contribution de **Manuela Ngaba** permet justement de voir si le développement des envois par le paiement mobile (*mobile money*) a eu un impact sur l'utilisation des canaux informels en Afrique subsaharienne. L'approche est originale car il n'y a pas eu à ce jour d'étude économétrique sur le lien entre la numérisation des envois de fonds et l'utilisation des autres canaux de paiement.

Les canaux informels restent majoritairement utilisés en Afrique, comme le « système fax », même s'ils sont en diminution depuis une dizaine d'années (estimés à plus de 70% en 2008 par Freund et Spatafora, et 45% en 2014 selon une enquête de la Banque mondiale). Les deux grandes raisons qui expliquent cette prépondérance jusqu'à maintenant sont la très faible inclusion financière en Afrique subsaharienne et surtout le coût des frais demandés par les institutions financières. Il faut rappeler que, pour la majorité des corridors africains, ils sont deux à trois fois plus élevés qu'ailleurs dans le monde. Mais le développement des services financiers mobiles a mis en place une concurrence et permis une réduction des frais de transfert. L'Afrique compte en effet près de la moitié des comptes d'argent mobile dans le monde en 2019 selon le GSMA.

À partir des données sur l'inclusion financière de 35 pays d'Afrique subsaharienne (Global Findex de la Banque mondiale, 2017), une régression logistique multinomiale détermine si l'utilisation du *mobile money* par les migrants pour réaliser leurs envois influence la probabilité d'utiliser les trois autres canaux de transfert, c'est-à-dire les virements bancaires, les opérateurs de transfert ou bien les canaux informels. Les résultats confirment la baisse du recours aux canaux informels en Afrique subsaharienne. L'éviction des institutions financières est encore plus importante, car les frais de virement bancaire sont au moins deux fois plus élevés, et la densité des agences bancaires dans les zones rurales est très faible. Manuel Ngaba montre aussi des différences entre les régions africaines ; par exemple, l'effet d'éviction des canaux informels est plus fort dans la zone UEMOA car les pays membres ont adopté un cadre réglementaire favorable au développement du *mobile money* dont a bénéficié Orange Money.

Les politiques incitant à la digitalisation par les mobiles accentuent le développement d'une concurrence entre les acteurs du marché des transferts de fonds des migrants afin de réduire leurs coûts. Le coût moyen des transferts dans les corridors d'Afrique subsaharienne est actuellement de 8,7%, loin encore de l'objectif de 3% en moyenne selon l'ONU pour que le développement des pays récipiendaires soit inclusif.

Enfin, **Anda David et Bjorn Nilsson** comparent l'impact des politiques de développement rural de quatre pays de l'Afrique du Nord et du Proche-Orient avec les externalités positives des migrations internationales et des migrations internes.

La diversification des revenus des ménages ruraux grâce à l'envoi d'argent semble avoir plus d'impact inclusif que l'accroissement des seuls revenus agricoles.

Dans les quatre pays étudiés, Maroc, Tunisie, Jordanie et Égypte, la population rurale reste significative malgré une constante migration interne vers les zones urbaines. Les revenus de l'agriculture sont de plus en plus volatiles avec le changement climatique et l'augmentation des périodes de sécheresse. La migration interne vers les zones urbaines ou bien la migration internationale sont une source potentielle de revenu et deviennent des stratégies de subsistance des ménages dans les zones rurales.

Les auteurs soulignent que les politiques de soutien au revenu agricole pour réduire les aspirations migratoires ont montré des résultats limités lorsqu'elles sont isolées. L'amélioration de la productivité agricole n'est qu'une partie de la solution car elle ne suffit pas à assurer des moyens de subsistance décents aux populations rurales les plus vulnérables. Les auteurs insistent sur la nécessité de développer des politiques cohérentes dans un cadre holistique. La migration et ses externalités positives comme l'utilisation des transferts, l'augmentation des activités entrepreneuriales et l'apport des retours des migrants doivent être complémentaires.

Les politiques doivent accompagner les migrants de retour dans leur création d'entreprises. Des incitations peuvent être mises en œuvre afin de réorienter les envois de fonds investis souvent dans l'immobilier vers des investissements productifs dans le secteur agricole et de surmonter les obstacles représentés par l'accès limité au crédit. Des migrants ne transfèrent pas seulement du capital, mais reviennent avec des compétences accumulées dans des entreprises à l'étranger. Le cas égyptien est cité par les auteurs car sa migration internationale, majoritairement dirigée vers les pays du Golfe, est temporaire avec des contrats de travail de courte durée. Par conséquent, les retours de migrants sont plus nombreux, et l'effet en retour sur les zones rurales plus significatif. Ainsi l'apport des transferts des migrants – représentant 5% du PIB égyptien dont une part importante est utilisée pour des investissements de biens durables (Arouri et Nguyen, 2018) – associé aux nombreux retours tendent à réduire la pauvreté dans les zones rurales et permettent un certain développement inclusif.

## RÉFÉRENCES


**Acosta, P., Calderon, C., Fajnzylber, P., H. Lopez**, 2008. 'What is the impact of international remittances on poverty and inequality in Latin America', *World Development*, 36, 1, 89–114.

**Adams, R. H.**, 1991. The effects of international remittances on poverty, inequality, and development in rural Egypt. Washington, D.C: International Food Policy Research Institute.

**Adams, R. H., Page, J.**, 2005, Do international migration and remittances reduce poverty in developing countries? *World Development*, 33(10), 1645–1669.

**Aggarwal, R., Demirgüç-Kunt, A., Martinez-Peria, M.S.**, 2011. Do remittances promote financial development? *Journal of Development Economics*, 96, 255-264.

**Amuedo-Dorantes, C., Pozo, S.**, 2004. Workers' Remittances and the Real Exchange Rate: A Paradox of Gifts. *World Development*, 32(8), 1407–1417.

**Arouri, M., Nguyen, C., Youssef, A.B.**, 2015. Natural disasters, household welfare, and resilience: Evidence from rural Vietnam, *World Development*, 70, 59–77.

**Arouri, M., Nguyen, C.V.** 2018. Does International Migration Affect Labor Supply, Non-farm Diversification and Welfare of Households? Evidence from Egypt. *International Migration*, 56, 1, 39-62.

**Barrett, A., Goggin, J.**, 2010. Returning to the question of a wage premium for returning migrants. *National Institute Economic Review*, 213(1), 43-51.

**Beine, M., Docquier, F., H. Rapoport**, 2008. Brain Drain and Human Capital Formation in Developing Countries: Winners and Losers, *Economic Journal, Royal Economic Society*, 118(528), 631-652.

**Beine, M., Docquier, F., Oden-Defoort, C.**, 2011. À panel data analysis of the brain gain. *World Development*, 39(4), 523-532.

**Beine M., Bourgeon P., Bricongne J.-C.**, 2019, Aggregate fluctuations and international migration, *The Scandinavian Journal of Economics*, 121, 1, 117–152.

**Bertoli, S., F. Marchetta.**, 2015. "Bringing it all back home: Return migration and fertility choices." *World Development*, 65, 27–40.

**Bollini P., Siem H.**, 1995, No Real Progress Towards Equity: Health of Migrants and Ethnic Minorities on the Eve of the Year 2000, *Social Science et Medicine*, 41(6), 819–828.

**Buch C., J. Kleinert, F. Toubal**, 2006. Where enterprises lead, people follow? Links between migration and FDI in Germany, *European Economic Review*, 50, 8, 2017-2036.

**Burchardi, K.B., Chaney, T., Hassan, T.A.**, 2016. Migrants, ancestors, and investments, Working Paper No. 21847, National Bureau of Economic Research.

**Card, D.**, 2009. Immigration and inequality, *American Economic Review*, 99(2), 1-21.

**Cattaneo, C., Fiorio, C.V., Peri, G.**, 2015. What happens to the careers of European workers when immigrants "take their jobs"?, *Journal of Human Resources*, 50(3), 655-693.

**Chauvet L., F. Gubert, S. Mesplé-Somps.**, 2016. Do migrants adopt new political attitudes from abroad? Evidence using a multi-sited exit-poll survey during the 2013 Malian elections, *Comparative Migration Studies*, 4(19), 4-31.

**Chiwuzulum O., J. T. Awoyemi, T., B. T. Omonona**, 2010. Household poverty and inequality: the implication of migrants' remittances in Nigeria, *Journal of Economic Policy Reform*, 13, 2, 191-199.

**Chojnicki, X., Ragot, L.**, 2012. On entend dire que... l'immigration coûte cher à la France ? Qu'en pensent les économistes ?, Ed. Eyrolles.

**Clements, B., K. Dybczak, V. Gaspar, S. Gupta, M.Soto**, 2015. The fiscal consequences of shrinking populations, International Monetary Fund, SDN/15/21.

**Cohen, L., Gurun, U.G., Malloy, C.**, 2017, Resident Networks and Corporate Connections: Evidence from World War II Internment Camps, *The Journal of Finance*, 72, 207-248.

**Combes, P.P., Lafourcade M., Mayer T.**, 2005. The trade-creating effects of business and social networks: evidence from France, *Journal of International Economics*, 66, 1–29.

**D'Amuri, F., Ottaviano, G., Peri, G.**, 2010. The labor market impact of immigration in Western Germany in the 1990s, *European Economic Review*, 54, 4, 550-570.

**D'Amuri, F., Peri, G.**, 2014. Immigration, jobs, and employment protection: evidence from Europe before and during the great recession, *Journal of the European Economic Association*, 12(2), 432-464.

**De Brauw, A., Mueller, V., Woldehanna, T.**, 2013. Motives to remit: Evidence from tracked internal migrants in Ethiopia, *World Development*, 50, 13–23.

**De Haas H., Natter K., Vezzoli S.**, 2015, Conceptualizing and measuring migration policy change, *Comparative Migration Studies*, 3, 1, 15.

**Docquier, F., E. Lodigiani.** 2010. Skilled migration and business networks, *Open Economies Review*, 21(4), 565-588.

**Docquier, F., Dao, T.H., Parsons, C., Peri, G.**, 2018. Migration and development: Dissecting the anatomy of the mobility transition, *Journal of Development Economics*, 132, 88-101.

**Dumont, J-C., Spielvogel, G., Widmaier**, S., 2010. Les migrants internationaux dans les pays développés, émergents et en développement : élargissement du profil, *Questions sociales, emplois et migrations*, No.114.

**Dustmann C., Glitz, A., Vogel, T.**, 2010. Employment, wages, and the economic cycle: Differences between immigrants and natives, *European Economic Review*, 51(1), 1-17.

**Dustmann, C., Görlach, J.S.**, 2016. The economics of temporary migrations, *Journal of Economic Literature*, 54(1), 98-136.

**Duwicquet, V., Mouhoud, E.M., Oudinet, J.**, 2014. International Migration by 2030, Foresight, *Journal of future studies strategic thinking and policy*, 16, 2.

**Ebeke C., Le Goff M.**, 2010. Impact des envois de fonds des migrants sur les inégalités de revenus dans les pays en développement, *Revue Economique*, 61, 6, 1051-1074.

**El Yaman, S., Kugler, M., Rapoport, H.**, 2007. Migrations et investissements directs étrangers dans l'espace européen (UE-15), *Revue Economique*, 58, 725-733.

**Freund, C., Spatafora, N.**, 2008. Remittances, transaction costs, and informality, *Journal of development economics*, 86(2), 356-366.

**Fromentin, V.**, 2018. Remittances and financial development in Latin America and the Caribbean countries: A dynamic approach, *Review of Development Economics*, 22(2), 808-826.

**Fromentin, V., Leon, F.** 2019. Remittances and credit in developed and developing countries: A dynamic panel analysis, *Research in International Business and Finance*, 48, 310-320.

**Gould, D.**, 1994. Immigrant links to home country: empirical implications for US bilateral trade flows, *Review of Economics and Statistics*, 76, 302–316.

**Greenwood, M.J., Hunt G.L., McDowell, J.M.**, 1986. Migration and Employment Change : Empirical Evidence on the Spatial and Temporal Dimensions of the Linkage, *Journal of the Regional Science*, 26, 223-234.

**Greenwood, M.J., Hunt, G.L.**, 1995. Economic Effects of Immigrants on Native and Foreign-born Workers : complementarity, substitutability and other Channel of Influence, *Southern Economic Journal*, 61, 1076-1097.

**Gubert, F., Lassourd, T., S. Mesplé-Somps**, 2010. Transferts de fonds des migrants, pauvreté et inégalités au Mali. Analyse à partir de trois scenarii contrefactuels, *Revue Economique*, 61, 6, 1023-1050.

**Halliday, T.**, 2006. Migration, risk and liquidity constraints in El Salvador, *Economic Development and Cultural Change*, 54, 893–925.

**Head, K., Ries, J.**, 2001. Increasing returns versus national product differentiation as an explanation for thepattern of US–Canada trade. *American Economic Review* 91(4), 858–876.

**Hunt, J., Gauthier-Loiselle M.**, 2010. How Much Does Immigration Boost Innovation?, *American Economic Journal: Macroeconomics, American Economic Association*, 2(2), 31-56.

**Jaumotte, M.F., Koloskova, K., Saxena, M.S.C.**, 2016. Impact of migration on income levels in advanced economies. International Monetary Fund.

**Javorcik, B.S., C. Ozden, M. Spatareanu, I.C. Neagu.**, 2011. Migrant Networks and Foreign Direct Investment, *Journal of Development Economics*, 94(2), 231–241.

**Kerr, W.R., Lincoln, W.F.**, 2010. The supply side of innovation: H-1B visa reforms and US ethnic invention, *Journal of Labor Economics*, 28(3), 473-508.

**Kerr, W., M. Mandorff**, 2015. Social Networks, ethnicity and entrepreneurship, NBER Working Papers 21597, National Bureau of Economic Research.

**Koczan, Z., Loyola, F.**, 2018. How do migration and remittances affect inequality? A case study of Mexico, IMF Working Paper, No. 18/136.

**Kugler M., Rapoport H.**, 2005. Skilled Emigration, Business Networks and Foreign Direct Investment, Cesifo Working Paper N° 1455.

**McKenzie, D., H. Rapoport**, 2007. Network effects and the dynamics of migration and inequality: Theory and evidence from Mexico, *Journal of Development Economics*, 84(1), 1-24.

**Margolis, D. N., Miotti, L., Mouhoud, E. M., Oudinet, J.**, 2015, To Have and Have Not: International Migration, Poverty, and Inequality in Algeria: International migration, poverty, and inequality in Algeria, *The Scandinavian Journal of Economics*, 117(2), 650–685.

**Miotti, L., Mouhoud, E. M., Oudinet, J.**, 2015. La diversité des transferts des migrants en France : quand le contexte et l'histoire comptent, In L. Lévêque, Ph. Bonfils, Y. Kocoglu, Th. Santolini, D. van Hoorebeke (Éds.), *L'espace Euro-Méditerranéen, entre conflits et métissages. Rencontres, échanges, représentations*, L'Harmattan.

**Möllers, J., Meyer, W.**, 2014. The Effects of Migration on Poverty and Inequality in Rural Kosovo, *IZA Journal of Labor & Development*, 3(16).

**Moreno-Fontes Chammartin, G.**, 2008. Migration, Gender Equality and Development, International Labour Office, ILO Overview Paper for International Conference on Gender, Migration and Development.

**Nefzi, N., Oudinet, J., Soussi, M.**, 2020. Transferts de fonds des migrants et mésalignement du change réel, *Région et Développement*, 51, 87-114.

**OECD**, 2013. International Migration Outlook 2013. OECD Publishing.

**Ortega, F., G. Peri**, 2009. The Causes and Effects of International Migrations: Evidence from OECD Countries 1980-2005, NBER Working Papers 14833.

**Ortega, J., Verdugo, G.**, 2014. The impact of immigration on the French labor market: Why so different?, *Labour Economics*, 29(C), 14-27.

**Oudinet, J.**, 2006. Immigration et marché du travail dans les pays du Nord : des effets positifs avérés, dans *Les nouvelles migrations : un enjeu nord-Sud de la mondialisation*, le tour du sujet, Encyclopedia Universalis, 97-107.

**Özden, Ç., Wagner, M.**, 2014. Immigrant versus natives? Displacement and job creation, The World Bank.

**Parsons, C., Vezina, P.**, 2018. Migrant Networks and Trade: The Vietnamese Boat People as a Natural Experiment, *The Economic Journal*, 128, 612, 210-234.

**Plaza, S.**, 2013. Diaspora Resources and Policies, in Constant, A. F. and K. F. Zimmermann, *International Handbook on the Economics of Migration*, Edward Elgar, 505-529.

**Peri, G., Sparber, C.**, 2009. Task specialization, immigration, and wages, *American Economic Journal: Applied Economics*, 1(3), 135-69.

**Peri, G.**, 2012. The effect of immigration on productivity: Evidence from US states, *Review of Economics and Statistics*, 94(1), 348-358.

**Peri, G.**, 2014. Do immigrant workers depress the wages of native workers?, IZA World of Labor.

**Rapoport, H., Docquier, F.**, 2006. The Economics of Migrants' Remittances, ch. 17, in Kolm, S. and Ythier, Jean Mercier (eds.), *Handbook of the Economics of Giving, Altruism and Reciprocity*, Elsevier, 1135-1198.

**Rauch, J.**, 2001. Business and social networks in international trade, *Journal of Economic Literature*, 39, 1177–1203.

**Sambo, H.**, 2018. Understanding the effect of international remittances on undernourishment in Sub-Saharan Africa: A spatial model approach, *Région et Développement*, 47, 43-61.

**Schmitz, K., I. Endo**, 2011. Lowering the cost of sending money home, *Finance and Development*, 48, 2.

**Stark, O., J. E. Taylor, S. Yitzhaki.**, 1988. Migration, Remittances and Inequality: A Sensitivity Analysis using the Extended Gini Index, *Journal of Development Economics*, 28, 309–322.

**Taylor, J. E., R. Adams, J. Mora, A. López-Feldman**., 2008. Remittances, Inequality and Poverty: Evidence from Rural Mexico, in De Wind J., Holdaway J. (Eds.), *Migration and Development Within and Across Borders: Research and Policy Perspectives on Internal and International Migration*, IOM.

**Van der Mensbrugghe D., D. Roland-Holst**., 2009. Global Economic Prospects for Increasing Developing Country Migration into Developed Countries, United Nations Development Programme, Human Development Reports, Research Paper 2009/50.

**Vandor, P., Franke, N.**, 2016. Why are immigrants more entrepreneurial? *Harvard Business Review*, 27.

**Wagner, D., Head, K., Ries, J.**, 2002. Immigration and the trade of provinces, *Scottish Journal of Political Economy*, 49(5), 507–525.

**Wahba, J.**, 2015. Return migration and development, In Lucas, R. E. B. (ed.), *International Handbook on Migration and Economic Development*, Cheltenham, UK: Edward Elgar.

**Wang, X., S. A. Maani**, 2014. Ethnic capital and self-employment: A spatially autoregressive network approach, *IZA Journal of Migration*, 3-18.

# Introduction - The impact of migration on inclusive development

***Abstract*** - The increase in international migration as a result of globalization supports the growth of the countries of origin. Development will be more or less inclusive depending on the characteristics of countries, those of migrants and their diaspora, and also government policies. A literature review of recent studies emphasizes the importance of migrant remittances for reducing poverty and developing financial inclusion in countries of origin despite still high transfer fees. Increasingly skilled migration can develop international trade, foreign direct investment, with the help of diasporas, and increase productivity through skills transfer. Migration also has a significant impact on the development of host countries. Immigrants often have jobs in segmented labor markets that are com-plementary jobs to those of natives and they contribute to the growth of host countries. Skilled migrants can also stimulate innovation. This is the reason why host countries must conduct more open immigration and integration policies. This special issue on mi-gration and inclusive development gathers a series of contributions which aim to bring some additional answers to these questions.

***Key-words***

Effects of migration
Inequality and poverty
Remittances
Social remittances
Return of migrants
Diaspora resources

**Région et Développement**

*n° 53-2021*

www.regionetdeveloppement.org

# Are government policies efficient to regulate immigration? Evidence from France

**Albert MILLOGO***
**Ines TROJETTE****
**Nicolas PÉRIDY*****

***Abstract*** - This paper explores the effects of immigration policies on migration inflows from 141 countries to France over the period 1995-2014. The main contribution of the paper holds in the estimates of policies based on the changes of French legislation up to 2014. We adopt a common correlated error model that is consistent under the assumptions of heteroscedasticity and endogeneity due to multilateral resistance. We found that two opposite effects interact: admission policies failed to regulate migration flows whereas, integration policy seems to have been more efficient. In particular, estimates suggest that regulation changes benefited the most to foreign workers rather than other categories. Finally, it appears that asylum inflows do not significantly respond to regulations. The robustness estimates using DEMIG project's data reveal some significant differences in measuring the restriction of policies, that confirm the relevance of our indicators.

***JEL Classification***
F22, J61, C23

***Key-words***
Immigration policy
Multilateral resistance
Gravity model
France

* Université Norbert Zongo, Koudougou, Burkina Faso ; albert.millogo@unz.bf
** ESPI Paris; i.trojette@groupe-espi.fr
*** LEAD, Université de Toulon; nicolas.peridy@univ-tln.fr

## INTRODUCTION

Immigration has recently become the second major concern for citizens after unemployment in France, United Kingdom, Spain, or the United States of America. OECD countries have hosted almost five million permanent migrants in 2016. The European Union (EU) had recorded more than 3.2 million asylum seekers applications for international protection since 2015. France and Germany are the main destinations of asylum seekers in the EU with respectively 325,370 and 40,575 positive decisions in 2017 (Eurostat). Most of them were fleeing from war and terror in Syria, Iraq and other unstable countries. These new trends in international migration have caught the attention of European governments on the necessity to move towards harmonized immigration policies. Given the sudden, and often illegal nature of this phenomenon, it has not been possible, at European level, to anticipate these flows of refugees.

Despite controversies related to asylum deny for a large number of demanders (it was the case in France and United Kingdom in 2016), the management of immigration through government policies is not a new concern. In the 2000s, the question of illegal migration, combined with persistent unemployment, have forced EU countries to reconsider their migration policies. While skilled migration has recently been encouraged, most EU countries have implemented more restrictive policies for unwanted migration. From 2003 to 2012, the former French President, Nicolas Sarkozy has implemented a chosen immigration policy. However, the number of immigrants has still been growing up. This observation leads to question the efficiency of immigration policies. In other words, have policies been efficient to regulate migrations inflows? In this regard, France is a particularly an interesting case study, first because this country is one of the main immigration country in Europe and second because it has tightened its migration policy in the 2000s.

Measuring migration policies remain a very complex task for economists (See Raypp et al. (2017) for further details on the main existing indicators and methodologies). Migration policies have recently been incorporated in empirical models. They reinforced the power of gravity models applied to migration issues (Ortega and Peri, 2009). In addition, Benhabib (1996) and Bianchi (2013) have provided theoretical evidence of the cutting down effects of tight policies on inflows through migration costs. Indeed, tight policies may lead to require more documents and upper skills. As a result, these policies increase migration costs and contribute to discourage some potential migrants.

Subject to criticism, the indicators of migration policies actually present some shortcomings related to their reliability. In this regard, two methods are commonly adopted to develop the measures of policies. The first method, common to several studies (Hatton, 2005 ; Karemera, Oguledo and Davis, 2000 ; Vogler and Rotte, 2000), generates "dummies" to assess the time specific effects for the years marked by structural changes in migration policies. However, these specific time dummies do not fully isolate the effects of policies from other factors. The second method aims to create a variable tabulated on the level of restriction. For this purpose, there is a need to properly define the range of possible values for this variable (Thielemann, 2004 ; Ortega, 2005). However, the value and scale of these variables are often based on the own assessment of the authors. Therefore, the quality of these indexes must be improved.

The majority of the empirical studies related to developed economies confirms that policies are worthwhile to explain migrations. Considering a sample of 91 source countries, Belot & Hatton (2012) showed that migration policies have significant effects on skill composition. Their results suggest that the size of the welfare State has a negative selection effect, whereas the transferability of specific skills has a positive effect on skills composition[1]. Compiling bilateral migration datasets between 30 developed countries, Beine et al. (2019) find that integration policies, like Schengen agreements, accelerated the intensity of bilateral migration flows, in particular international workers in a sample of European countries.

Other studies consider policies as a cornerstone of migration decision. One of the first approach towards policy measurement was by Clark et al. (2007) who found that migration policies explain the variation of migrants composition in the United States. Boussichas & Goujon (2010) built indexes of migration policies restrictiveness depending on non-political factors, for 18 industrialized countries and find significant differences across them. In the same vein, Ortega & Peri (2013) analyzed the effects of policies on international migration flows using a sample of 15 OECD destination countries and 120 sending countries from 1980 to 2006. They found that tight admission laws towards immigrants may quickly reduce the inflows.

When analyzing policies from the destination side, a growing number of papers, as Czaika & De Haas (2013), suggest that there is often a gap between policies and practices. Explaining this gap is helpful to better understand the effects of policies. At first sight, understanding migration policy seems trivial, but we have to define it clearly. Let start explaining what we call "immigration policies". Following Bjerre et al. (2015), we can define immigration policy as government's statements of what it intends to do or not do (including laws, regulations, decisions or orders) with regards to the selection, admission, settlement and deportation of foreign citizens residing in the country. International migration regulation is to some extent a result of decisions from receiving countries. They do select the number of immigrants as well as the conditions to fill before for admission into the national borders. A good knowledge about how regulation allows to manage immigration seems necessary to quantifying the changes in policies. In this regard, the interaction of lobbies and political groups sometimes contribute to target multiple objectives which lead to ineffective laws. In fact, barriers to migration are lower in sectors in which business interest groups incur larger lobbying expenditures and higher in sectors where labor unions are more important (Facchini, Mayda and Mishra, 2011). The gap seems quite common between speeches and actions in migration regulation as they often meet electoral needs. The management of immigration is thus very influenced by political decisions because policies are validated by specific laws.

This paper contributes first to the empirical literature by providing three indexes of policies which measure changes in the restrictiveness of admission, integration and asylum from 1995 to 2014[2]. Results show that policies do not affect in the same way total immigration, workers, and asylum inflows. The indexes are constructed following the sub-steps (conceptualization, measurement, and aggregations) of Munck & Verkuilen (2002). The majority of studies identify the year of the major change using dummy variables (for example, Ortega & Peri (2009) and Mayda (2010) for OECD countries). Our indexes vary from one year to the following if a change occurs in the legal decisions related to the corresponding dimensions. In addition, we computed a dummy variable to identify and estimate the effect of a visa waiver program on immigration. For this purpose, we use EU member's adhesion dates and look for the countries that have bilateral free visa agreements with France (see Annex 4).

[1] Belot and Hatton (2012) assessed the effects of policies on the skill composition rather than the total number of migrants. Their sample gathers 70 source countries and 21 OECD destination countries over the period 2000-2001.

[2] The indicators are weighted and scaled using the changes in French laws and decrees as well as their expected effects. In addition, rather than explaining the variations in total immigrant's inflows only, we analyze separately the flows of foreign workers and asylum seekers.

The second contribution of this paper is the result obtained using DEMIG indexes, which are the most complete indicators of immigration policies (De Haas, Natter and Vezzoli, 2014, 2015). We run robustness estimations using 2 indexes of DEMIG project: the restrictiveness of policies and the magnitude in changes of the policies in France. Our results suggest that we should distinguish the overall impact of policies with regard to their restrictiveness and the changes in their magnitude. The implementation of the major changes in policies' restrictiveness negatively impacts immigrant inflows whereas the magnitude of changes is not significant. In other words, when we assess the impact of policies regarding the share of immigrants concerned, we find that most restrictive policies are associated with decreasing immigration. However, regarding the asylum inflows, it appears that tight policies are positive and significant, but the magnitude of the change expected is negative. As a result, policies are not the main drivers of the variations of asylum inflows.

Our data covers migration to France originating from a panel of 141 countries (European and non-European) over the period 1995-2014. As already mentioned, we use 3 dependent variables corresponding respectively to the total inflows of foreign population, the inflows of foreign workers, and the inflows of asylum seekers. We consider a set of explanatory variables, covering economic, demographic and geographic factors, as well specific factors determining the choice of location.

The migration decision, at the individual level, follows a RUM[3] which is a modern approach of individual location choices based on the individual behavior model of MacFadden (1973). The model is estimated in section 3, using CCE (common correlated error) structure with panel fixed effects. The cross-section independence in the residuals of the regression is checked via the CD test[4] by Pesaran (2004) and Pesaran (2015). Following this model, we test for cross-sectional dependence after applying the CCE, and adopt a pooled OLS estimator with Driscoll & Kraay standard errors when we fail to reject the dependence.

This article is organized as follows. The second section develops the theoretical model of migration. The third section presents the indicators of French immigration policies. The fourth section concerns the empirical model, and data. The fifth section provides the results of estimation and robustness checks. The sixth, and final section concludes the paper.

## 1. THE MODEL

The present section reviews the theory of immigrant's selection behind the empirical model. It contains two sections in order to distinguish the traditional and the modern approach of migration decision. The first subsection presents the traditional approach and the second the random utility maximization model.

### 1.1. Theoretical foundations

Borjas (1988) provides a fundamental contribution to the literature on immigrants selection. Following this approach, we adopt a microeconomic approach of income functions respectively in the country of origin (0) and country of destination (1). The wages at origin and destination are respectively $w_0$ and $w_1$. The model also incorporates some measures of socio-economic factors: social transfers, the domestic average income, the anticipated average income at destination, unemployment

[3] Recent empirical articles refer to the RUM model in the analysis of migration. For example, Docquier et al. (2014) identify the potential determinants of cross-country migrations, Kone et al. (2018) analyze internal migration patterns in India. More recently, Marchal & Naiditch (2020) propose a theoretical framework using a RUM model to show that the borrowing constraint matters in migration decision.

[4] A cross-section dependence test by De Hoyos & Sarafidis (2006) is available in Stata.

rate, age dependent population. It allows therefore to estimate the weight of economic constraints in emigrants' function of decision. In addition, it includes the influence of constraints such as migration policy and migrant networks. Formally, incomes in the home and destination countries follow the distribution as described by:

$$\ln(w_0) = \lambda_0 + \varepsilon_0 \quad (1)$$
$$\ln(w_1) = \lambda_1^0 + \varepsilon_1 \quad (2)$$

where $\varepsilon_0 \sim N(0, \sigma_0^2)$ and $\varepsilon_1 \sim N(0, \sigma_1^2)$. In addition, $\lambda_0 = a_0 + b_0 * \bar{S}_0$ and $\lambda_1 = a_1 + b_1 * \bar{S}_0$. $\varepsilon_0$ and $\varepsilon_1$ yield the unobservable individual skills. $\lambda_0$ is the average income in the country of origin, and $\lambda_1^0$ the average income that will perceive every citizen of sending country if its entire population were to migrate to the host country ($\lambda_0$ and $\lambda_1^0$ are the observable variables). $\bar{S}_0$ is the average skill of the population at origin. We suppose that a migrant perfectly evaluates his unobservable skills premium and has information on the average income at destination. Based on this assumption, the expected average income can be written as a function of income at origin. Therefore, the income expected is correlated to the average income received with regard to the level of qualification (Mayda, 2010).

Differentiating logarithmic components of equations (1) and (2), we can specify the probability for an individual $i$ to migrate. Then, migration decision depends on the sign of $\ln(w_1) - \ln(w_0)$. A positive gap between the expected income and domestic income implies a profit. Given that expectation, the selection is related to the probability to migrate for an individual $i$. Moreover, migration costs $(c_i)$ may differ across individuals[5]. Following Borjas (1988) the function of decision $(I)$, for an individual $(i)$ in country $(0)$, can be written as:

$$I = \ln\left(\frac{w_{1i}}{w_{0i}+c}\right) \approx \left[(a_1 - a_0) + (b_1 - b_0)\overline{S}_0 - c_i\right] + (\varepsilon_{1i} - \varepsilon_{0i}) \quad (3)$$

The individual $(i)$ migrate from $(0)$ to $(1)$ if $I > 0$. In equation (4), $v = (\varepsilon_{1i} - \varepsilon_{0i})$ and $z = \frac{\lambda_1^0 - \lambda_0 - c_i}{\sigma_v}$. $\sigma_v$ is the standard deviation of the function $I$. $\phi(z)$ is a standard function with normal a distribution. The emigration rate is a negative function of the domestic average income, migration costs, and positive function of average income expected. Therefore, restrictions imposed (in receiving country) may limit the number of admissions.

The probability of emigration $(P)$ based on the average income expected in the host country is:

$$P = Prob\left[v > -\left[(a_1 - a_0) + (b_1 - b_0)\overline{S}_0 - c_i\right]\right] = 1 - \phi(z) \quad (4)$$

Modeling migration decision by this way assumes that determinants are related only to past and current information about origin and destinations. Then, migrants' choices are driven by expectations of wages gap and average earnings between domestic and any given destination country.

However, some migration decisions are temporary. They are done only when the migrant fail to reach the first option. Then, in this case, the choice observed is an

[5] Migration costs are modelled in several ways that include factors as origin and destination skills premium. Mayda (2010) assume that individual unobservable characteristics are correlated in both origin and destination. Moreover, the probability to stay varies across immigrants and matters in the index function (the probability to stay in the country of destination influences the costs for an individual $i$).

intermediary or a temporary destination. Such an omission leads to biased results because of application of static model to panel data. Using a sequential model for migration can be helpful to overcome this limit. In practice, the migrant faces sequential decisions from one period to another depending on his expected employment status (employed or unemployed). The function of decision is derived from the individual behavior model of McFadden (1973), especially his random utility maximization (RUM) model.

### 1.2. The random utility maximization model

The sequential model of migration provides a different approach of migrants' decision function. The random utility model of migration describes the utility that an individual located in a country derives from migration toward another location. In the RUM model, the observable attributes are represented by explanatory variables, and the unobserved as random variables (see Domencich & Mc Fadden (1975), Hensher & Johnson (1981), and Ben-Akiva & Lerman (1985) for theoretical foundations of the random utility models).

Let's consider a given set of migrants denoted $i$, located in country $x$, with location preferences sets containing $n$ elements, and time period $t = 1, \ldots, T$. The utility from moving to a given country $y$ is:

$$U_{ixyt} = g_{yt} - c_{xt} + \alpha S_{t+1}(y) + \epsilon_{iyt} \qquad (5)$$

Explanatory components of the function are: the deterministic term in y at time t denoted $g_{yt}$, the constant migration costs $c_{xy}$, the discounted value of the expected utility $S_{t+1}(y)$ from the choice of the most optimal location at $t+1$ in comparison with staying in y at t (with time discount factor $\alpha \leq 1$), and the random term $\epsilon_{iyt}$. $S_{t+1}(y)$ is a random variable, also called continuation payoff (Bertoli, Brücker and Moraga, 2016), depending on individuals location choices y. So, if there is no migration cost $S_{t+1}(y) = S_t$ irrespective to y. The probability to select country y over the probability to stay in country x at time t is:

$$\ln(P_{iyt}/P_{ixt}) = g_{yt} - c_{xt} - g_{xt} + \alpha[S_{t+1}(y) - S_{t+1}(x)] + \epsilon_{iyt} \qquad (6)$$

The discounted continuation payoff of moving from x to y, $\alpha[S_{t+1}(y) - S_{t+1}(x)]$, can be presented as a function of alternative destinations payoff and dynamic multilateral resistance to migration (given that the function of choice probability is sequential)[6]. Let consider $M_{xyt}$ the logarithm of the probability of moving from x to y at time t $(P_{iyt}/P_{ixt})$. The multilateral resistance is denoted $r_{xyt} = \alpha[S_{t+1}(y) - S_{t+1}(x)]$ and the error term $\epsilon_{xyt}$.

Multilateral resistance arises since the amount of bilateral migration flows in any country could be affected by flows in other destinations throughout the world. So any change in the attractiveness of alternative destinations could modify a bilateral migration flow. Omitting multilateral resistance lead to important bias given that emigrants decision to migrate in one country depends on alternatives destinations. Another bias holds on the temporary dimensions of some decisions. In other terms, some immigrants registered as long term residents are in fact temporary residents. In this paper, we use a common correlate effect (CCE) structure proposed by Pesaran (2006), and extended recently to migration studies by Bertoli & Moraga

[6] Indeed, the future attractiveness of alternative destinations determine the choice of location, and the latter is mostly related to the whole structure rather than bilateral migration costs.

(2013). This technique is consistent when multilateral resistance relies on the heterogeneity in preference for migration (see for instance Ortega & Peri, 2009; Grogger & Hanson, 2011).

$$M_{xyt} = \gamma(g_{yt} - g_{xt}) + r_{xyt} + \epsilon_{xyt} \quad (7)$$

Following the multifactor structure of errors in panels (Pesaran, 2006) the multilateral resistance term $r_{xyt} \approx \tilde{r}_{xy} + \theta_{xy} f_t$ (where $\tilde{r}_{xy}$ is the dyad specific average of covariates over time and $f_t$ a vector of common factors). $\theta_{xy} f_t$ can be presented as a dyad –specific linear combination of the cross-sectional average of the dependent and of the regressors (Bertoli and Moraga, 2013).

Equation (7) can be simply written as a function of dyadic fixed effects, and vector of cross sectional average of the dependent and independent variables $\tilde{h}_t$.

$$M_{xyt} = \gamma(g_{yt} - g_{xt}) + \tilde{r}_{xy} + \theta_{xy} f_t + \epsilon_{xyt} \quad (8)$$

Then, $\tilde{r}_{xy} = \delta_{xy} d_{xy}$, $\theta_{xy} f_t = \eta_{xy} \tilde{h}_t$, and such a model is consistent to CCE estimation (Pesaran, 2006).

Therefore, the migration decision is the following:

$$M_{xyt} = \gamma_1 g_{yt} + \gamma_2 g_{xt} + \delta_{xy} d_{xy} + \eta_{xy} \tilde{h}_t + \epsilon_{xyt} \quad (9)$$

## 2. INDICATORS OF FRENCH IMMIGRATION POLICIES

### 2.1. Brief description of migration patterns in France

Very little changes have occurred in the structure of the immigrant population since 1995. Most of the top twenty foreign countries of origin share at least a common language or colonial ties with France. Figures 1 and 2 show respectively, on average, the size of immigrants flows (from 1995 to 2014) and stocks (from 1999 to 2014), in France. Algeria, Morocco and Tunisia are in the top 5 partners both in terms of stock and flows of immigrants. Similarly, more than ten countries are in the top 20 for both flows and stocks. A large share of missing data on the stock of immigrants from 1995 to 2000 does not make possible a comparison with flows on the same period. Nevertheless, the average values suggest a positive correlation between flows and stocks of immigrants in France. Hanson & McIntosh (2010) find a strong effect of the cohort (stock) on Mexican immigration in United States.

**Figure 1: Annual average inflow of immigrants by nationality**

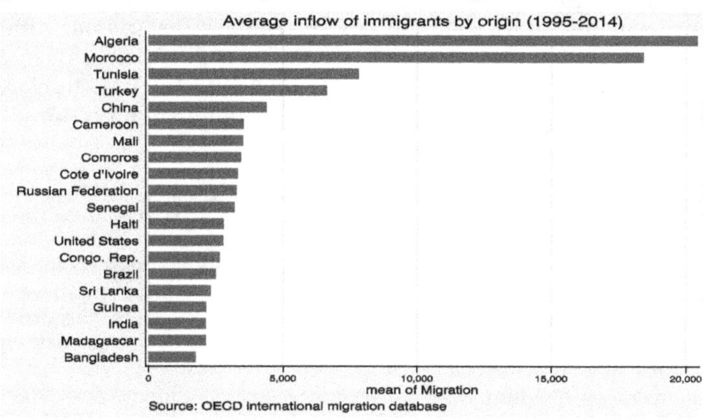

This relationship is also confirmed in several empirical papers[7]. This correlation is probably related to persistent bilateral specific effects with the sending countries on the basis of historical, economic, geographical or linguistic factors.

**Figure 2: Stock of immigrants by nationality**

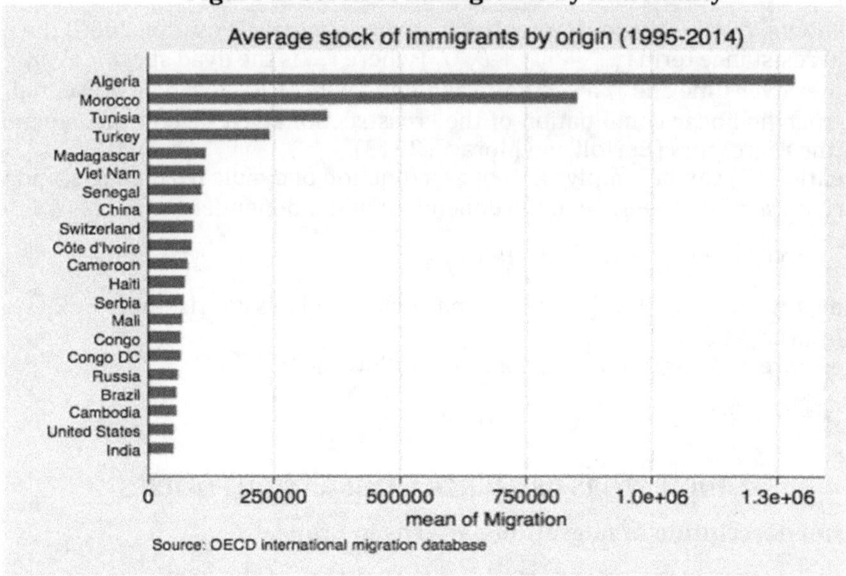


## 2.2. A review of the major migration policy indicators

In the literature, we identify three major indicators developed to assess policies in Europe and OECD countries[8].

The first one, FRDB's indexes, evaluate six dimensions of policies[9] noting the hardening of entry and residence conditions. The level of restrictiveness is noted on a scale from 0 to 6, from the most permissive to the most stringent, for the EU 15 (except Belgium, Luxembourg and Sweden) from 1990 to 2005. This indicator also provides an assessment of asylum policies. The comparison the changes in immigration reforms in these countries is possible using this indicator but the time dimension of FRDB's indexes is unfortunately limited to 2005.

The second indicator, named MIPEX, has been developed by the MPG (Migration Policy Group) and the BCIA (Barcelona Centre for International Affairs). MIPEX (2004) indexes assess integration policies for migrants in 15 countries. After an update, the number of indicators has been extended, and the data now contains 148 indicators for 31 countries. MIPEX evaluates seven pillars of integration: mobility in

[7] For example Docquier et al. (2014) in a cross-country study on the determinants of potential and actual migration; More recently Manchin & Orazbayev (2018) analyze the role of social networks as individual international migration drivers.

[8] The International Migration Law and Policy Analysis (IMPALA) provided an indicator of policies over the period 1990-2008 for only six countries. These pilot countries are Australia, France, Germany, Luxembourg, the Netherlands and the United States. This project especially analyses admission policies and compiles comparable measures of policy stringency across countries. See for instance Beine et al. (2015).

[9] Entry into the territory, the duration of the first residence, conditions of residence, obtaining a permanent residence permit, the number of directors involved in the procedures and quotas.

the labor market, family reunification to members from third countries, education, political participation, permanent residence, access to nationality and fight against discrimination.

The third set of data is related to DEMIG Policy[10]. It is released by the International Migration Institute (IMI). The DEMIG project tracks the changes in migration policies of 45 countries over the period 1945-2013. Quantitative and qualitative indicators include eight characteristics of migration policy: the magnitude, level of legislation, policy area, policy tool, target group, target origin, specific nationalities and restrictiveness.

Different parameters explain the diversity of outcomes when focusing on the effects of immigration policies. Depending on the designated indicator in a model, results of estimation may differ significantly. The methodological procedures adopted are not the same to construct these indicators. In addition, as mentioned above, the time dimension is not the same for all the indicators considered.

### 2.3. Building the three indexes of French immigration policies

In this paper, we build three indexes of immigration relying on the three dimensions of French immigration policies to: admission into the territory, integration, and asylum policy.

Admission into the territory refers to the conditions required to cross the frontiers legally. A wide range of core criteria, as the number of official documents, the educational attainment, the expected income level, or financial assets could make grow up or down the number of candidates for immigration.

Integration policies shape mainly the conditions of legal residence. They reflect the hardness of procedures that the immigrants face to get the same living rights as nationals.

Asylum policies measure the restrictiveness of criteria or conditions required to get asylum status (victims of war, political and social persecution and discriminations are generally the main criteria used by immigration officers).

These indicators are constructed so as to recognize the changes over the time following the laws, regulations or circulars in force. An indicator increases by one unit if the measures are binding, subtracted by one unit if the policy is relaxed, and finally takes a zero if the policy is unchanged.

Our technique aims to be consistent with the perception of migrants when facing changes in immigration conditions. When the number of criteria to be eligible increases, the index of perception also increases. In order to build our three indicators of immigration, we follow the three sub-steps of Munck & Verkuilen (2002): (i) Conceptualization, (ii) Measurement, and (iii) Aggregations. The indicators describe changes in policies (See Annex 2) implemented in France over the period 1995-2014. Annex 3 gives details on how we build the indexes following the method of Munck & Verkuilen (2002).

Table 1 presents the distribution of our indexes of immigration policy for France, including the aggregate sum and average value over the period (References of laws, decrees and decisions related to the indexes are given in Annex 2). Changes in the indexes have been implemented according to changes in migration policies during the period covered by the study. For example, in 1997, a law called "loi Debré", strengthens the system of expulsion of illegal immigrants, restricts the powers of judges in matters of detention, and reinforces the judicial power of the border police. This suggests an increase of the Integration index by one because the "loi Debré" implies an additional disposition that facilitates the expulsion of immigrants that do

[10] See De Haas et al. (2014) for a large description of DEMIG policy data.

not have a residence permit. The asylum index increases by two units because it should generate a size effect reducing the inflow of asylum seekers. Indeed, a size effect does not target a category but concerns the entire immigrant population.

**Table 1 : Indexes of French immigration policies**

| Year | Admission (1) | Integration (2) | Asylum (3) | Sum (1+2+3) | Average value |
|---|---|---|---|---|---|
| 1995 | 0 | 0 | 0 | 0 | 0 |
| 1996 | 0 | 0 | 0 | 0 | 0 |
| 1997 | 0 | 1 | 2 | 3 | 1 |
| 1998 | 0 | -2 | -1 | -3 | -1 |
| 1999 | 0 | -2 | 0 | -2 | -0.67 |
| 2000 | 0 | 0 | 0 | 0 | 0 |
| 2001 | 0 | -2 | 0 | -2 | -0.67 |
| 2002 | 0 | 0 | 0 | 0 | 0 |
| 2003 | 3 | 5 | -1 | 7 | 2.33 |
| 2004 | 0 | 1 | 0 | 1 | 0.33 |
| 2005 | 0 | 0 | 0 | 0 | 0 |
| 2006 | 4 | 1 | 0 | 5 | 1.67 |
| 2007 | 1 | 1 | -1 | 1 | 0 |
| 2008 | 0 | 0 | 0 | 0 | 0 |
| 2009 | 0 | 0 | 0 | 0 | 0 |
| 2010 | 0 | 0 | 0 | 0 | 0 |
| 2011 | 0 | 2 | 0 | 2 | 0.67 |
| 2012 | 0 | 0 | 0 | 0 | 0 |
| 2013 | 0 | 0 | 0 | 0 | 0 |
| 2014 | 0 | 0 | 0 | 0 | 0 |

*Notes: The yearly average value is the ratio sum (1+2+3)/3.*
*https://www.senat.fr/rap/l14-716/l14-71621.html*

## 3. EMPIRICAL MODEL AND DATA

From the traditional to modern approach of selection we notice that the latter is more efficient with regard to the relevance of alternative destinations in immigrants' decisions. The model developed below represents a starting point of our strategy. In equation (9), the propensity ($M_{ijt} = P_{ijt}/P_{it}$) to migrate is approximated, from a country $i$ to country $j$, by the number of immigrants $P_{ijt}$ from $i$ over its population $P_{it}$. Emigration is realized if the expected returns exceed the costs it generates. Therefore, the model depends on time and individual explanatory variables gathered in vectors of covariates.

$$M_{ijt} = \gamma_1 g_{ijt} + \gamma_2 g_{iit} + \delta_{ij} d_{ij} + \eta_{ij} \tilde{h}_t + \epsilon_{ijt} \qquad (10)$$

### 3.1. Empirical model

Our empirical model is based on the relationship established above between utility gains and the emigration rate at a country level. For a given country ($i$) the ratio of emigrant over total population can be expressed as a non-linear function of explanatory variables. The emigration ratio mainly depends on the expected wage at destination ($j$), presented, and the migration costs induced (Equation 4). Based on the RUM, there is a gain from emigration if utility is positive (Equation 5). The pseudo-gravity model obtained from the RUM model (Equation 9), can be estimated using the gross bilateral migration flows as dependent variable (Beine, Bertoli and Fernández-Huertas Moraga, 2016, p. 503).

$$\ln(P_{ijt}) = a_0 + a_{1it}\ln(GDPcap_{it}) + a_{2jt}\ln(GDPcap_{jt}) + a_{1ij}\ln(Distance_{ij}) + a_{2ij}Lang_{ij} + a_{3ij}Colony_{ij} + a_{1it}\ln(Pop_{it}) + a_{2it}\ln(Remit_{it}) + a_{3it}\ln(Agedep_{it}) + a_{4it}\,Unemploy_{it} + a_{5it}\,Poverty_{it} + a_{1ijt}\,vwp_{ijt} + a_{2ijt}\,Export_{ijt} + b_{kjt}Policy_{kjt} + c_{ij}\tilde{S}_t + u_{ij} + \varepsilon_{ijt} \quad (11)$$

where the dependent variable, $P_{ijt}$, is the annual immigrant inflows from country *i* to country *j*, and $Pop_{it}$ the total population living in the country of origin *i* in year *t*. $GDPcap_{it}$ and $GDPcap_{jt}$ are respectively the gross domestic product per capita of origin (*i*) and destination (*j*) in year *t*. *GDPcap*, a proxy of wages, is expected to be negative for origin and positive for destination. $Distance_{ij}$ is the bilateral distance, in kilometers between the two biggest cities, and weighted by the share of the city on overall population of country (Mayer and Zignago, 2011). From the empirical literature, the distance between two economies have a negative effect on migration (see Head et al., 2010, for the US case study).

The model includes bilateral specific ties in country-pairs. $Lang_{ij}$ and $Colony_{ij}$ are dummy variables capturing respectively the effects of common language, and common colonial relationship. The French case is particularly interesting for such an empirical checking. Indeed, a large share of immigrant's inflows in France come from countries sharing a common language and/or colonial relationship (former colony and colonizer). $Lang_{ij}$ equals 1 if countries i and j share both the same official language, and 0 otherwise, $Colony_{ij}$ equals 1 if i and j share a colonial history, and 0 otherwise. Several studies revealed that immigrants are more likely to be from a country that has a language in common with the country of destination (Clark et al., 2007; Pedersen, Pytlikova, & Smith, 2008; Grogger & Hanson, 2011; Chiswick & Miller, 2015).

Migration policies, $Policy_{kjt}$, quantify the restrictiveness of regulation and law implemented to control migration flows. The indice *k* identify the 3 indexes (Policy1=admission, Policy2=integration, Policy3=asylum), considered in the estimation as detailed in the previous section. We use Policy4=restriction and Policy5= change_lev from DEMIG project for robustness checks.

Moreover, some variables of control help to confirm the good specification of the model estimated. The age dependency ratio, $Agedep_{it}$, indicates the burden of inactive people. Living in a country with a large part of inactive people in the population discourage immigration because of high dependency on workers. The latter support a big burden that reduces their financial capacity. As a consequence, a growing proportion of this variable reduces immigration of young people. We also consider the flows of remittances ($Remit_{it}$) received by country of origin as a percentage of the gross domestic product. On the expected signs, remittances should motivate more emigration in sending countries. The value of remittances inflows reveals how much emigration in a given location matters. So, this variable should have a positive effect on migration inflows.

Finally, equation (11) takes into account the existence of visa waiver program ($vwp_{ijt}$), the risk of poverty ($Poverty_{it}$), the bilateral export flows ($Export_{ijt}$), and unemployment ($Unemploy_{it}$) at origin. The implementation of agreements on *vwp* aims to ease international mobility for citizens. The French visa waiver program counts forty-eight countries including all the European Union (EU) members and other foreign partners. A growing poverty, which is a major push factor, stimulate economic immigration flows. In our data, we consider the poverty risk index that estimates the risk of poverty for a given country. Low values of the index correspond to high risks of poverty. So, we expect a negative sign for this variable. Export flows denotes the importance of a country-pair economic size, generally positively, correlated with immigration flows. Unemployment, indicates the percentage of the jobless active population looking for an employment. One of the major push factors is the higher unemployment rate of young people. Higher unemployment rate is expected to encourage emigration. $\tilde{S}_t$ is the vector of cross-sectional average of the dependent and independent variables, $u_{ij}$ the country-pair fixed effect, and the error term is $\varepsilon_{ijt}$.

## 3.2. Data

### *Data description and sources*

*Immigrants flows* come from the OECD international migration database[11] (OECD, 2015). Annual immigration, measured by the number of permanent inflows, reports movements of foreigners considered to be settling in the country from the perspective of the destination country. Inflows cover the regulated movements of foreigners as well as free movement migration[12].

Considering the three dependent variables, the inflow of foreign population by nationality contains the largest flow of immigrants. Among the flows of foreign people, the available data allows us to differentiate the flows of foreign worker, and flows of asylum seekers.

Unfortunately, the remaining disaggregated sub-flows of foreign population inflows is not available. However, the sum of sub-flows over time show that, even though immigrant inflows increase, there are significant changes in their components, in particular, for permanent immigrants (see Figure 3). The main drivers of permanent immigration flows are family and free movement, reaching top values of 108,454 in 2006 and 95,863 in 2013. Humanitarian, work, and other flows are very low in comparisons with family and free movement.

In Figure 4, the evolution of foreign population inflows is driven by asylum demand and workers. So, we consider these two types of inflows as dependent variables in the following section.

From the explanatory variables side, *GDP per capita, population, export, distance, language, colony* data come from the CEPII "square" gravity dataset originally generated by Head et al. (2010). They compute GDPs and populations variables from the World Development Indicators (WDI). Unemployment and age dependency ratio data come from the WDI. *Population* is based on the de facto definition, which counts all residents regardless of the legal status or citizenship. *Poverty* come from the International Country Risk (ICRG) data base[13]. The risk of poverty is an annual measure of the level of poverty on the basis of credible sources (IMF, World Bank, CIA Factbook). A score of 4 points means a very low risk, and a score of 0 point to a very high risk. *Age dependency* is the ratio of dependents (people under 15 or older than 64) to the working-age population (those aged 15-64) in percentage.

---

[11] In 2004, data come from the French Office for Immigration and Integration. From 2005 onward, they are based on the first permanent-type permits delivered. This includes status changes from a temporary-type permit to a permanent-type permit. Data are available at : https://stats.oecd.org/Index.aspx?DataSetCode=MIG

[12] The foreign population consists of people who still have the nationality of their home country and measured as a percentage of population.

[13] In the data, we use the risk of poverty instead of poverty headcount ratio proposed by the World Bank. The high number of missing values contained in the latter does not allow to get sufficient observations for consistent results.

**Figure 3: Inflows of permanent migrants**

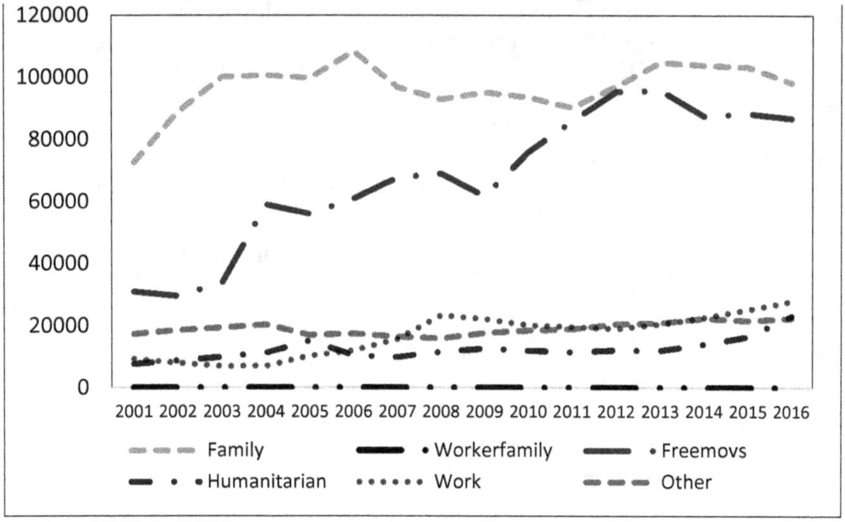


*Source: OECD (2018) Permanent immigrants inflows.*

**Figure 4: Inflows of foreign population**

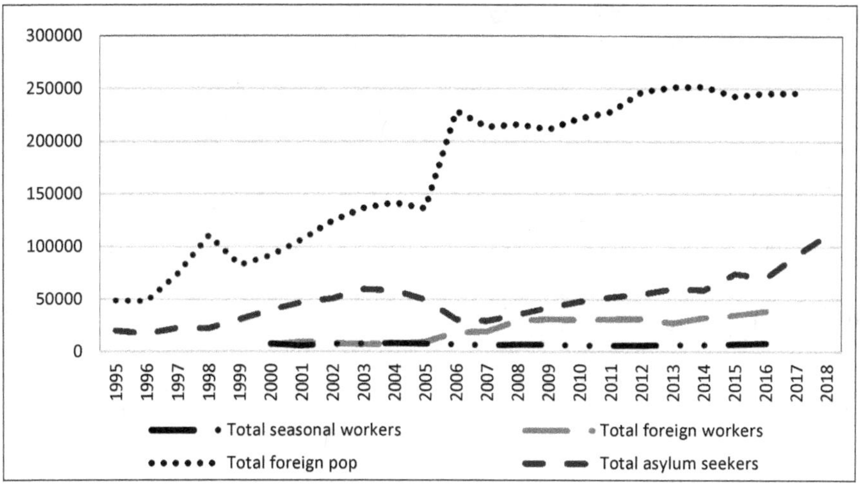


*Source: OECD (2020) Permanent immigrants inflows.*

*Migration policies indexes* are computed from our own calculations on the basis of publics resources on laws and decrees[14] for "*admission*", "*integration*" and "*asylum*" (see section 1). Our indexes tend to shape three aspects of immigration regulation: admission, integration and asylum. Migration process takes into account policies because of their impact on the choice of destination[15]. The two first indexes ("admission"

[14] See for instance http://www.vie-publique.fr/politiques-publiques/politique-immigration/chronologie-immigration/

[15] Regarding, permanent immigration, in particular workers, individual will be influenced by integration laws as well as admission. They will face a tradeoff between admission requirement and the conditions of integration in France, in comparison with other developed countries.

and "integration") should affect the total inflow of foreign population and the inflow of foreign workers. "Asylum" index should impact the flows of asylum seekers.

For the robustness of our results, we use two indicators of the International Migration Institute (IMI)[16]. The first, named "*restriction*", assesses whether the policy measure represents a change towards more or less restrictiveness of the existing legal framework. The second, named "*change_lev*", assesses the magnitude of the policy.

The Visa waiver program[17] (VWP) cover 34 of 141 countries in the sample. The VWP data are computed by authors on the basis of French ministry information[18].

**Table 2: Summary statistics of the model**

| Variable | Obs | Mean | Std. Dev. | Min | Max | CV |
|---|---|---|---|---|---|---|
| Dependent Variables | | | | | | |
| Foreign population | 2961 | 858.42 | 2645.55 | 0 | 31113 | 3.08 |
| Foreign workers | 2219 | 147.05 | 419.37 | 0 | 4608 | 2.85 |
| Asylum seekers | 2342 | 342.34 | 785.98 | 0 | 7192 | 2.29 |
| Explanatory variables | | | | | | |
| GDPcap_i | 2858 | 7.68 | 1.46 | 4.17 | 11.46 | 0.19 |
| GDPcap_j | 2940 | 10.39 | 0.24 | 10.01 | 10.72 | 0.02 |
| Distance | 2940 | 8.66 | 0.57 | 6.16 | 9.846 | 0.06 |
| Population | 2938 | 2.05 | 1.91 | -3.14 | 7.22 | 0.92 |
| Language | 2940 | 0.2 | 0.40 | 0 | 1 | 2.00 |
| Colony | 2940 | 0.21 | 0.41 | 0 | 1 | 1.91 |
| Visa Waiver Program | 2961 | 0.24 | 0.42 | 0 | 1 | 1.77 |
| Remittances | 2472 | 19.32 | 2.37 | 8.70 | 24.97 | 0.12 |
| Age dependency | 2894 | 67.50 | 20.07 | 15.74 | 114.5 | 0.29 |
| Poverty | 2060 | 0.88 | 1.17 | 0 | 4 | 1.33 |
| Export | 2242 | 17.77 | 3.17 | 2.94 | 24.24 | 0.16 |
| Immigration policies | | | | | | |
| Admission | 2820 | 0.4 | 1.06 | 0 | 4 | 2.66 |
| Integration | 2820 | 0.25 | 1.47 | -2 | 5 | 5.91 |
| Asylum | 2820 | 0 | 0.63 | -2 | 2 | |
| Restriction | 2679 | -0.63 | 3.40 | -9 | 9 | -5.39 |
| Change_lev | 2679 | 14.73 | 13.05 | 0 | 47 | 0.88 |

### *Descriptive statistics*

The distribution of migration flows reveals large ranges (see Table 2), moderated when adopting natural logarithm function. Our data on immigration cover the period 1995-2014 with missing observations. Such characteristics of data indicate that variations depend on several factors like development status, geographical distance, or historical links. Coefficients of variation (CV) confirm the heterogeneity, characteristics of immigration flows and policies, in the sample.

---

[16] DEMIG data record over 200 policy changes since 1850 for France. A methodological paper by Haas et al. (2014) presents a further details on compilation and coding of DEMIG policy data.
[17] The European Travel Information and Authorization System (ETIAS) will be required in 2021 for all visitors traveling to any of the Schengen member country.
[18] The details are presented in Annex 3. https://www.immigration.interieur.gouv.fr/Immigration/Les-visas/Les-dispenses-de-visa

Regarding migration policies, *admission* ($\text{Policy}_{1jt}$) and *integration* ($\text{Policy}_{2jt}$) indicate positive average values suggesting more restrictive laws and regulation over the period. *Asylum* ($\text{Policy}_{3jt}$) policy equals zero on average. Then changes in this index are negligible.

The DEMIG policy indexes are on average negative for *restriction* ($\text{Policy}_{4jt}$) and positive for *change_lev* ($\text{Policy}_{5jt}$). Restriction captures the change induced by a new policy in comparison with the initial situation. An average value of -0.63 shows a slight decrease in the restrictiveness of the policies. Change in level is a benchmark to determine the degree of change induced by a policy. It is positive and presents an average value of 14.73 associated with a very low variation.

## 4. RESULT OF ESTIMATIONS

### 4.1. Effects of policies on immigration inflows

Multilateral resistance to migration and endogeneity are two core issues inherent to gravity models applied to migration. The multilateral resistance terms are spatially correlated to alternative destinations even in the case of migration flows from different countries of origin to single destination (Bertoli and Moraga, 2013). In this case, an estimator based on instrumental procedure seems inconsistent because the endogeneity concerns all the determinants of the scale of migration flows[19]. As discussed previously, given the structure of the model, the CCE estimator should be consistent. Given that we consider only one country of destination (France), the bilateral fixed effect is not different from the origin fixed effect.

Table 3 presents the results of the panel data estimated using the CCE estimator. The number of observations ranges between 1642 and 2453 depending on the variable. Admission policies have a positive and significant effect (at 1% threshold) on immigrants' inflows over the period with a coefficient that varies from 0.040 and 0.070. Thus, the total inflows of foreign population increases by 4% to 7% when Admission increases by one unit. This means that as admission policies become more restrictive (increase in the index), migration also increases. This may be an indication that this policy is inefficient. We will get back to this issue later on. This result remains robust in the presence of the indicator of integration and additional variables of control (column 1-7). Integration has a negative and significant effect at 1% on foreign population inflows. The coefficients of integration are robust and varies from -0.048 to -0.020. One percent increase of the index of Integration reduces foreign population inflows by 2.02% to 4.8%. This means that as integration policies become more restrictive, migration is reduced (efficient policy). This difference of results between admission and integration may be due to the fact that most changes in migration policies initiated over the period considered focus on residents and thus may have more affected integration than admission (non-residents).

In addition, we find that the free visa program (vwp) has a negative and significant effect on immigrants' inflows. This result suggests that immigrants are more likely to come from countries that are not committed in a free visa program with France.

The time invariant variables are excluded from the current estimation because of potential collinearity with countries specific effects. The remaining variables present the expected signs with regard to the specifications. However, the Pesaran (2015) cross-sectional test for weak dependence fails to reject the null hypothesis of residuals independence. As suggested by Hoechle (2007), we run a pooled ordinary least

[19] According to Bertoli and Moraga (2013), the determinants of migration scale can be common economic shocks, policies, or partial business cycles. Assuming such a correlation implies that origin determinants are also correlated to multilateral resistance term.

squares (OLS) using the Driscroll & Kraay (1998) robust standard errors (Table 4). This estimator is consistent when the condition of cross-sectional independence is not filled.

**Table 3: The effect of policies on foreign population inflows using CCE**

| | Dependent variable : Total inflow of foreign population (in log) | | | | | | |
|---|---|---|---|---|---|---|---|
| | 1 | 2 | 3 | 4 | 5 | 6 | 7 |
| *Policy1* | | | | | | | |
| Admission | 0.05*** | 0.059*** | 0.04*** | 0.05*** | 0.05*** | 0.06*** | 0.07*** |
| | (0.01) | (0.01) | (0.01) | (0.01) | (0.01) | (0.01) | (0.01) |
| *Policy2* | | | | | | | |
| Integration | -0.03*** | 0.04*** | -0.02** | -0.04*** | -0.04*** | -0.04*** | -0.04*** |
| | (0.00) | (0.01) | (0.01) | (0.01) | (0.01) | (0.01) | (0.01) |
| GDPcap_i | 0.24*** | 0.29*** | 0.18*** | 0.23*** | 0.23*** | 0.19*** | 0.349*** |
| | (0.04) | (0.05) | (0.04) | (0.05) | (0.05) | (0.05) | (0.05) |
| GDPcap_j | 0.67*** | 0.38** | -0.02 | 0.42** | 0.42** | 0.60** | 0.84*** |
| | (0.14) | (0.19) | (0.18) | (0.18) | (0.18) | (0.24) | (0.24) |
| Population | 0.23 | 0.36* | 0.43*** | 0.62*** | 0.62*** | -0.35* | 0.64*** |
| | (0.14) | (0.19) | (0.14) | (0.19) | (0.19) | (0.20) | (0.21) |
| Remittances | | 0.07*** | | 0.06*** | 0.06*** | 0.08*** | 0.034** |
| | | (0.01) | | (0.01) | (0.01) | (0.01) | (0.01) |
| Age Dependency | | | -0.59*** | | | | |
| | | | (0.15) | | | | |
| Unemployment | | | | 0.01*** | 0.01*** | 0.01** | |
| | | | | (0.00) | (0.00) | (0.00) | |
| Visa Waive Prog. | | | | | -3.80*** | -3.7*** | -1.34*** |
| | | | | | (0.71) | (0.71) | (0.33) |
| Export | | | | | | 0.02** | |
| | | | | | | (0.01) | |
| Poverty | | | | | | | -0.12*** |
| | | | | | | | (0.02) |
| Constant | -13.74*** | -16.05*** | 63.24*** | -14.88*** | -11.74*** | -7.62*** | -12.51*** |
| | (1.21) | (1.50) | (12.61) | (2.275) | (2.18) | (2.94) | (1.86) |
| Observations | 2,453 | 2,142 | 2,396 | 2,081 | 2,081 | 2,081 | 1,642 |
| R-squared | 0.94 | 0.955 | 0.95 | 0.95 | 0.95 | 0.95 | 0.95 |
| F | 284.8 | 304.4 | 300.3 | 304.5 | 304.5 | 302.9 | 324.4 |
| Pesaran CD | 18.09 | 12.867 | 9.79 | 13.72 | 13.72 | 13.65 | 17.56 |
| CD p-value | 0 | 0 | 0 | 0 | 0 | 0 | 0 |
| Origin_FE | YES | YES | YES | YES | YES | YES | YES |

Notes : Result of estimations using the common correlate error (CCE) estimator. All the columns include country of origin specific effects (Origin_FE). Pesaran (2015) CD is the statistic of Pesaran's weak cross-sectional dependence test (H0: Residuals are cross-sectionally independent). GDP per capita, distance, population, remittances, age dependency, and exports are in logarithms. Given the correlation between time invariant variables and Origin_FE, the common language, colonial ties and distance have been dropped. Standard errors are in parentheses, and *** p<0.01, ** p<0.05, * p<0.1 represent the significance level.

Results regarding migration policies are similar. The majority of remaining variables present the expected signs with regard to the specifications. As expected, the distance has a negative effect on migration flows, and its elasticity decreases depending on the covariates in the regression, down to - 1.103 in Table 4, column 1. Results, from columns 2 to 8, show that common language has a positive effect on immigration. Then, individuals from French official language countries have a higher propensity to migrate than others. Similarly, the effect of colonial ties on the flows is positive and significant. Immigrants are more likely to come from countries that share a colonial tie with France, than those who do not. It also appears that a 1% increase of export flows generates 0.12% increase of migration flows towards France. Millogo & Trojette (2020) find that immigration has a positive and significant effect on trade between their countries of origin and France. From columns 6 to 8 estimates indicate that the effect of the visa waiver program is negative for the inflows. The coefficient reach value of -0.320 and significant at 1%. Then, people coming from countries committed to a visa waiver or free visa program with France have -32% less chance to migrate to France than others in the sample.

**Table 4: The effect of policies on foreign population inflows using Driscoll & Kraay SE**

| | Dependent variable : Total inflow of foreign population | | | | | | | |
|---|---|---|---|---|---|---|---|---|
| | 1 | 2 | 3 | 4 | 5 | 6 | 7 | 8 |
| *Policy1* admission | 0.05*** | 0.06*** | 0.07*** | 0.06*** | 0.07*** | 0.07*** | 0.07*** | 0.09*** |
| | (0.01) | (0.01) | (0.01) | (0.01) | (0.01) | (0.01) | (0.01) | (0.01) |
| *Policy2* integration | -0.08*** | -0.05*** | -0.05*** | -0.05*** | -0.06*** | -0.06*** | -0.05*** | -0.05** |
| | (0.02) | (0.01) | (0.02) | (0.01) | (0.01) | (0.01) | (0.01) | (0.02) |
| GDPcap_i | 0.042* | 0.21*** | 0.22*** | 0.10** | 0.20*** | 0.22*** | 0.10*** | 0.35*** |
| | (0.02) | (0.01) | (0.02) | (0.04) | (0.02) | (0.01) | (0.02) | (0.07) |
| GDPcap_j | 0.86*** | 0.51*** | 0.045 | 0.55*** | 0.246*** | 0.19*** | 0.25*** | 0.14 |
| | (0.13) | (0.06) | (0.07) | (0.07) | (0.08) | (0.07) | (0.05) | (0.10) |
| Distance | -1.10*** | -0.74*** | -0.73*** | -0.72*** | -0.65*** | -0.64*** | -0.56*** | -0.62*** |
| | (0.09) | (0.04) | (0.05) | (0.04) | (0.04) | (0.04) | (0.02) | (0.05) |
| Population | 0.56*** | 0.59*** | 0.46*** | 0.61*** | 0.48*** | 0.48*** | 0.32*** | 0.50*** |
| | (0.03) | (0.02) | (0.01) | (0.01) | (0.02) | (0.02) | (0.02) | (0.01) |
| Language | | 1.10*** | 1.44*** | 0.93*** | 1.20*** | 1.21*** | 1.34*** | 1.42*** |
| | | (0.03) | (0.13) | (0.06) | (0.14) | (0.14) | (0.08) | (0.08) |
| Colony | | 1.64*** | 1.41*** | 1.87*** | 1.62*** | 1.60*** | 1.23*** | 1.31*** |
| | | (0.06) | (0.03) | (0.05) | (0.05) | (0.04) | (0.05) | (0.12) |
| Remittances | | | 0.17*** | | 0.16*** | 0.16*** | 0.20*** | 0.18*** |
| | | | (0.0170) | | (0.01) | (0.01) | (0.01) | (0.02) |
| Age Depend. | | | | -0.73** | | | | |
| | | | | (0.28) | | | | |
| Unemploym. | | | | | 0.02*** | 0.02*** | 0.02*** | 0.02*** |
| | | | | | (0.00) | (0.00) | (0.00) | (0.00) |
| Visa Waiv. P. | | | | | | -0.13** | -0.18*** | -0.32*** |
| | | | | | | (0.05) | (0.04) | (0.09) |
| Export | | | | | | | 0.12*** | |
| | | | | | | | (0.00) | |
| Poverty | | | | | | | | -0.16* |
| | | | | | | | | (0.08) |
| Constant | 3.96** | 2.53*** | 4.18*** | 5.73*** | 1.47** | 1.74*** | -1.20** | 0.78 |
| | (1.90) | (0.75) | (0.69) | (1.83) | (0.72) | (0.65) | (0.58) | (0.72) |
| Observations | 2,453 | 2,452 | 2,141 | 2,395 | 2,080 | 2,080 | 1,764 | 1,641 |
| R-squared | 0.32 | 0.55 | 0.60 | 0.57 | 0.59 | 0.59 | 0.623 | 0.59 |
| Number of id | 140 | 139 | 130 | 136 | 126 | 126 | 118 | 96 |
| lag | 8 | 8 | 8 | 8 | 8 | 8 | 8 | 8 |

Notes : Pooled OLS estimates obtained using the Driscoll & Kraay (DK) standard errors. The lag refers to the maximum lag to be considered in the error structure. GDP per capita, distance, population, remittances, age dependency, and exports are in logarithms. Standard errors are in parentheses, and *** p<0.01, ** p<0.05, * p<0.1 represent the significance level.

The results of estimations show that the socio-economic factors like the dependency ratio and poverty have negative effects whereas remittances and unemployment have positive effects on flows. In other words, the greater is the dependency in a country, the less is the propensity for an individual in this country to migrate to France; in addition, as the risk of poverty increases (lower index), the probability to migrate also increases. On the other hand, a high unemployment rate leads young people to migrate in countries where they expect to get a good job with higher salaries. In the same vein, remittances matter in reducing migration costs for migrants and seem to higher the intention of people to migrate (Manchin and Orazbayev, 2018). Although including additional variables reduce the number of observations because of missing data, our results remain reliable.

Overall, these results confirm the more general finding[20] of a decreasing restrictiveness in entry policies during the two last centuries in developed countries. In the French case, the positive effect of admission indicates that the implementation of new regulations over time did not reduce the flows. Thus, there is a gap between declared targets of policies and their real impact on immigration. However, even if there are no negative effects on the size of immigration, there may be a composition effect. Table 5 illustrates this composition effect through the particular focus on workers.

**Table 5: Effect of policies on foreign workers**

| | Dependent variable : Inflows of foreign workers | | | | | | | |
|---|---|---|---|---|---|---|---|---|
| | 1 | 2 | 3 | 4 | 5 | 6 | 7 | 8 |
| *Policy1* | | | | | | | | |
| Admission | 0.06* | 0.0945*** | 0.09*** | 0.09*** | 0.102*** | 0.10*** | 0.11*** | 0.10*** |
| | (0.03) | (0.02) | (0.02) | (0.02) | (0.02) | (0.02) | (0.02) | (0.02) |
| *Policy2* | | | | | | | | |
| Integration | -0.11*** | -0.12*** | -0.12*** | -0.12*** | -0.12*** | -0.12*** | -0.13*** | -0.13*** |
| | (0.01) | (0.01) | (0.01) | (0.01) | (0.01) | (0.01) | (0.01) | (0.01) |
| GDPcap_i | 0.31*** | 0.48*** | 0.51*** | 0.37*** | 0.49*** | 0.48*** | 0.36*** | 0.53*** |
| | (0.04) | (0.03) | (0.016) | (0.01) | (0.00) | (0.02) | (0.03) | (0.04) |
| GDPcap_j | 0.928*** | 1.374*** | 0.96*** | 1.45*** | 1.05*** | 1.07*** | 1.21*** | 1.12*** |
| | (0.19) | (0.22) | (0.13) | (0.22) | (0.11) | (0.12) | (0.13) | (0.15) |
| Distance | -0.82*** | -0.39*** | -0.33*** | -0.34*** | -0.24*** | -0.25*** | -0.18*** | -0.39*** |
| | (0.02) | (0.01) | (0.02) | (0.01) | (0.03) | (0.02) | (0.04) | (0.08) |
| Population | 0.52*** | 0.59*** | 0.45*** | 0.588*** | 0.45*** | 0.45*** | 0.35*** | 0.56*** |
| | (0.03) | (0.012) | (0.01) | (0.01) | (0.02) | (0.02) | (0.03) | (0.01) |
| Language | | 1.01*** | 1.56*** | 1.08*** | 1.66*** | 1.65*** | 1.66*** | 2.14*** |
| | | (0.04) | (0.21) | (0.05) | (0.26) | (0.25) | (0.28) | (0.25) |
| Colony | | 1.67*** | 1.33*** | 1.70*** | 1.27*** | 1.28*** | 1.12*** | 0.87*** |
| | | (0.05) | (0.08) | (0.03) | (0.12) | (0.11) | (0.15) | (0.11) |
| Remittances | | | 0.174*** | | 0.17*** | 0.17*** | 0.19*** | 0.18*** |
| | | | (0.04) | | (0.04) | (0.03) | (0.04) | (0.03) |
| Age depend. | | | | -0.73*** | | | | |
| | | | | (0.18) | | | | |
| Unemploy. | | | | | 0.01*** | 0.01*** | 0.02*** | 0.03*** |
| | | | | | (0.00) | (0.00) | (0.00) | (0.004) |
| Visa Wai. P. | | | | | | 0.04 | 0.01 | 0.17 |
| | | | | | | (0.09) | (0.09) | (0.18) |
| Export | | | | | | | 0.09*** | |
| | | | | | | | (0.01) | |
| Poverty | | | | | | | | -0.11*** |
| | | | | | | | | (0.03) |
| Constant | -3.01 | -13.51*** | -12.97*** | -10.92*** | -14.79*** | -14.87*** | -17.63*** | -15.06*** |
| | (1.83) | (2.19) | (1.89) | (3.00) | (1.64) | (1.74) | (2.19) | (1.53) |
| Obs. | 1,739 | 1,738 | 1,554 | 1,705 | 1,534 | 1,534 | 1,334 | 1,226 |
| R-squared | 0.32 | 0.59 | 0.65 | 0.60 | 0.65 | 0.65 | 0.66 | 0.68 |
| Numb. of id | 139 | 138 | 127 | 135 | 123 | 123 | 117 | 96 |
| Lag | 8 | 8 | 8 | 8 | 8 | 8 | 8 | 8 |

Notes : Pooled OLS estimates obtained using the Driscoll & Kraay (DK) standard errors. The lag refers to the maximum lag to be considered in the error structure. GDP per capita, distance, population, remittances, age dependency, and exports are in logarithms Standard errors are in parentheses, and *** p<0.01, ** p<0.05, * p<0.1 represent the significance level.

The coefficient of admission is positive and significant at 1% and varies between 0.0673 and 0.112. Again, an increase of the restrictiveness of admission policies does not reduce the flow of foreign workers.

[20] See the paper by Haas et al. (2016) available online at https://onlinelibrary.wiley.com/doi/full/10.1111/imre.12288

This result is not surprising given that a selective policy has been implemented from 2006 (Sarkozy's immigration and integration law) to attract high skill immigrants[21]. On Figure 4, work immigration starts a remarkable grow in 2005. At the same time, immigration related to free movement have also grown up (see Figure 3) since ten additional members have joined the European Union in 2004.

**Table 6: Effect of policies on asylum inflows**

| | Dependent variable : Inflows of asylum seekers | | | | | | | |
|---|---|---|---|---|---|---|---|---|
| | 1 | 2 | 3 | 4 | 5 | 6 | 7 | 8 |
| *Policy3* | | | | | | | | |
| Asylum | -0.13 | -0.135* | -0.13* | -0.08 | -0.09 | -0.13 | -0.14* | -0.10 |
| | (0.08) | (0.08) | (0.08) | (0.08) | (0.06) | (0.08) | (0.08) | (0.08) |
| GDPcap_i | -0.28** | -0.26** | -0.26** | -0.26 | -0.48** | -0.26** | -0.32 | -0.31** |
| | (0.12) | (0.12) | (0.11) | (0.17) | (0.21) | (0.12) | (0.23) | (0.14) |
| GDPcap_j | 1.56*** | 1.51*** | 1.51*** | 1.41*** | 1.86*** | 1.53*** | 1.57*** | 1.63** |
| | (0.34) | (0.34) | (0.33) | (0.39) | (0.52) | (0.33) | (0.33) | (0.64) |
| Distance | -1.28*** | -1.25*** | -1.26*** | -1.25*** | -1.17*** | -1.28*** | -1.22*** | -1.42*** |
| | (0.11) | (0.11) | (0.11) | (0.14) | (0.06) | (0.11) | (0.13) | (0.20) |
| Population | 0.32*** | 0.34*** | 0.35*** | 0.29*** | 0.29*** | 0.32*** | 0.35*** | 0.25*** |
| | (0.04) | (0.05) | (0.05) | (0.04) | (0.02) | (0.04) | (0.04) | (0.06) |
| Language | | 0.27*** | | | | | | |
| | | (0.06) | | | | | | |
| Colony | | | 0.40*** | | | | | |
| | | | (0.15) | | | | | |
| Remittances | | | | 0.03 | | | | |
| | | | | (0.03) | | | | |
| Age depend. | | | | | -1.14* | | | |
| | | | | | (0.58) | | | |
| Visa Wai. P. | | | | | | -0.16 | | |
| | | | | | | (0.10) | | |
| Poverty | | | | | | | -0.00 | |
| | | | | | | | (0.24) | |
| Export | | | | | | | | 0.05*** |
| | | | | | | | | (0.01) |
| Constant | 0.32 | 0.26 | 0.26 | 0.87 | 2.58 | 0.46 | -0.17 | 0.05 |
| | (2.51) | (2.48) | (2.49) | (2.34) | (3.02) | (2.48) | (1.7) | (5.53) |
| Observations | 1,532 | 1,532 | 1,532 | 1,323 | 1,526 | 1,532 | 1,131 | 1,153 |
| R-squared | 0.18 | 0.18 | 0.19 | 0.17 | 0.19 | 0.18 | 0.16 | 0.22 |
| Number of id | 107 | 107 | 107 | 101 | 106 | 107 | 81 | 100 |
| Lag | 8 | 8 | 8 | 8 | 8 | 8 | 8 | 8 |

Notes : Pooled OLS estimates obtained using the Driscoll & Kraay (DK) standard errors. The lag refers to the maximum lag to be considered in the error structure. GDP per capita, distance, population, remittances, age dependency, and exports are in logarithms. Standard errors are in parentheses, and *** $p<0.01$, ** $p<0.05$, * $p<0.1$ represent the significance level.

The effect of integration policies is negative and significant at 1% in all the columns, and it ranges from -0.134 to -0.111. It means that regulations and laws related to integration negatively affect the foreign worker inflows. Workers seem to self-select following a random utility function as developed in the second section. The major changes are immigration laws in 2003 and 2011 imposing respectively tight conditions for family reunification and regularization of illegal immigrants.

Distance, as expected, presents a negative elasticity. GDP per capita is positive and significant for both origin and destination, with a higher elasticity for destination. Hence, 1% increase in GDP per capita at origin generates an increase of work immigration about 0.539%, and 1% increase in GDP per capita at destination generates

[21] Nicolas Sarkozy presented to the French parliament a draft law relating to immigration control and the stay of foreigners in France in 2003.

1.451% increase of foreign workers inflows. Population size at origin, as well as common language and colonial ties, have positive effects on flows. In addition, the variables of control like unemployment, dependency, and remittances matter. In the same vein of previous results, unemployment and the volume of remittances received stimulate work immigration. Conversely, an increase of the age dependency ratio and poverty index reduce the foreign inflows. Then, confirming the results above, lower values of the index of poverty (increase in poverty) are still associated with higher migration flows. The implementation of visa waiver program is not significant in explaining work immigration. This result may be due to the fact that foreign workers tend to be skilled workers. Visa requirement is no more a huge barrier for this category of migrant. Thereby, foreign worker inflows mainly depend on the relative wealth of the country of origin, admission and integration policies, language skills and other economic condition, and less on free visa program.

Let turn now on the effects of asylum policy on flows (Table 6). Recent famous policies targeted asylum seekers in France.[22] One of the particular characteristic of asylum or humanitarian immigrants is that they are not primarily motivated by economic welfare. Indeed, asylum seekers are generally looking for protection, and favorable environment for social integration. We address the determinants of asylum inflows by estimating equation (11) where the dependent variable is the inflows of asylum seekers. Table 6 reports the estimates of the model. It appears that asylum policies are not enough significant to explain the variation in asylum inflows. There are no remarkable changes in the results when we introduce additional variables of control as common language, colonial ties, poverty (see columns 2, 3 and 7).

The coefficients of the indexes of policy estimated in this paper can be compared in order to shape a total effect on the flows by category of immigrants defined as dependent variable. This effect is obtained by adding the coefficients of the policy indexes. When we consider the total inflows of foreign population, we find a global positive effect (Table 4) of admission and integration policies on flows. This suggest that overall, tighter integration policies fail to reduce migration flows in France. Conversely, the global effect of policies is negative (Table 5) for the total inflows of foreign workers. However, the effects of migration policies on asylum inflows is not significant (Table 6).

Regulation allows to shape the profile of demanders and define some criteria to reach the expected results. However, despite changes in the legislation in France, the number of asylum seekers is still increasing. This growing trend (see Figure 4) is caused by exogenous factors as wars or political percussion. As a result, policies cannot stop asylum demand, but only manage the flows at the frontier (or after admission) and the issue of decisions. In order to align the EU States asylum legislation, the harmonization of European policies led to a Common European Asylum System (CEAS) in 2008.

From the results obtained above, the management of immigration through policies has some expected and unexpected effects. Estimating the effects of policies is a great challenge even if we enumerate and identify them at a disaggregated level. Finally, it seems obvious that composition effects of policies matter, and the analysis focusing only on size effects is biased.

### 4.2. Robustness checks

In order to corroborate our findings, in the current sub-section, we use the DEMIG data for France to shape the restrictiveness of policies and changes in the level resulting from regulation. To date, DEMIG project provides the most complete

[22] The European Pact for Immigration and Asylum has provided for the harmonization of immigration and asylum policies within the European Union in 2008, and immigration, integration and nationality law in 2011.

data on migration policies for a large sample of countries. The index of restrictiveness should follow the same tendency like admission policies as it also refers in part to entry into the territory[23]. The variations in the magnitude of restrictions expected are not comparable with the previous indexes but the sum of restrictions and their magnitude provides an overall effect of policies.

DEMIG indexes take into account both bilateral, multilateral, and national levels of legislation, where our admission, integration and asylum indexes just consider national and multilateral levels. For example, the value of DEMIG index of restriction for a given year does not only include the changes in policies that concern all the partners. It also includes changes addressing bilateral partners. As a result, the global annual average value of the index does not reflect the average level of restriction for each country of origin. This is a limit when using DEMIG indexes in estimations.

Table 7 reports the results of the regressions, based on pooled OLS using Driscoll and Kraay standard errors, following the overall foreign population, foreign workers, and asylum seekers inflows. The model estimated excludes export flows, poverty, free visa program and common language to focus on policies.

The three first columns (1, 2 and 3) show that the index of restriction has a negative and significant effect (reaching a maximum value of -0.049) on the total inflows of immigrants whereas the effects of change in the level are not significant. Although these effects of restriction are low, they suggest a negative relation between changes in the restrictions and migration flows. The negative average value of the restriction index (Summary statistics presented in Table 2) can, in part, explains the negative sign of the coefficient. This result is statistically consistent with the growing trend of migration flows over the same period but is the opposite of results of section 4.1 for admission. The explanation of the differences between our index of admission and DEMIG restriction is the larger components of restriction index described above in the previous lines of the subsection. Indeed, we note stringent French migration policies over the same period when considering only the entry restrictions. Despite a global decrease in their stringency, migration policies remain more restrictive for low skilled and less restrictive for high skilled individuals. This result is found in a recent papers by Flahaux (2017) and De Haas et al. (2019).

We also highlight that the magnitude of changes in restriction (change_lev) does not determine significantly the foreign population inflows. GDPs per capita is positive, distance is negative, and both are significant à 1%. Remittances and dependency are respectively positive and negative at 1% as expected. These results confirm those obtained above despite the differences in the indexes of restrictiveness estimated.

In columns 4 to 6, the estimates indicate a negative and significant effect of restriction on work immigration. The result is not surprising because the reforms implemented in 2003 and 2007 aimed to raise the share of skill workers, and limit the proportion of family immigration. So, given the decreasing restrictiveness in policies, the changes in this indicator are associated with a higher worker flows. Changes in the magnitude of policies (change_lev) do not affect significantly the evolution of this type of immigration. The measures of restrictions were broadly in the same tendency addressing total inflows and foreign workers.

The last columns (7, 8, and 9) concern the flows of asylum seekers. Restriction indicator is positive and significant at 5%, suggesting that a more restrictive policy is associated with more asylum seekers inflows. Moreover, the magnitude of restrictions (changes in the level of policies) is negative (-0.010 in column 8).

[23] DEMIG indexes evaluate 4 policy areas (Legal entry and stay, Integration, border and land control, and exit). Admission should correspond in part to some policies accounted in the DEMIG legal entry and stay policy area.

**Table 7: Robustness using DEMIG indexes**

| | Total inflows of foreign population | | | Inflows of foreign workers | | | | Inflows of asylum seekers | |
|---|---|---|---|---|---|---|---|---|---|
| | 1 | 2 | 3 | 4 | 5 | 6 | 7 | 8 | 9 |
| *Policy4* | | | | | | | | | |
| Restriction | -0.01*** | -0.01*** | -0.01** | -0.03*** | -0.03*** | -0.03*** | 0.0491** | 0.04** | 0.04** |
| | (0.00) | (0.00) | (0.00) | (0.00) | (0.00) | (0.00) | (0.0241) | (0.02) | (0.02) |
| *Policy5* | | | | | | | | | |
| Change_lev | 0.00 | 0.00 | 0.00 | 0.00 | 0.00 | 0.00 | -0.0095*** | -0.01*** | -0.00*** |
| | (0.00) | (0.00) | (0.00) | (0.00) | (0.00) | (0.00) | (0.0027) | (0.00) | (0.00) |
| GDPcap_i | 0.04* | 0.10*** | 0.10*** | 0.29*** | 0.37*** | 0.36*** | -0.294** | -0.50** | -0.25 |
| | (0.02) | (0.05) | (0.01) | (0.04) | (0.04) | (0.03) | (0.127) | (0.22) | (0.17) |
| GDPcap_j | 0.38** | 0.40** | 0.005 | 1.24*** | 1.25*** | 0.91*** | 2.044*** | 2.05*** | 1.80*** |
| | (0.18) | (0.12) | (0.11) | (0.29) | (0.28) | (0.21) | (0.428) | (0.39) | (0.43) |
| Distance | -1.13*** | -1.13*** | -1.19*** | -0.75*** | -0.78*** | -0.79*** | -1.297*** | 1.22*** | -1.29*** |
| | (0.07) | (0.07) | (0.08) | (0.01) | (0.02) | (0.03) | (0.0918) | (0.05) | (0.11) |
| Population | 0.55*** | 0.61*** | 0.48*** | 0.534*** | 0.54*** | 0.47*** | 0.328*** | 0.29*** | 0.30*** |
| | (0.03) | (0.05) | (0.03) | (0.02) | (0.02) | (0.00) | (0.0465) | (0.02) | (0.03) |
| Age dependency | | -0.50** | | | -0.46*** | | | -1.27* | |
| | | (0.27) | | | (0.05) | | | (0.67) | |
| Remittances | | | 0.08*** | | | 0.05* | | | 0.015 |
| | | | (0.01) | | | (0.02) | | | (0.034) |
| Constant | 9.19*** | 5.97*** | 11.69*** | -6.74** | -9.25*** | -4.41* | -4.431 | 1.80 | -2.50 |
| | (1.37) | (1.45) | (0.88) | (2.62) | (2.37) | (2.25) | (3.707) | (3.79) | (3.12) |
| Observations | 2,321 | 2,267 | 2,034 | 1,641 | 1,610 | 1,471 | 1,456 | 1,450 | 1,261 |
| R-squared | 0.32 | 0.38 | 0.36 | 0.32 | 0.32 | 0.35 | 0.20 | 0.21 | 0.18 |
| Number of id | 139 | 136 | 130 | 138 | 135 | 127 | 106 | 105 | 100 |
| Lag | 8 | 8 | 8 | 8 | 8 | 8 | 8 | 8 | 8 |

Notes: Pooled OLS estimates obtained using the Driscoll & Kraay (DK) standard errors. The results presented are related to the total inflows of foreign population from in column 1 to 3, foreign workers from column 4 to 6, and asylum seekers inflows from column 7 to 9. The lag refers to the maximum lag to be considered in the error structure. GDP per capita, distance, population, remittances, age dependency, and exports are in logarithms. Standard errors are in parentheses, and *** $p<0.01$, ** $p<0.05$, * $p<0.1$ represent the significance level.

This result means that legislation reforms, in magnitude of changes are associated with a reduction of asylum flows. Considering the coefficients of the two dimensions of policies, the effect of restrictiveness seems stronger than those of magnitude. Then, the overall effect of policies is positive for asylum flows. This result is consistent with an hypothesis of a possible disconnection between asylum inflows and policies restrictiveness. Most of asylum demanders do not take them into account because they are often flying persecution. As a consequence, the importance of the reforms announced to regulate asylum demand in France had a negligible effect on flows. We also find that the elasticity of GDP per capita at origin is negative and significant at 10% (-0.501 in column 8). It means that asylum seekers in France are less likely to come from high income countries.

## CONCLUSION

This paper aims to assess the effects of French policies on legal immigration inflows over the period 1995 – 2014. In this study, we proposed three indexes related to admission, integration and asylum regulation. We suppose that variations in indicators follow the changes in policies with regard to their objectives. For this purpose, we adopt a model based on the RUM model micro-foundations. The estimation method relies on a CCE estimator consistent with multilateral resistance and cross sectional dependence encountered in the empirical literature. We also run a pooled OLS estimation using the Driscoll & Kraay standard errors when the residual of the CCE don't fill the condition of independence.

The results of estimations suggest that immigration policies determine the va-riations of inflows but have some limited effects. For example, it has been shown that in spite of tight admission laws, immigrant inflows did not decline over the period of our study, and we find rather a positive and significant effect on these flows. Conversely, integration laws have a negative and significant effect on flows. We also find that asylum flows are not significantly affected by regulations. Using the robustness DEMIG project indexes, we find that more restrictive global policies have a negative effect on immigration but the magnitude of the changes of these policies have no effects. In addition, restrictive policies for asylum inflows have also few effects.

There are slight differences between the two methods due to the fact that DEMIG index estimates all the types of restrictions where our admission index focuses on admission restrictions into the territory. Despite the differences, the results are consistent with the distribution of the two indexes over time in comparison with migration inflows. Whatever the differences, results also highlight that the dynamics of migration presents an evident gap between policies targeted and immigration flows observed in France. Most of changes in French legislation were intended to attract skilled individual and reduce family and asylum immigration. Based on available data, the results show that these policies fail to significantly reduce migration, especially asylum inflows.

One of the major limit in measuring policies relies on the diversity of policy dimensions (national, European, bilateral or multilateral). The results suggest, especially for asylum inflows, that policies are not significant. Given that asylum inflows also depend on European neighborhood policies, it seems important to question the opportunity of implementing or reinforcing European immigration policies. The question of the implementation of a common EU migration policy with clear objectives can also be raised.

## REFERENCES


**Beine M., Bertoli S., Fernández-Huertas Moraga J.**, 2016, A practitioners' guide to gravity models of international migration, *The World Economy*, 39, 4, 496–512.

**Beine M., Bourgeon P., Bricongne J.-C.**, 2019, Aggregate fluctuations and international migration, *The Scandinavian Journal of Economics*, 121, 1, 117–152.

**Belot M.V., Hatton T.J.**, 2012, Immigrant Selection in the OECD*, *The Scandinavian Journal of Economics*, 114, 4, 1105–1128.

**Ben-Akiva M., Lerman S.R.**, 1985, *Discrete choice analysis: theory and application to predict travel demand*, MIT Press.

**Benhabib J.**, 1996, On the political economy of immigration, *European Economic Review*, 40, 9, 1737–1743.

**Bertoli S., Brücker H., Moraga J.F.-H.**, 2016, The European crisis and migration to Germany, *Regional Science and Urban Economics*, 60, 61–72.

**Bertoli S., Moraga J.F.-H.**, 2013, Multilateral resistance to migration, *Journal of Development Economics*, 102, 79–100.

**Bianchi M.**, 2013, Immigration Policy and Self-Selecting Migrants, *Journal of Public Economic Theory*, 15, 1, 1–23.

**Bjerre L., Helbling M., Römer F., Zobel M.**, 2015, Conceptualizing and measuring immigration policies: A comparative perspective, *International Migration Review*, 49, 3, 555–600.

**Borjas G.J.**, 1988, Self-Selection and the Earnings of Immigrants, Working Paper, 2248, National Bureau of Economic Research.

**Boussichas M., Goujon M.**, 2010, A quantitative indicator of the immigration policy's restrictiveness, *Economics Bulletin*, 30, 3, 1727–1736.

**Chiswick B.R., Miller P.W.**, 2015, International migration and the economics of language, dans *Handbook of the economics of international migration*, Elsevier, 211–269.

**Clark X., Hatton T.J., Williamson J.G.**, 2007, Explaining US immigration, 1971-1998," *The Review of Economics and Statistics*, 89, 2, 359–373.

**Czaika M., De Haas H.**, 2013, The effectiveness of immigration policies, *Population and Development Review*, 39, 3, 487–508.

**De Haas H., Czaika M., Flahaux M.-L., Mahendra E., Natter K., Vezzoli S., Villares-Varela M.**, 2019, International migration: Trends, determinants, and policy effects, *Population and Development Review*, 45, 4, 885–922.

**De Haas H., Natter K., Vezzoli S.**, 2014, Compiling and coding migration policies: Insights from the DEMIG POLICY database, *International Migration Institute, DEMIG project paper*, 16, 43.

**De Haas H., Natter K., Vezzoli S.**, 2015, Conceptualizing and measuring migration policy change, *Comparative Migration Studies*, 3, 1, 15.

**De Hoyos R.E., Sarafidis V.**, 2006, Testing for cross-sectional dependence in panel-data models, *The stata journal*, 6, 4, 482–496.

**Docquier F., Peri G., Ruyssen I.**, 2014, The cross-country determinants of potential and actual migration, *International Migration Review*, 48, 1_suppl, 37–99.

**Domencich T.A., McFadden D.**, 1975, Urban travel demand-a behavioral analysis.

**Driscoll J.C., Kraay A.C.**, 1998, Consistent covariance matrix estimation with spatially dependent panel data, *Review of economics and statistics*, 80, 4, 549–560.

**Facchini G., Mayda A.M., Mishra P.**, 2011, Do interest groups affect US immigration policy?, *Journal of International Economics*, 85, 1, 114–128.

**Flahaux M.-L.**, 2017, The role of migration policy changes in Europe for return migration to Senegal, *International Migration Review*, 51, 4, 868–892.

**Grogger J., Hanson G.H.**, 2011, Income maximization and the selection and sorting of international migrants, *Journal of Development Economics*, 95, 1, 42–57.

**Hanson G.H., McIntosh C.**, 2010, The great Mexican emigration, *the Review of Economics and Statistics*, 92, 4, 798–810.

**Hatton T.J.**, 2005, Explaining trends in UK immigration, *Journal of Population Economics*, 18, 4, 719–740.

**Head K., Mayer T., Ries J.**, 2010, The erosion of colonial trade linkages after independence, *Journal of International Economics*, 81, 1, 1–14.

**Hensher D., Johnson L.**, 1981, Applied DiscreteChoice Modeling, Landon-Croom-Helm/New York: JohnWiley.

**Hoechle D.**, 2007, Robust standard errors for panel regressions with cross-sectional dependence, *The stata journal*, 7, 3, 281–312.

**Karemera D., Oguledo V.I., Davis B.**, 2000, A gravity model analysis of international migration to North America, *Applied Economics*, 32, 13, 1745–1755.

**Kone Z.L., Liu M.Y., Mattoo A., Ozden C., Sharma S.**, 2018, Internal borders and migration in India, *Journal of Economic Geography*, 18, 4, 729–759.

**Manchin M., Orazbayev S.**, 2018, Social networks and the intention to migrate, *World Development*, 109, 360–374.

**Marchal L., Naiditch C.**, 2020, How Borrowing Constraints Hinder Migration: Theoretical Insights from a Random Utility Maximization Model, *The Scandinavian Journal of Economics*, 122, 2, 732–761.

**Mayda A.M.**, 2010, International migration: A panel data analysis of the determinants of bilateral flows, *Journal of Population Economics*, 23, 4, 1249–1274.

**Mayer T., Zignago S.**, 2011, Notes on CEPII's distances measures: The GeoDist database.

**McFadden D.**, 1973, Conditional logit analysis of qualitative choice behavior.

**Millogo A., Trojette I.**, 2020, Pro-trade effects of MENA immigrants in France: does governance matter?, *Economics Bulletin*, 40, 4, 3219–3230.

**Munck G.L., Verkuilen J.**, 2002, Conceptualizing and measuring democracy: Evaluating alternative indices, *Comparative political studies*, 35, 1, 5–34.

**Ortega F.**, 2005, Immigration quotas and skill upgrading, *Journal of Public Economics*, 89, 9, 1841–1863.

**Ortega F., Peri G.**, 2009, The causes and effects of international migrations: Evidence from OECD countries 1980-2005, National Bureau of Economic Research.

**Ortega F., Peri G.**, 2013, The effect of income and immigration policies on international migration, *Migration Studies*, 1, 1, 47–74.

**Pedersen P.J., Pytlikova M., Smith N.**, 2008, Selection and network effects-migration flows into OECD countries 1990–2000, *European Economic Review*, 52, 7, 1160–1186.

**Pesaran H.M.**, 2004, General diagnostic tests for cross-sectional dependence in panels, *University of Cambridge, Cambridge Working Papers in Economics*, 435.

**Pesaran M.H.**, 2006, Estimation and inference in large heterogeneous panels with a multifactor error structure, *Econometrica*, 74, 4, 967–1012.

**Pesaran M.H.**, 2015, Testing weak cross-sectional dependence in large panels, *Econometric reviews*, 34, 6–10, 1089–1117.

**Rayp G., Ruyssen I., Standaert S.**, 2017, Measuring and Explaining Cross-Country Immigration Policies, *World Development*, 95, 141–163.

**Thielemann E.**, 2004, Does Policy Matter? On Governments' Attempts to Control Unwanted Migration, The Center for Comparative Immigration Studies, University of California, San Diego.

**Vogler M., Rotte R.**, 2000, The effects of development on migration: Theoretical issues and new empirical evidence, *Journal of Population Economics*, 13, 3, 485–508.

# ANNEX

## Annex 1: List of countries in sample

| | | | | |
|---|---|---|---|---|
| Afghanistan | Albania | Algeria | Angola | Antigua & Barbuda |
| Argentina | Armenia | Australia | Azerbaijan | Bahrain |
| Bangladesh | Barbados | Belarus | Belize | Benin |
| Bhutan | Bolivia | Bosnia & Herzegovina | Botswana | Brazil |
| Burkina Faso | Burundi | Cambodia | Cameroon | Canada |
| Cape Verde | Central African Rep | Chad | Chile | China |
| Chinese Taipei | Colombia | Comoros | Congo | Costa Rica |
| Cuba | Côte d'Ivoire | D R of Korea | D R of the Congo | Djibouti |
| Dominica | Dominican Rep | Ecuador | Egypt | El Salvador |
| Equatorial Guinea | Eritrea | Ethiopia | Fiji | Gabon |
| Gambia | Georgia | Ghana | Grenada | Guatemala |
| Guinea | Guinea-Bissau | Guyana | Haiti | Honduras |
| India | Indonesia | Iran | Iraq | Israel |
| Jamaica | Japan | Jordan | Kazakhstan | Kenya |
| Korea | Kuwait | Kyrgyzstan | Laos | Lebanon |
| Liberia | Libya | Madagascar | Malawi | Malaysia |
| Maldives | Mali | Mauritania | Mauritius | Mexico |
| Moldova | Mongolia | Morocco | Mozambique | Myanmar |
| Namibia | Nepal | New Zealand | Nicaragua | Niger |
| Nigeria | North Macedonia | Oman | Pakistan | Panama |
| Paraguay | Peru | Philippines | Qatar | Russia |
| Rwanda | Saint Kitts & Nevis | Saint Lucia | Samoa | Sao Tome & Principe |
| Saudi Arabia | Senegal | Sierra Leone | Singapore | Somalia |
| South Africa | Sri Lanka | Sudan | Suriname | Switzerland |
| Syria | Tajikistan | Tanzania | Thailand | Togo |
| Tonga | Trinidad & Tobago | Tunisia | Turkey | Turkmenistan |
| Uganda | Ukraine | United Arab Emirates | United States | Uruguay |
| Uzbekistan | Venezuela | Viet Nam | Yemen | Zambia |
| Zimbabwe | | | | |

## Annex 2: Sources of policies data

| Policy | Year |
|---|---|
| Loi N° 97-396 du 24 avril 1997 (loi Debré) | 1997 |
| Loi N° 98-170 du 16 mars 1998 relative à la nationalité | 1998 |
| Circulaire Elisabeth Guigou du 22 octobre 2001 | 2001 |
| Loi N°2003-1119 du 26 novembre 2003 « relative à la maîtrise de l'immigration, au séjour des étrangers en France et à la nationalité », dite loi Sarkozy | 2003 |
| Loi N° 2003-1176 du 10 décembre 2003 sur le droit d'asile | 2003 |
| Loi N° 2004-735 du 26 juillet 2004 relative aux conditions permettant l'expulsion des personnes visées à l'article 26 de l'ordonnance n° 45-2658 du 2 novembre 1945 | 2004 |
| Conseil d'administration de l'OFPRA, sur suggestion du gouvernement, a établi une première liste de « pays d'origine sûrs » adoptée le 30 juin 2005 | 2005 |
| Loi N° 2006-911 du 24 juillet 2006 relative à l'immigration et à l'intégration | 2006 |
| Loi N° 2007-1631 relative à l'immigration, à l'intégration et à l'asile | 2007 |
| Loi N° 2011-672, relative à l'immigration, à l'intégration et à la nationalité | 2011 |
| Loi N° 2012-1560 du 31 décembre 2012 relative au droit au séjour | 2012 |
| Loi N° 2016-274 du 7 mars 2016 relative au droit des étrangers en France | 2016 |

## Annex 3: Construction of indexes

**Conceptualization**

As an initial step toward the construction of immigration policies, conceptualization consist in the description of all the concepts of policies and their respective attributes. In this regard, minimalist or maximalist definitions should be avoided[24]. In addition, for each index, we have to consider the dimensions of the index, and ensure that there is no redundancy or conflation in the concept.

The first barrier that potential migrants face is filling the condition to get visa. Immigrants are often submitted to constraints on visa requirements. For instance, the host authorities use to impose additional documents for legal procedure when they aim to reduce the flows.

Secondly, they have to face the challenge of economic and social integration at destination. Getting access to jobs, residence permits, or equal rights as natives are valuable settings that determine the decision to migrate. The same criteria are also important for people fleeing war and diverse forms of persecutions, generally seeking asylum.

Asylum status is fundamental and many asylum seekers take initially into account the probability of acceptance of demands, and furthermore the level of protection guaranteed in the host country.

In summary, we can identify the three dimensions of policies in the concepts: the first is Entry, the second is integration, and the third is asylum.

1- Access to the territory
- Visa requirements
- Border controls (irregular immigration)

2- Integration
- Access to residence permit
- Access to job
- Access to education
- Access to nationality

3- Asylum
- Conditions to fill to get asylum status
- Probability of the demand acceptance
- Level of protection guaranteed
- Time for waiting the treatment of demand

**Measurement**

Measurement defines how we select the indicators, define their level, code levels, and find sources. This second step starts by the selection of relevant indicators related to the same concept. One of the key tasks is to minimize the errors in measurement. In particular, it is essential to respect cross-time and cross-space comparisons. Indicators should be simple, quantifiable, and allow to relate unobservable and observable attributes. This task involves more subjective decisions from the researcher. Nonetheless, measurement should maximize homogeneity within classes, and be theoretically and empirically justified. Finally, the choice of measurement level has to facilitate the replicability of the measures.

Some studies (Ortega and Peri 2009, Mayda 2010) choose to shape the changes in policies using dummies. Initial level and changes of policy are not always rigorously justified in empirical literature. Given that the indicators, based on dummies, do not allow a distinction between gradual policy and fundamental reforms, comparison of different indices seems difficult over the time[25].

In the present study, we circumvent this limit by defining how and to what extent the measures could vary. For this purpose, the variation depends on:
- The magnitude of the policy with regard to the size of immigrant population concerned
- The nature of the policy (conjectural or structural), time scale (limited or unlimited)
- The effect targeted (size or composition)

Different weights are used to make the distinction between composition and size expected policies. Thus, we propose a scale of measurement giving a weight of two for size effect policies and one for composition effects. A policy that induces a size effect should significantly increase or decrease immigrant inflows whereas a composition effect should mainly affects the distribution of the groups in the immigration flows. The weight assigned to size effect is the double of composition weight.

---

[24] The definition of a concept implies an identification of the attributes of this concept. So, the attributes are a part of the meaning of a given concept. Moreover, according to Munck & Verkuilen (2002), citing Kaplan (1964), conceptualization is both strongly related with theory and an open, evolving activity that is ultimately assessed in terms of the fruitfulness of the theories it helps to formulate.

[25] Although, the majority of indicators set 3 to 11 intervals to differentiate between more and less restrictive policies (Bjerre et al., 2015).

**Aggregation**
The starting point of aggregation consist in clearly defining how we weight the rules, laws or regulations which account for the attributes of the concepts. The choice of aggregation pertains to multi dimensions of concepts that we have to measure through their attributes. Yet, a higher level of aggregation may lead to the loss of information. Thus, parsimonious concepts might be aggregated with an attention to tractability, and be theoretically testable. The choice of aggregation should be clear in the light of the concerns of parsimony, dimensionality and differentiation.

## Annex 4: France Visa waiver program

All European Union Countries, Albania, Andorra, Antigua and Barbuda, Argentina, Australia, Austria, Bahamas, Barbados, Bosnia and Herzegovina, Brazil, Brunei, Canada, Chile, Colombia, Costa Rica, Dominica, El Salvador, Georgia, Grenada, Guatemala, Holy See, Honduras, Hong Kong, Israel, Japan, Kiribati, Macao, Macedonia, Malaysia, Marshall Islands, Mauritius, Mexico, Micronesia, Moldova, Monaco, Montenegro, New Zealand, Nicaragua, Palau, Panama, Paraguay, Peru, Saint Kitts and Nevis, Saint Lucia, Saint Vincent and the Grenadines, Samoa, San Marino, Serbia, Seychelles, Singapore, South Korea, Switzerland, Taiwan, Timor-Leste (East Timor), Tonga, Trinidad and Tobago, Tuvalu, United Arab Emirates, United States, Uruguay, Vanuatu, Vatican City, Venezuela.

European countries: year of entry

| | |
|---|---|
| 01/01/1958 | Belgium, France, Germany, Italy, Luxembourg, Netherlands, |
| 01/01/1973 | Denmark, Ireland, United Kingdom |
| 01/01/1981 | Greece |
| 01/01/1986 | Portugal, Spain |
| 01/01/1995 | Austria, Finland, Sweden |
| 01/05/2004 | Cyprus, Czech Republic, Estonia, Hungary, Latvia, Lithuania, Malta, Poland, Slovakia, Slovenia |
| 01/01/2007 | Bulgaria, Romania |
| 01/07/2013 | Croatia |

---

# Les politiques mises en place en France entre 1995 et 2014 pour réguler l'immigration ont-elles été efficaces ?

***Résumé*** - Cet article étudie les effets des politiques françaises d'immigration sur les flux migratoires en provenance de 141 pays sur la période 1995-2014, à partir des évolutions de la législation française en la matière. Nous adoptons un modèle CCE (common correlated error), qui satisfait les hypothèses d'hétéroscédasticité et d'endogénéité en présence de résistance multilatérale dans un modèle de gravité. Nous constatons que deux effets opposés interagissent : les politiques d'admission n'ont pas réussi à vraiment réguler dans le sens attendu les flux migratoires alors que ça a été le cas des politiques restrictives en matière d'intégration. Les changements de réglementation en faveur des migrants qualifiés ont particulièrement attiré les travailleurs étrangers. Quant aux réfugiés, ils ont échappé aux politiques mises en place : les flux d'asile n'ont pas été significativement sensibles à la législation. Les tests de robustesse utilisant les données du projet DEMIG révèlent de la même manière que l'intensité des flux migratoires, notamment de réfugiés, a été peu impactée par les différentes politiques migratoires adoptées.

---

***Mots-Clés***
Politique migratoire
Résistance multilatérale
Modèle de gravité
France

---

**Région et Développement**
*n° 53-2021*
www.regionetdeveloppement.org

# L'effet des fluctuations financières sur le nombre de travailleurs frontaliers : une analyse comparative du Luxembourg et de la Suisse

**Vincent FROMENTIN**[*]
**Joris MICHEL**[**]
**Sylvain WEBER**[***]

***Résumé*** - Cet article présente une analyse des effets des fluctuations financières sur le nombre de travailleurs frontaliers en Suisse et au Luxembourg. Des tests de causalité (dans le domaine fréquentiel et non linéaire) sont effectués à partir de cinq variables : le nombre de travailleurs frontaliers, le nombre de travailleurs résidents, des indices boursiers, la valeur ajoutée du secteur financier et la valeur ajoutée totale. Les résultats montrent que, dans les deux pays, les travailleurs frontaliers présentent une évolution plus volatile et sont plus fortement et plus rapidement impactés par "l'instabilité financière" et les fluctuations que les travailleurs résidents. Ces résultats peuvent s'expliquer par le poids du secteur financier dans ces deux économies, la segmentation du marché du travail et les interrelations entre la sphère financière et l'économie réelle.

***Classification JEL***
C22, F20, G10, J61, J82

***Mots-clés***
Travail frontalier
Activité financière
Causalité dans le domaine fréquentiel
Causalité non linéaire
Luxembourg
Suisse

[*] CEREFIGE et CREA, Université de Lorraine ; vincent.fromentin@univ-lorraine.fr
[**] Centre Européen Universitaire, Université de Lorraine ; joris.michel6@gmail.com
[***] Université de Neuchâtel, Institut de recherches économiques et Haute école de gestion de Genève, Institut de recherche appliquée en économie et gestion ; sylvain.weber@hesge.ch

## 1. INTRODUCTION

La Suisse et le Luxembourg sont deux pays dans lesquels la main-d'œuvre transfrontalière apparaît comme indispensable à leur économie et au bon fonctionnement du marché du travail. Le Luxembourg, en particulier, se trouve dans une situation peu ordinaire puisque le nombre d'emplois dépasse largement la population active et la part des travailleurs frontaliers correspond actuellement à plus de 46% du nombre total de travailleurs (STATEC, 2020). L'économie de ce pays est donc fortement dépendante d'une main-d'œuvre venant des pays voisins et de ses compétences. En Suisse, la dépendance en main-d'œuvre frontalière, bien que nettement inférieure, est tout de même conséquente avec plus de 6% de l'emploi total (OFS, 2020). Pour comparaison, dans l'ensemble de l'Union européenne, seuls 1,3 million de travailleurs parmi 220 millions – soit 0,6% de la population active – sont concernés par la migration pendulaire transfrontalière (voir EU, 2019, chapitre 2.3).

Au Luxembourg, les travailleurs frontaliers sont définis conformément à la réglementation européenne. Il s'agit donc d'individus qui travaillent au Luxembourg mais résident dans un autre pays et qui, par conséquent, sont amenés à traverser la frontière de manière quotidienne ou au moins une fois par semaine[1]. On remarque que cette définition n'indique rien quant à la nationalité des travailleurs.

En Suisse, le statut de la main-d'œuvre étrangère est régi par un système de permis de travail, et les travailleurs frontaliers sont les titulaires d'un livret G (autorisation frontalière). Il convient donc de souligner que seules des personnes de nationalité étrangère peuvent être comptabilisées comme des travailleurs frontaliers en Suisse. Les travailleurs de nationalité suisse ne sont pas comptabilisés comme frontaliers puisqu'ils n'ont pas besoin de permis de travail pour exercer une activité lucrative en Suisse. Pour les distinguer des frontaliers, on appelle généralement "pendulaires" ces travailleurs de nationalité suisse qui habitent à l'étranger. Leur nombre est cependant difficile à quantifier car aucune enquête ne leur est spécifiquement consacrée.

En plus de s'appuyer sur une main-d'œuvre frontalière importante, le Luxembourg et la Suisse ont en commun le fait que l'activité financière occupe une place prépondérante dans leur activité économique. Les activités financières contribuent en effet à plus de 9% du PIB suisse et à plus de 23% du PIB luxembourgeois (OCDE, 2019). Dans le cas du Luxembourg, Bourgain *et al.* (2006) ont ainsi montré qu'un accroissement de 10% du secteur financier implique, en termes de productivité, une croissance de 1,1% du reste de l'économie, de 1,4% sur les seuls services marchands et de 1,5% avec les services aux entreprises. L'absence d'effets en retour des autres secteurs sur le secteur financier met en évidence son poids dominant dans l'économie et la spécialisation de la place bancaire dans la gestion de patrimoine et les crédits internationaux. Le secteur financier semble être une activité motrice qui agit particulièrement sur l'efficacité des services aux entreprises et des autres services marchands dont les interactions développent un certain effet multiplicateur (Bourgain *et al.*, 2009a, 2009b).

Les deux pays se distinguent toutefois par leur spécialisation dans le domaine financier. Par le biais de ses fonds d'investissement, le Grand-Duché gère 4718 milliards d'Euros d'actifs en 2019 (CSSF, 2020) soit un volume 75 fois supérieur au PIB du pays (OCDE, 2019). En Suisse, le secteur des activités financières est dominé par les banques qui détiennent l'équivalent de 5064 milliards d'Euros[2] de titres pour le compte de leurs clients en 2018, soit 8 fois le PIB national (BNS, 2019).

---

[1] Art. 1.b du Règlement (CEE) n° 1408/71 du Conseil du 14 juin 1971.

[2] 5 849 milliards de Francs suisses convertis en Euros au taux annuel moyen de l'année 2018, où 1€ = 1,155 CHF (Eurostat, 2020).

La littérature s'est interrogée quant aux déterminants et aux conséquences économiques des travailleurs frontaliers sous différents angles, de manière équivalente à ce qui se fait dans les travaux portant sur les migrations internationales (Eliasson *et al.*, 2003 ; Losa *et al.*, 2014 ; Ferro Luzzi *et al.*, 2020). Si le critère qui distingue fondamentalement le travailleur frontalier du travailleur migrant est le fait de ne pas résider sur le territoire de l'État dans lequel il exerce son activité professionnelle, ces deux groupes, les frontaliers et les migrants, partagent effectivement certaines similarités.

Pour la région de destination, les frontaliers participent à la création de richesse en contribuant au développement de l'économie locale (Card, 1990 ; Peri et Yasenov, 2019 ; Weber *et al.*, 2017), notamment grâce à leur consommation sur le territoire du pays de destination (Mathä *et al.*, 2017 ; Gerber *et al.*, 2018). Néanmoins, la mobilité transfrontalière de la main-d'œuvre peut être préjudiciable si les travailleurs frontaliers sont en concurrence sur le marché du travail avec les travailleurs indigènes (Fromentin *et al.*, 2017). La littérature proche de l'économie géographique (Krugman, 1991) montre aussi que la mobilité des travailleurs tend à accroître la compétitivité des deux pays concernés (pays de provenance et pays de destination), en contribuant notamment à la diffusion des connaissances (Boschma *et al.*, 2009 ; Asheim *et al.*, 2011). Toutefois, il est possible que l'augmentation des flux de travailleurs frontaliers renforce les inégalités de revenus entre pays ou entre régions, surtout lorsque les disparités salariales sont fortes et que le niveau de qualification des travailleurs qui migrent est élevé (Parikh et Van Leuvensteijn, 2003).

Les déterminants de la mobilité de la main-d'œuvre frontalière dépendent de plusieurs facteurs (voir Dumeignil *et al.*, 2018). Il existe logiquement un compromis rationnel entre salaire et coût du trajet (psychologique et monétaire) ; pour que se déplacer sur de longues distances soit rentable, il est nécessaire que la rémunération soit relativement élevée. Le niveau d'éducation étant positivement corrélé avec le niveau de salaire, les travailleurs hautement formés ont ainsi tendance à être plus mobiles (Beine *et al.*, 2008). Le genre peut apparaître également comme un déterminant lorsque les femmes sont responsables de la majeure partie de la production domestique et qu'elles disposent dès lors d'une flexibilité moindre (Rapoport *et al.*, 2006). Dans le même ordre d'idée, la présence d'enfants réduit les possibilités de faire la navette pour les parents.

Dans un autre registre, l'effet des fluctuations financières sur les marchés du travail a retenu l'attention dans la littérature récente, en particulier depuis que le chômage est devenu une préoccupation majeure à la suite de la crise financière mondiale de 2008. Plusieurs études empiriques, portant principalement sur les États-Unis, estiment l'impact des conditions financières sur l'emploi en comparant les conditions du marché du travail avant et après les changements de réglementation financière, ou avant et après un choc financier important (par exemple Mian et Sufi, 2014 ; Chodorow-Reich, 2014 ; Haltenhof *et al.*, 2014 ; Berton *et al.*, 2018). Dans le prolongement de cette littérature, certaines études s'intéressent à la "réaction" des travailleurs frontaliers ou migrants en période de crise économique (Dustmann *et al.*, 2010 ; Cadena et Kovak, 2016 ; Fromentin, 2016 ; Fromentin et Tadjeddine, 2020 ; Damette *et al.*, 2020 ; Fromentin, 2021). Ces études concluent à des impacts différenciés entre les travailleurs résidents (ou autochtones) et les travailleurs frontaliers (ou immigrés), avec des réactions plus marquées pour ces derniers. À l'exception de Pigeron et Wille (2019), qui proposent une analyse descriptive portant à la fois sur le Luxembourg et la Suisse, toutes les études à notre connaissance dans ce domaine se concentrent cependant sur un seul pays.

Dans cet article, nous effectuons une analyse macroéconomique comparative entre le Luxembourg et la Suisse, c'est-à-dire appliquée de manière identique aux données agrégées luxembourgeoises et suisses, afin de déterminer l'impact des fluctuations financières causées par le secteur financier ou l'activité boursière, et de la valeur ajoutée totale (pour capter un éventuel effet multiplicateur) sur le nombre de travailleurs frontaliers et résidents. Comme l'a clairement illustré la crise de 2007-2008, l'instabilité des places financières exerce un effet sur l'emploi, particulièrement dans les pays où le secteur financier est prégnant (Escudero, 2009). Il est probable que les variables financières influencent le nombre de travailleurs, avec un certain décalage temporel. Cependant, ce sujet de recherche, qui englobe les fluctuations financières, l'économie réelle et l'emploi a été peu étudié à notre connaissance et mérite d'être développé davantage.

Feldmann (2011) montre qu'il existe quatre canaux expliquant l'effet de l'activité boursière sur l'emploi ou le chômage. Premièrement, comme les marchés boursiers facilitent l'investissement dans des projets à long terme, ils stimulent l'épargne et l'investissement globaux et permettent l'exploitation d'économies d'échelle et de gamme. Cela améliore l'efficacité de l'allocation des ressources, y compris la main-d'œuvre. Deuxièmement, les marchés boursiers aident à financer la création d'entreprises – par le biais d'offres publiques ou du secteur du capital-risque – ce qui stimule la création d'emplois dans l'ensemble des secteurs. Troisièmement, les marchés boursiers aident à identifier les opportunités d'investissement les plus prometteuses et à leur fournir des financements. Cette activité financière améliore l'allocation des ressources et favorise le développement économique, réduisant le chômage. Quatrièmement, les marchés boursiers liquides contribuent à surveiller les entreprises financées au travers d'informations comptables et financières pertinentes qu'elles doivent publier. Ainsi, la main-d'œuvre sera répartie efficacement et les épargnants seront plus disposés à financer l'investissement et l'innovation. Une autre façon de lier les variables macroéconomiques et les rendements boursiers est l'*arbitrage pricing theory* (Ross, 1976), dans laquelle un changement dans une variable macroéconomique donnée est considéré comme le reflet d'un changement d'un facteur de risque systématique sous-jacent influençant les rendements futurs. De plus, le prix des actifs en stock doit correspondre à la valeur actualisée des paiements futurs de l'entreprise. Ces versements reflètent alors l'activité réelle de l'entreprise et, par extension et agrégation, celle d'un secteur voire d'un pays.

On peut par ailleurs s'attendre à ce que les travailleurs frontaliers, dont le statut sur le marché du travail est sans doute moins stable que celui des travailleurs locaux, jouent un rôle de tampon (ou d'amortisseur) et soient par conséquent parmi les plus touchés par les fluctuations conjoncturelles et financières.

Notre analyse permet de déterminer quelles relations de causalité (au sens de Granger) linéaire et non linéaire existent entre la valeur ajoutée dans le secteur financier, la valeur ajoutée totale et les indices boursiers d'une part, et le marché du travail d'autre part. L'accent est placé sur la détection d'éventuels impacts différenciés entre les travailleurs frontaliers et les travailleurs résidents, dans une perspective de comparaison entre le Luxembourg et la Suisse. Cette recherche présente un caractère original par la méthodologie employée qui repose à la fois sur une étude comparative et une analyse de causalité. La mise en relation du Luxembourg et de la Suisse est justifiée en raison des points communs déjà soulignés entre ces deux pays qui présentent un secteur financier important et une forte main-d'œuvre transfrontalière.

Le reste de cet article est structuré comme suit. La section 2 expose les données collectées de façon descriptive. La méthodologie employée lors de l'analyse économétrique est présentée dans la section 3. Les sections 4 et 5 sont consacrées à une analyse de causalité dans les domaines fréquentiel et non linéaire, dont les résultats permettent de répondre à la question de recherche. La section 6 discute les résultats et conclut.

## 2. DONNÉES

Notre analyse vise à déterminer l'impact des fluctuations conjoncturelles (mesurées ici par les variations des indices boursiers, de la valeur ajoutée du secteur financier, et de la valeur ajoutée totale) sur l'emploi en Suisse et au Luxembourg. Pour ce faire, nous nous appuyons sur une méthodologie économétrique permettant de tester la causalité entre différentes séries temporelles. Pour être mise en œuvre, cette méthodologie requiert des données portant sur une période suffisamment longue, dans chacun des deux pays.

Pour la Suisse, les données sur les travailleurs sont disponibles au travers de diverses enquêtes menées par l'Office fédéral de la statistique (OFS). La Statistique de la population active occupée (SPAO) contient des données trimestrielles depuis 1975 sur l'ensemble des personnes travaillant à l'intérieur du territoire économique suisse. La Statistique des frontaliers (STAF) fournit trimestriellement des informations spécifiques aux travailleurs frontaliers étrangers en activité en Suisse. Cette statistique a été créée en 2004, mais les séries ont été reconstruites rétrospectivement à partir de 1996. Les données financières proviennent quant à elles de la compagnie SIX, qui exploite l'infrastructure de la place financière suisse. Afin d'approximer la conjoncture dans le domaine financier suisse, nous utilisons le *Swiss Performance Index* (SPI), qui est considéré comme l'indice boursier global de la Suisse. Il comprend pratiquement tous les titres de sociétés domiciliées en Suisse et négociés sur le marché boursier suisse. Comme toutes les données financières, le SPI est disponible sur des périodes très courtes. Afin de pouvoir l'associer au reste de la base de données, nous transformons cette série en ne retenant que la valeur de fermeture lors du dernier jour ouvrable de chaque trimestre.

Pour le Luxembourg, les données relatives au marché du travail sont obtenues au travers du portail de l'Institut national de la statistique et des études économiques du Grand-Duché de Luxembourg (STATEC). Le nombre d'employés par lieu de résidence et nationalité est disponible depuis 1995 avec une fréquence trimestrielle. Comme indice de l'activité financière, nous utilisons l'indice EURO STOXX 50, principal indice boursier de la zone euro. L'indice couvre les 50 plus grandes sociétés de 11 pays de la zone euro : Autriche, Belgique, Finlande, France, Allemagne, Irlande, Italie, Luxembourg, Pays-Bas, Portugal, et Espagne (voir STOXX, 2020). Les valeurs historiques de l'EURO STOXX 50 sont obtenues au travers du portail Yahoo Finance, et nous ne retenons que la dernière valeur de chaque trimestre pour pouvoir associer cette série au reste de la base de données.

Pour le Luxembourg et pour la Suisse, une mesure de la valeur ajoutée brute dans le secteur des "activités financières et d'assurance" est mise à disposition par Eurostat. Les séries sont disponibles trimestriellement, depuis 1990 pour la Suisse et depuis 1995 pour le Luxembourg. Par rapport aux indices boursiers, cette mesure présente l'avantage d'être homogène pour les deux pays.

La valeur ajoutée totale correspond au produit intérieur brut. Les valeurs ajoutées sont mesurées en volume, c'est-à-dire en prix constants. En lien avec la littérature portant sur l'"effet multiplicateur" du secteur financier, nous analysons la causalité entre la valeur ajoutée totale et les travailleurs frontaliers et résidents, afin de prendre en compte les effets de demande (intermédiaire et finale).

Globalement, notre base de données contient ainsi des séries complètes depuis au moins le premier trimestre de 1995 jusqu'au troisième trimestre de 2020, soit au minimum 103 observations étalées sur une période de 26 ans pour chacun des deux pays. Une vue d'ensemble des données collectées est fournie dans le Tableau 1.

Toutes les séries temporelles collectées sont représentées dans les Figures 1 à 4. Les nombres de travailleurs résidents et frontaliers, en Suisse (Figure 1.A) comme au Luxembourg (Figure 2.A), sont en augmentation de manière quasi continue. Des tests de Dickey-Fuller confirment par ailleurs que ces séries sont non-stationnaires d'ordre $I(1)$[3]. Lors des analyses économétriques, nous utilisons par conséquent les taux de croissance en glissement annuel de ces séries (Figures 1.B et 2.B) plutôt que leurs niveaux[4].

**Tableau 1. Variables, données et sources**

| Variable | Description | Source | Période et périodicité |
|---|---|---|---|
| $F_{CH}$ | Nombre de travailleurs frontaliers en Suisse | OFS (SPAO et STAF) | 1991:T2 – 2020:T3 |
| $R_{CH}$ | Nombre de travailleurs résidents en Suisse | OFS (SPAO) | 1975:T1 – 2020:T3 |
| $IB_{CH}$ | SPI, principal indice boursier suisse | SIX Group | 01.01.1987 – 30.09.2020 |
| $VA_{CH}^{Fin}$ | Valeur ajoutée brute dans le secteur des "activités financières et d'assurance" en Suisse | Eurostat | 1990:T1 – 2020:T3 |
| $VA_{CH}^{Tot}$ | Valeur ajoutée brute totale en Suisse | Eurostat | 1990:T1 – 2020:T3 |
| $F_{LU}$ | Nombre de travailleurs frontaliers au Luxembourg | STATEC | 1995:T1 – 2020:T3 |
| $R_{LU}$ | Nombre de travailleurs résidents au Luxembourg | STATEC | 1995:T1 – 2020:T3 |
| $IB_{LU}$ | EURO STOXX 50, indice des plus grandes capitalisations boursières dans la zone euro | Yahoo Finance | 01.01.1990 – 30.09.2020 |
| $VA_{LU}^{Fin}$ | Valeur ajoutée brute dans le secteur des "activités financières et d'assurance" au Luxembourg | Eurostat | 1995:T1 – 2020:T3 |
| $VA_{LU}^{Tot}$ | Valeur ajoutée brute totale au Luxembourg | Eurostat | 1995:T1 – 2020:T3 |

*Note : les séries relatives à la valeur ajoutée sont désaisonnalisées et corrigées des effets de calendriers. Elles sont mesurées en millions d'Euros et en volumes chaînés (2015). La valeur ajoutée totale correspond au PIB.*

Les Figures 1.A et 2.A soulignent l'importance des travailleurs frontaliers dans les deux pays. En termes absolus, les travailleurs frontaliers sont plusieurs centaines de milliers. En termes relatifs, ces travailleurs constituent à la fin de la période d'observation 6,7% de la force de travail en Suisse et 46,1% de celle du Luxembourg. Au travers des Figures 1.B et 2.B, on constate encore que l'emploi frontalier est plus volatil que celui des résidents.

On peut observer que les crises financières et économiques impactent toutes les séries. En particulier, l'éclatement de la bulle internet couplée aux attentats du 11 septembre 2001 (2001-2002) puis la crise des *subprimes* (2008-2009) ont causé de très fortes diminutions des indices boursiers (Figure 3), et semblent également avoir eu pour impact de réduire le taux de croissance de l'emploi dans les deux pays.

[3] Les tests de stationnarité ont été effectués pour l'ensemble des séries (exprimées en différence) et sont disponibles sur demande auprès des auteurs.

[4] Le taux de croissance en glissement annuel d'une série $X_t$ est obtenu en comparant le niveau de la série pour un trimestre $t$ à son niveau lors du même trimestre de l'année précédente : $X_t/X_{t-4} - 1$.

Les deux indices boursiers sont d'ailleurs fortement corrélés (le coefficient de corrélation linéaire s'élève à 0,61 sur la période du deuxième trimestre 1991 au troisième trimestre 2020), ce qui implique que les marchés financiers suisse et luxembourgeois suivent des conjonctures relativement similaires. Le même constat peut être apparemment effectué concernant l'évolution des valeurs ajoutées dans les secteurs financiers des deux pays (Figure 4.A). On note cependant que les taux de croissance de la valeur ajoutée du secteur financier diffèrent entre les deux pays. Jusqu'en 2010, la croissance s'est avérée plus forte au Luxembourg qu'en Suisse, alors que l'inverse s'est produit lors des 10 dernières années de la période d'observation, avec une relative stagnation de la valeur ajoutée au Luxembourg.

**Figure 1. Travailleurs en Suisse**

**A. Nombre de travailleurs**

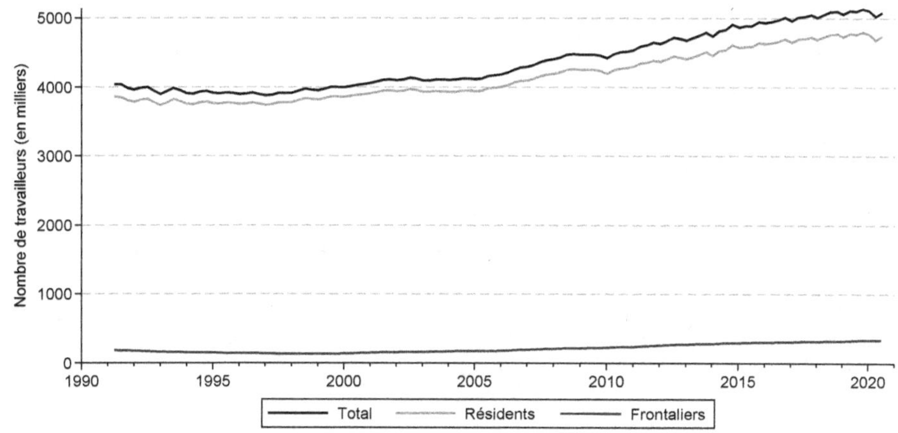


**B. Taux de variation annualisés**

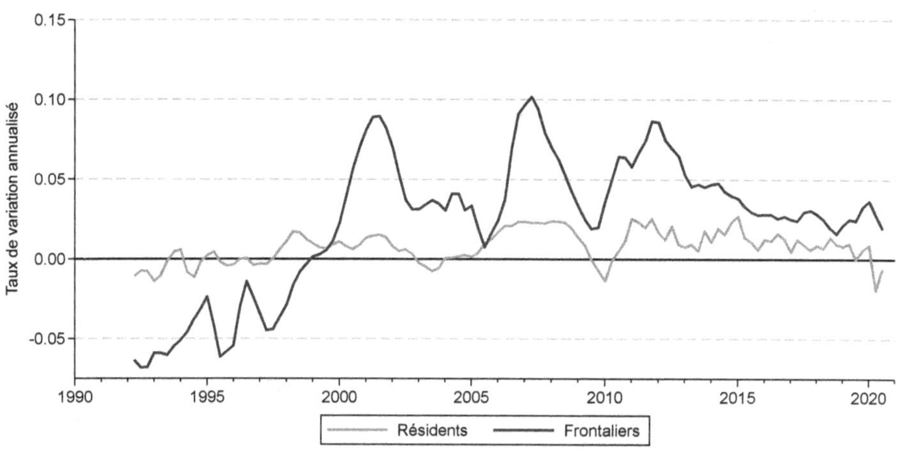


La crise sanitaire liée au COVID-19 se manifeste essentiellement dans la chute des indices boursiers (Figure 3) lors du premier trimestre de 2020 et de la valeur ajoutée totale (Figure 4.B) lors du deuxième trimestre de 2020, mais moins dans les autres séries qui sont logiquement soumises à plus d'inertie. En Europe, cette crise a débuté mi-mars 2020 et des politiques visant à contrer ses effets sur le marché du travail ont rapidement été déployées, de sorte qu'on ne perçoit que partiellement des impacts sur les séries relatives à l'emploi. Les décalages temporels entre les réactions des différentes variables soulignent par ailleurs l'importance d'utiliser des modèles dynamiques, capables de détecter à quel horizon temporel les différentes séries s'influencent mutuellement.

**Figure 2. Travailleurs au Luxembourg**

**A. Nombre de travailleurs**

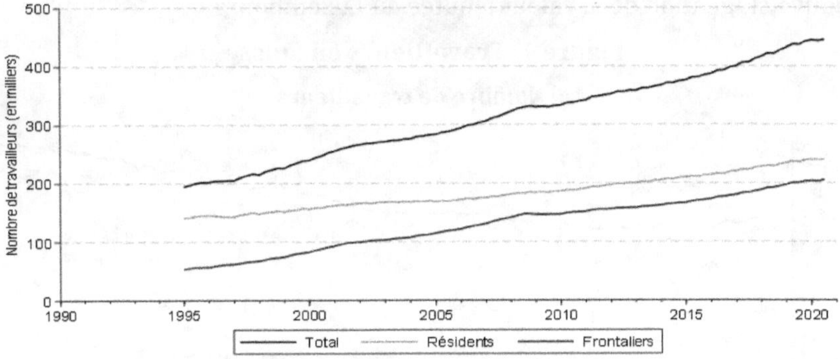


**B. Taux de variation annualisés**

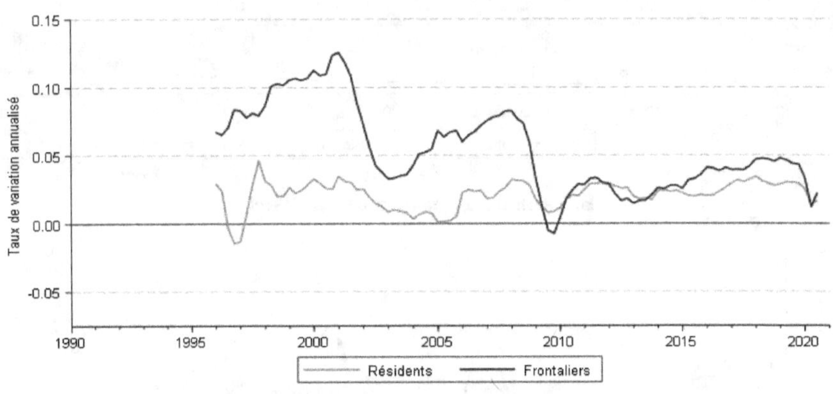


**Figure 3. Indices boursiers SPI et EURO STOXX 50**

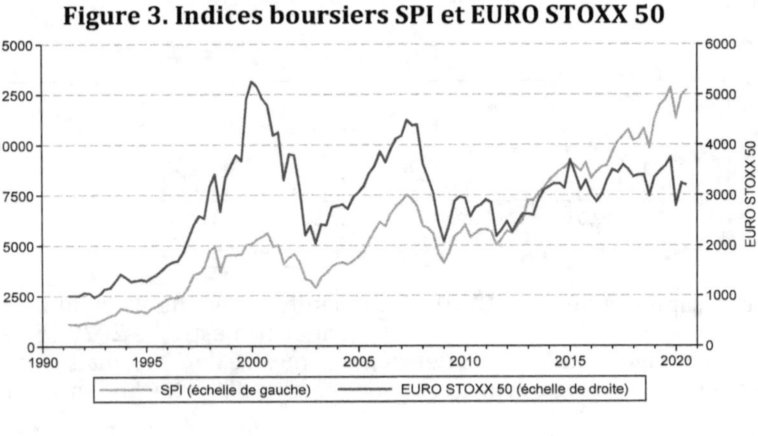

**Figure 4. Valeur ajoutée**

**A. Valeur ajoutée dans le secteur financier**

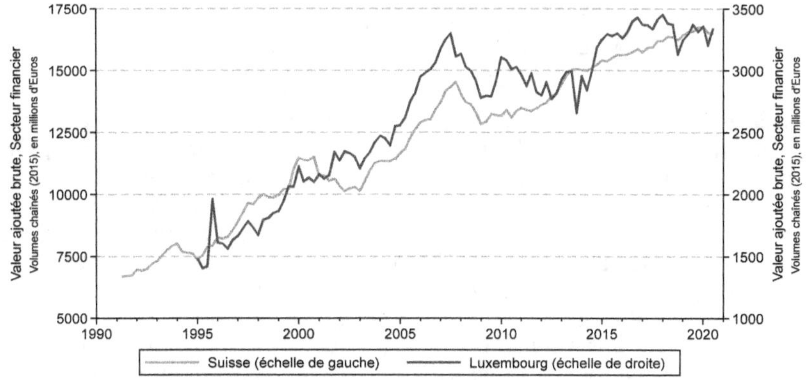


**B. Valeur ajoutée totale**

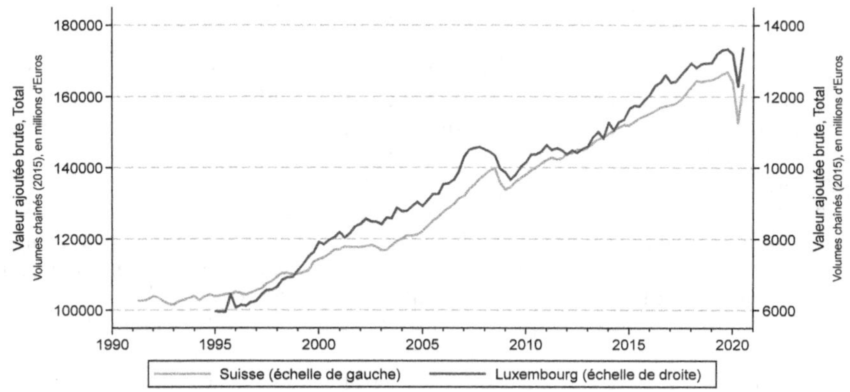


## 3. MÉTHODOLOGIE

Afin de tester la causalité entre les travailleurs et l'activité économique et financière au Luxembourg et en Suisse, nous recourons à deux outils économétriques.

Dans un premier temps, afin d'évaluer la force et la direction de la causalité allant de "l'instabilité financière" vers le "nombre de travailleurs", nous utilisons des tests de causalité dans le domaine fréquentiel, un concept initié par Granger (1969) puis développé par Geweke (1982) et Breitung et Candelon (2006). Les tests de causalité dans le domaine fréquentiel permettent de déterminer si l'hypothèse nulle de non-causalité entre des séries temporelles peut être rejetée et à quelle fréquence : si cette fréquence est proche de zéro, cela implique une causalité de long terme, tandis que si cette fréquence est éloignée de zéro cela implique une causalité de court terme. Le lien entre l'horizon temporel $T$ mesuré en trimestre et la fréquence $\omega$ est donné par $T = 2\pi/\omega$. Il est ainsi possible que la causalité et sa direction varient entre les différents horizons temporels (pour plus de détails, on peut notamment se référer à Lemmens *et al.*, 2008). Pour n'importe quelle fréquence $\omega \in [0, \pi]$, le test permet de déterminer si une composante particulière de la variable indépendante ("la cause" au sens de Granger) est utile pour prédire la composante de la variable dépendante ("l'effet") à la même fréquence (Tastan, 2015).

De manière générique, le modèle économétrique permettant de tester la causalité entre les fluctuations financières ($Fin$) et le nombre de travailleurs ($N$) s'écrit de la manière suivante :

$$N_t = \alpha + \sum_{i=1}^{p} \beta_i N_{t-i} + \sum_{i=1}^{p} \gamma_i Fin_{t-i} + \varepsilon_t$$

où $N_t$ est le nombre de travailleurs (résidents ou frontaliers) observé lors du trimestre $t$ et $Fin_t$ est une variable financière (indice boursier ou valeur ajoutée). La valeur ajoutée totale est également considérée dans l'analyse en lieu et place d'un indicateur financier. Plus précisément, les séries relatives aux nombres de travailleurs sont transformées en taux de croissance en glissement annuel, ce qui permet d'analyser des séries stationnaires ($I(0)$). Cette transformation est également désirable d'un point de vue économique, puisqu'il est en effet plus pertinent d'analyser les variations du nombre de travailleurs plutôt que des "stocks" de travailleurs. Il en va de même des variables financières que nous transformons de façon similaire.

Les estimations économétriques sont effectuées séparément pour la Suisse et le Luxembourg, et en considérant tour à tour le nombre de travailleurs résidents et le nombre de travailleurs frontaliers. Les indices boursiers utilisés sont le SPI pour la Suisse et l'EURO STOXX 50 pour le Luxembourg, et dans une série d'estimations complémentaires, nous remplaçons ces indices par la valeur ajoutée produite par le secteur financier ou la valeur ajoutée totale (qui correspond au PIB national à prix constants). Pour chaque estimation, la sélection du nombre de retards ($p$) est effectuée en choisissant le modèle avec la valeur minimale du critère AIC (*Akaike's Information Criterion)* parmi tous les modèles comportant de 1 à 8 retards[5].

Dans un second temps, en complément des tests de causalité dans le domaine fréquentiel, nous mettons en œuvre des tests de causalité non paramétriques (Diks et Panchenko, 2006), ce qui permet d'identifier d'éventuelles dynamiques causales non-linéaires. Ces tests se trouvent dans la lignée des travaux de Hiemstra et Jones (1994) et sont plus robustes et puissants que les précédents car ils permettent à la causalité de prendre n'importe quelle forme fonctionnelle alors que les tests dans le domaine fréquentiel imposent des relations linéaires. Les tests non paramétriques sont opérationnels même en cas d'instabilité des paramètres, ce qui peut notamment se produire en présence de ruptures structurelles. L'amélioration de Diks et Panchenko (2006) permet la prise en compte de potentielles variations dans les distributions conditionnelles des variables et limite ainsi le rejet excessif de l'hypothèse nulle de non-causalité.

## 4. RÉSULTATS DES TESTS DE CAUSALITÉ DANS LE DOMAINE FRÉQUENTIEL

Dans le domaine fréquentiel, les résultats des tests de causalité peuvent être illustrés par des graphiques indiquant pour toute fréquence entre 0 et 3,14 ($\pi$) si l'hypothèse nulle de non-causalité est rejetée ou non. La Figure 5 présente les résultats du test de causalité allant de la valeur ajoutée dans le secteur financier vers les travailleurs frontaliers en Suisse. On observe que la statistique de test est supérieure à la valeur critique au seuil de 1% ($\chi^2(2, 0{,}99) = 9{,}21$) pour toute fréquence $0.01 \leq \omega \leq 0{,}18$ et elle est supérieure à la valeur critique au seuil de 5% ($\chi^2(2, 0{,}95) = 5{,}99$) sur les intervalles $0.01 \leq \omega \leq 0{,}74$ et $2{,}07 \leq \omega \leq 3{,}14$. Ainsi, au seuil de 5%, la causalité semble s'opérer à court terme pour un horizon temporel compris entre

[5] Pour la sélection du nombre de retards, nous utilisons la commande varsoc du logiciel Stata 16.1. Pour les tests de causalité dans le domaine fréquentiel, nous utilisons la commande bcgcausality mise à disposition par Tastan (2015).

deux trimestres $\left(\frac{2\pi}{3,14}\right)$ et trois trimestres $\left(\frac{2\pi}{2,07}\right)$, puis à moyen terme à partir de 8,5 trimestres $\left(\frac{2\pi}{0,74}\right)$. Il semble donc que la valeur ajoutée du secteur financier contienne un certain pouvoir prédictif permettant d'expliquer les variations à court terme et à moyen terme des travailleurs frontaliers. Pour les travailleurs résidents en Suisse (Figure 6), l'hypothèse nulle d'absence de causalité est rejetée au seuil de de 5% lorsque $\omega \leq 0{,}58$, soit pour des horizons temporels à partir du cinquième trimestre.

**Figure 5. Causalité entre valeur ajoutée du secteur financier et travailleurs frontaliers en Suisse**

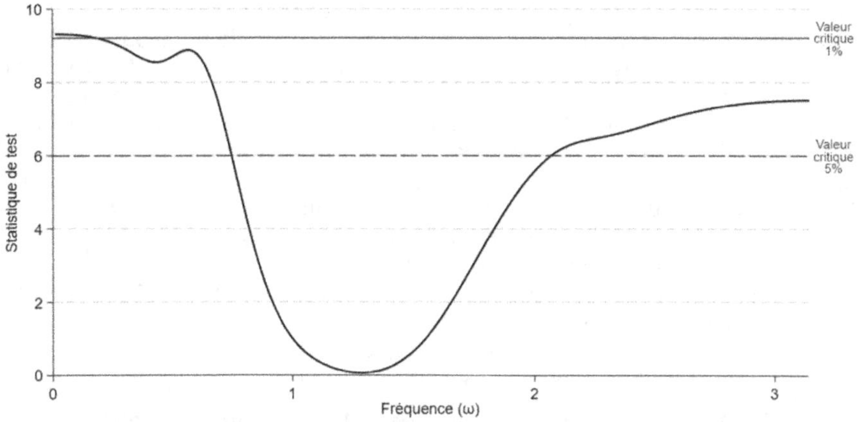


**Figure 6. Causalité entre valeur ajoutée du secteur financier et travailleurs résidents en Suisse**

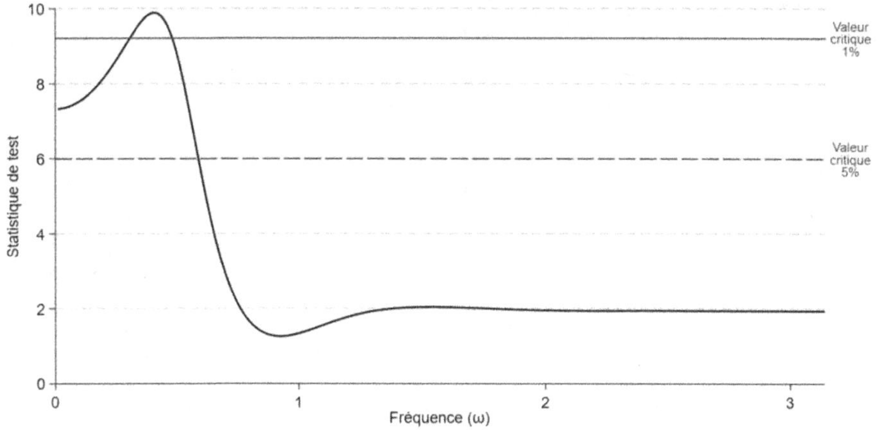


L'ensemble des résultats des tests de causalité en fréquence sont exposés dans le Tableau 2[6]. En Suisse, la valeur ajoutée totale ne cause pas les travailleurs frontaliers, à l'inverse des travailleurs résidents. Ces résultats, couplés avec ceux obtenus

[6] Les résultats des Figures 5 et 6 correspondent aux deux premières lignes relatives à la Suisse dans le Tableau 2. L'ensemble des graphiques présentant les résultats sont disponibles sur demande auprès des auteurs.

avec la valeur ajoutée du secteur financier, soulignent l'importance du secteur financier pour les travailleurs frontaliers. Le SPI (indice boursier suisse) cause, au sens de Granger, les travailleurs frontaliers en Suisse pour une bande de fréquence relativement étroite et correspondant à des horizons temporels de 6,5 à 12 trimestres (au seuil de significativité de 5%). Dans le cas des travailleurs résidents, l'hypothèse nulle de causalité peut être rejetée à long terme. Les variations de l'indice boursier suisse n'exercent donc qu'un impact temporaire de moyen terme sur l'emploi frontalier, et plus rapidement que sur l'emploi résident.

Au Luxembourg, la valeur ajoutée du secteur financier impacte les travailleurs frontaliers tout comme les travailleurs résidents, mais avec un délai plus court (et un niveau de significativité plus élevé) pour les travailleurs frontaliers. La valeur ajoutée totale cause uniquement les travailleurs frontaliers à partir de 8,7 trimestres. La valeur ajoutée totale possède dès lors une capacité prédictive pour les variations futures des travailleurs frontaliers, à l'inverse des travailleurs résidents, qui semblent moins impactés par les fluctuations du produit intérieur brut luxembourgeois. L'EURO STOXX 50 cause les travailleurs frontaliers puisque l'hypothèse nulle d'absence de causalité est rejetée à 1% dans les intervalles [0,01-0,63] et [2,58-3,14]. Il existe ainsi un pouvoir prédictif à très court terme, puis un effet de long terme plus fort que celui de court terme et qui s'accentue avec le temps. Les résultats sont presque semblables pour les résidents. L'indice de performance boursier européen permet d'expliquer les variations futures des travailleurs au Luxembourg. Ces résultats peuvent s'expliquer par l'importance de l'activité financière dans l'économie du Grand-Duché, qui exerce une influence forte sur le marché du travail, et la proportion importante de travailleurs frontaliers actifs dans ce pays.

**Tableau 2. Tests de causalité dans le domaine fréquentiel**

| | Suisse | | Luxembourg | |
|---|---|---|---|---|
| Seuils → Ho ↓ | 1% | 5% | 1% | 5% |
| $VA^{fin} \nRightarrow F$ | [0.01-0.18] | [0.01-0.74] + [2.07-3.14] | [0.40-0.73] | [0.01-0.85] |
| $VA^{fin} \nRightarrow R$ | [0.31-0.47] | [0.01-0.58] | - | [0.01-0.44] |
| $VA^{Tot} \nRightarrow F$ | - | - | - | [0.01-0.72] |
| $VA^{Tot} \nRightarrow R$ | [0.01-0.79] + [1.64-2.04] | [0.01-0.84] + [1.38-2.19] | - | - |
| $IB \nRightarrow F$ | - | [0.51-0.95] | [0.01-0.63] + [2.58-3.14] | [0.01-0.68] + [2.39-3.14] |
| $IB \nRightarrow R$ | [0.01-0.41] | [0.01-0.51] | [0.01-0.42] | [0.01-0.49] + [2.51-3.14] |

*Note : Ce tableau présente les bandes de fréquence pour lesquelles les tests indiquent de la causalité (au sens de Granger) à 1% et 5%. Notations : IB = indice boursier (SPI pour la Suisse, EURO STOXX 50 pour le Luxembourg), $VA^{Fin}$ = valeur ajoutée dans le secteur financier, $VA^{Tot}$ = valeur ajoutée totale, F = travailleurs frontaliers, R = travailleurs résidents.*

De manière globale, les résultats mettent en lumière des réactions différentes en Suisse et au Luxembourg en termes d'amplitude, de temps de réaction et de significativité. Toutefois, les variables financières semblent clairement exercer une influence sur les travailleurs frontaliers et résidents, tandis que les effets de la valeur ajoutée totale sont plus contrastés. Les résultats révèlent par ailleurs que les travailleurs frontaliers sont impactés de manière rapide et forte, comparativement aux travailleurs résidents. Cette sensibilité accrue pourrait être liée au besoin d'ajuster la main-d'œuvre de manière rapide à la demande de travail.

## 5. RÉSULTATS DES TESTS DE CAUSALITÉ NON-LINÉAIRE

Afin de tenir compte d'éventuelles dynamiques causales non-linéaires entre les travailleurs et les variables financières ou la valeur ajoutée totale, nous effectuons des tests de causalité non paramétriques (Diks et Panchenko, 2006). Comme le souligne Ferrara (2010), "des effets asymétriques ou des paramètres variant au cours du temps devraient permettre de reproduire plus fidèlement les faits stylisés de la relation entre sphère réelle et sphère financière". Dépasser les tests de causalité imposant une forme linéaire entre les séries pourrait ainsi s'avérer une étape importante.

Les résultats sont présentés dans le Tableau 3 et mettent en évidence une relation unidirectionnelle allant des variables financières (indices boursiers et valeur ajoutée du secteur financier) vers les travailleurs résidents et frontaliers. Nous concentrons notre discussion sur ces résultats pour éviter d'alourdir inutilement l'exposé.

En Suisse, l'activité boursière n'impacte pas (dans une logique asymétrique) les travailleurs frontaliers et résidents, à l'inverse des tests de causalité linéaire qui donnent des résultats significatifs (section 4). La valeur ajoutée du secteur financier cause uniquement les travailleurs frontaliers (au seuil de significativité de 10% avec un retard d'ordre 2, 3 et 4). Ces résultats complètent les tests de causalité dans le domaine fréquentiel et démontrent que la réaction du nombre de travailleurs peut être différente en phase d'augmentation ou de baisse de l'activité financière.

Au Luxembourg, les variations de l'indice EURO STOXX 50 cause, de manière non linéaire, les travailleurs frontaliers (au seuil de significativité de 5% et avec un retard d'ordre 2). La valeur ajoutée du secteur financier et la valeur ajoutée totale ne semblent pas influencer de manière asymétrique les travailleurs frontaliers et résidents.

**Tableau 3. Tests de causalité non-linéaires**

| | Suisse | | | Luxembourg | | |
|---|---|---|---|---|---|---|
| Retards → <br> Ho ↓ | 2 | 3 | 4 | 2 | 3 | 4 |
| $IB \nRightarrow F$ | 0.170 | -0.405 | -0.353 | 1.823** | 0.325 | 0.091 |
| $IB \nRightarrow R$ | 1.189 | 0.569 | -0.168 | 0.753 | 0.425 | 0.595 |
| $VA^{fin} \nRightarrow F$ | 1.234* | 1.517* | 1.336* | 1.016 | 0.398 | 0.402 |
| $VA^{fin} \nRightarrow R$ | 0.526 | -0.286 | -0.304 | -0.919 | 0.652 | 0.856 |
| $VA^{Tot} \nRightarrow F$ | 1.058 | 0.620 | 1.040 | -0.600 | -0.454 | -0.250 |
| $VA^{Tot} \nRightarrow R$ | 0.638 | 0.587 | 0.643 | 0.475 | 0.690 | 0.885 |

Il est dès lors probable qu'il existe des liens de causalité et qu'ils se manifestent à la fois de façon linéaire et non linéaire, par exemple en raison d'asymétries entre créations et suppressions d'emplois. Si les employeurs licencient un certain nombre de travailleurs après un choc financier négatif, ils ne vont probablement pas embaucher un nombre équivalent à la suite d'un choc positif (d'ampleur comparable au choc négatif). De telles asymétries sont notamment explicables par la théorie *insiders – outsiders*, dans laquelle les individus qui ont un emploi (les *insiders*) ont des moyens de pression sur les employeurs pour améliorer leur propre situation et tendent à bloquer ainsi l'accès du marché aux outsiders (voir Lindbeck et Snower, 1986). Elles peuvent aussi s'expliquer par la segmentation du marché du travail et par la théorie du capital humain, qui relève qu'une partie du capital humain employé est spécifique et crée par conséquent une incitation pour les entreprises à thésauriser certains travailleurs (voir Becker, 1964 ; Hashimoto, 1981).

## 6. DISCUSSION ET CONCLUSION

Alimentées par les besoins d'un secteur financier dynamique, les sociétés de services et d'intermédiation financière actives en Suisse et au Luxembourg ont favorisé le recrutement de travailleurs frontaliers pour répondre à leur demande de travail. Le travail frontalier (et pendulaire) favorise ainsi la croissance économique de ces deux pays, qui est fortement dépendante du secteur financier ; ce secteur d'activité ayant des effets de déversement sur les autres secteurs d'activité. Cette concentration, perçue comme des "clusters financiers"[7], a permis de développer un véritable savoir-faire, renforçant l'attractivité exercée par ces pays sur les banques, cabinets d'audit, commissaires aux comptes, sociétés spécialisées, développeurs...

Des enseignements peuvent être tirés des analyses empiriques effectuées ici et apporter des éléments de réponse autour d'une thématique de recherche peu étudiée mais qui englobe pourtant des enjeux économiques, politiques et sociétaux importants :

- L'analyse descriptive met en évidence une volatilité plus forte des travailleurs frontaliers (comparés aux travailleurs résidents), particulièrement en période de fluctuations conjoncturelles et financières importantes.
- Un pouvoir prédictif des indices boursiers (EURO STOXX 50 et SPI) sur les fluctuations des travailleurs frontaliers et résidents peut être suggéré au regard des résultats des tests de causalité dans le domaine fréquentiel (et des tests de causalité non linéaire pour les travailleurs frontaliers au Luxembourg).
- L'impact de l'instabilité financière sur les travailleurs frontaliers et résidents est manifestement différent, en termes d'horizon temporel et d'amplitude, avec une réaction plus rapide et plus forte pour les travailleurs frontaliers.
- Des liens de causalité significatifs sont observables dans la grande majorité des estimations effectuées, et ils peuvent revêtir un caractère linéaire ou non linéaire, potentiellement en raison d'asymétries dans les réactions aux chocs financiers (positif ou négatif).

Plusieurs éléments peuvent être avancés pour apporter des éclairages et contribuer à l'interprétation de nos conclusions. Quelle que soit l'évolution de la conjoncture, les travailleurs résidents tendent à rester dans la population active, alors que les travailleurs frontaliers jouent davantage le rôle d'amortisseur des déséquilibres entre offre et demande au Luxembourg et en Suisse. Ces fluctuations de la main-d'œuvre frontalière se manifestent avec des décalages temporels et des asymétries entre les phases d'expansion et de récession. De tels résultats font écho à la littérature portant sur l'existence des retards d'ajustement de l'emploi sur le marché du travail et de manière précise sur les effets de plus grande amplitude des récessions sur les travailleurs migrants (Dustmann *et al.*, 2010 ; Findlay *et al.*, 2010 ; Fromentin *et al.*, 2017). Cette surréaction peut également s'expliquer au Luxembourg et en Suisse par les réactions du secteur public notamment qui s'inscrit dans une logique de segmentation du marché du travail, liée à la notion d'enracinement.

Les interrelations entre la sphère financière et l'économie réelle (en particulier l'emploi) existent et ont tendance à se renforcer en période d'instabilité. Le coût et la disponibilité de financements externes, qui découlent des politiques de relance généralement mises en place par les gouvernements en période de récession, peuvent cependant exercer des effets divergents sur l'emploi. D'une part, une diminution du coût du financement externe peut inciter des entreprises à investir et la demande de travail à augmenter. D'autre part, l'assouplissement des contraintes de

[7] Pour plus de détails au sujet des clusters financiers, voir Damette *et al.* (2018). Pour le Luxembourg de manière précise, voir Bourgain et al. (2009a).

financement peut amener les entreprises à substituer de manière plus aisée le capital au travail (Garmaise, 2007). Les frictions sur les marchés financiers limitent cependant les incitations à investir. Les chocs sur la capacité d'emprunt des entreprises, combinés à certaines rigidités dans l'ajustement de leur structure financière, jouent également un rôle important dans les mouvements du cycle conjoncturel, en particulier pour la main-d'œuvre (Jermann et Quadrini, 2012). L'impact d'un choc financier sur l'emploi peut alors dépendre de la flexibilité de l'entreprise par rapport à sa structure financière, c'est-à-dire la composition de la dette et des capitaux propres. Le rôle important et direct des contraintes de crédit, au-delà de l'impact de la baisse de la demande globale sur les entreprises, est d'ailleurs confirmé dans une étude de Sharma et Winkler (2018) qui analyse l'impact de la crise financière 2008-2009 sur les marchés européens du travail.

Bien qu'apportant des éclairages sur l'effet des crises financières et économiques sur les travailleurs frontaliers et résidents, cette étude mériterait évidemment d'être approfondie et complétée. En particulier, l'utilisation de données désagrégées pourraient permettre d'identifier des impacts différenciés en fonction de divers facteurs, tels que la taille et le secteur d'activité des entreprises, les caractéristiques des travailleurs (notamment en termes de qualification ou d'expérience), ou encore de l'intensité ou de l'origine des crises économiques.

## REFERENCES


**Asheim B. T., Boschma R., Cooke P.**, 2011. Constructing regional advantage: Platform policies based on related variety and differentiated knowledge bases. *Regional studies*, 45(7), 893-904.

**Baeck E., Brock W.**, 1992. A nonparametric test for independence of a multivariate time series, *Statistica Sinica*, 2(1), 137-156.

**Becker G.**, 1964. *Human Capital: A theoretical and empirical analysis with special reference to Education*. The University of Chicago Press.

**Beine, M., Docquier, F., Rapoport, H.**, 2008. Brain drain and human capital formation in developing countries: winners and losers. *The Economic Journal*, 118(528), 631-652.

**BNS**, 2019. Stock de titres dans les dépôts de la clientèle auprès des banques. BNS [base de données], https://data.snb.ch/fr/topics/banken#!/cube/bawebesecja

**Berton F., Mocetti S., Presbitero A.F., Richiardi M.**, 2018. Banks, firms, and jobs. *The Review of Financial Studies*, 31(6), 2113-2156.

**Boschma R., Eriksson R., Lindgren U.**, 2009. How does labour mobility affect the performance of plants? The importance of relatedness and geographical proximity. *Journal of Economic Geography*, 9(2), 169-190.

**Bourgain A., Catin M., Pieretti P.**, 2006. Pôle financier et croissance régionale : Les effets externes des activités bancaires sur l'économie luxembourgeoise. Chapitre 12, dans Leloup F., Gallouj C., Mérenne B., Moyart L. (dir.), *Services aux entreprises et développement régional*, De Boeck Supérieur.

**Bourgain A., Catin M., Pieretti P.**, 2009a. Mesure des externalités technologiques et pécuniaires dans un cluster financier. *Région et Développement*, n° 30, 159-176.

**Bourgain A., Pieretti P., Høj J.**, 2009b. Le secteur financier peut-il rester le principal moteur de la croissance au Luxembourg ?, Éditions OCDE.

**Breitung J., Candelon B.**, 2006. Testing for short- and long-run causality: A frequency-domain approach. *Journal of Econometrics*, 132(2), 363-378.

**Cadena B. C., Kovak B. K.**, 2016. Immigrants equilibrate local labor markets: Evidence from the Great Recession. *American Economic Journal: Applied Economics*, 8(1), 257-90.

**Card, D.**, 1990. The impact of the Mariel boatlift on the Miami labor market. *Industrial and Labor Relations Review*, 43(2), 245-257.

**Chodorow-Reich G.**, 2013. The employment effects of credit market disruptions: Firm-level evidence from the 2008–9 financial crisis. *The Quarterly Journal of Economics*, 129(1), 1-59.

**CSSF**, 2019. Évolution des actifs nets et du nombre des OPC. CSSF [base de données], https://www.cssf.lu/surveillance/vgi/opcvm/statistiques/statistiques-annuelles/evolution-actifs-nets-et-nombre-opc-dernieres-annees/

**Damette O., Fromentin V., Salesina M.**, 2018. Cluster financier luxembourgeois et travailleurs frontaliers dans la Grande Région – Regards croisés entre économie et gestion. *Revue du marché commun et de l'Union européenne* (617), 230-239.

**Damette O. Fromentin V., Salesina M.**, 2020. Cross-border dynamics of employment: examining luxembourg's financial cluster. *Borders and cross-border labor markets: Opportunities and challenges*, 65.

**Diks C., Panchenko V.**, 2006. A new statistic and practical guidelines for nonparametric Granger causality testing. *Journal of Economic Dynamics and Control*, 30(9-10), 1647-1669.

**Dumeignil C., Lesueur J. Y., Mareva S.**, 2018. *Determinants of Cross-Border labour mobility: A comparison between Luxembourg and Switzerland* (No. halshs-01950166).

**Dustmann C., Glitz, A., Vogel, T.** 2010. Employment, wages, and the economic cycle: Differences between immigrants and natives. *European Economic Review*, 51(1), 1-17.

**Eliasson K., Lindgren U., Westerlund O.**, 2003. Geographical labour mobility: migration or commuting? *Regional studies*, 37(8), 827-837.

**Escudero, V.**, 2009. Effects of the crisis on the financial sector: Trends and policy issues. *International Labour Office (ILO)*, IILS Discussion Paper Series No. 197.

**EU**, 2019. People on the move - Statistics on mobility in Europe. 2019 edition, European Union.

**Eurostat**, 2020. Taux de change de l'ECU/EUR par rapport aux monnaies nationales. Eurostat : https://ec.europa.eu/eurostat/databrowser/view/tec00033/default/table?lang=fr

**Feldmann, H.**, 2011. Stock markets and unemployment in industrial countries. *Applied Economics Letters*, 18(9), 845-849.

**Ferrara L.**, 2010. Les variables financières sont-elles utiles pour anticiper la croissance économique ? *Revue économique*, 61(3), 645-655.

**Ferro Luzzi G., Fromentin V., Weber S.**, 2020. Travailleurs frontaliers en Suisse: Le hiatus persistant entre recherche et opinion publique, *Annales des Mines – Réalités industrielles*, 3, 88-92.

**Findlay, A., Geddes, A., Mccollum, D.**, 2010. International migration and recession. *Scottish Geographical Journal*, 126(4), 299-320.

**Fromentin V.**, 2016. The global economic crisis and migrant workers: The case of the construction sector in Europe. *International Economic Journal*, 30(1), 147-163.

**Fromentin V.**, 2021. Cross-border workers in the Greater Region of Luxembourg and financial instability: a non-linear approach. *Applied Economics, à paraître.*

**Fromentin V., Damette O., Zou B.**, 2017. The Global Economic Crisis and the Effect of Immigrant Workers on Native-Born Employment in Europe. *The World Economy*, 40(6), 1068-1088.

**Fromentin V., Tadjeddine Y.**, 2020. Cross-border workers and financial instability: a frequency domain causality analysis applied to the Luxembourg financial centre. *Applied Economics Letters*, 27(4), 280-285.

**Garmaise, M. J.**, 2007. Production in entrepreneurial firms: The effects of financial constraints on labor and capital. *The Review of Financial Studies*, 21(2), 543-577.

**Gerber P., Thériault M., Enaux C., Carpentier-Postel, S.**, 2018. Modelling impacts of beliefs and attitudes on mode choices. Lessons from a survey of Luxembourg cross-border commuters. *Transportation Research Procedia*, 32, 513-523.

**Geweke J.**, 1982. Measurement of linear dependence and feedback between multiple time series. *Journal of the American Statistical Association* 77, 304–313.

**Granger C. W. J.**, 1969. Investigating causal relations by econometric models and cross-spectral methods, *Econometrica*, 37(3), 424-438.

**Haltenhof S., Lee S. J., Stebunovs V.**, 2014. The credit crunch and fall in employment during the great recession. *Journal of Economic Dynamics and Control*, 43, 31-57.

**Hashimoto M.**, 1981. Firm-specific human capital as a shared investment. *American Economic Review*, 71, 475-482.

**Hiemstra C., Jones J. D.**, 1994. Testing for linear and nonlinear Granger causality in the stock price-volume relation. *The Journal of Finance*, 49(5), 1639-1664.

**Jermann U., Quadrini V.**, 2012. Macroeconomic effects of financial shocks. *American Economic Review*, 102(1), 238-71.

**Krugman P.**, 1991. Increasing returns and economic geography. *Journal of political economy*, 99(3), 483-499.

**Lindbeck A., Snower D.**, 1986. Wage setting, unemployment, and insider-outsider relations, *American Economic Review*, 76, 235-239.

**Losa F., Bigotta M., Gonzalez O.**, 2014. La libre circulation : Joies ou douleurs ? Évaluation des effets sur le marché du travail suisse de l'abolition de la priorité en matière d'emploi accordée aux travailleurs indigènes, *Office de la statistique*, République et Canton du Tessin.

**Mathä T., Porpiglia A., Ziegelmeyer M.**, 2017. Cross-border commuting and consuming: an empirical investigation. *Applied Economics*, 49(20), 2011-2026.

**Mian A., Sufi A.**, 2014. What explains the 2007-2009 drop in employment? *Econometrica*, 82(6), 2197-2223.

**OCDE**, 2019. Gross domestic product (GDP). (3 décembre 2019). OCDE [base de données], https://stats.oecd.org/Index.aspx?datasetcode=SNA_TABLE1

**OFS**, 2020. Emplois par division économique, taux d'occupation et sexe. OFS-STAT-TAB [base de données], https://www.pxweb.bfs.admin.ch/pxweb/fr/px-x-0602000000_101/

**OFS**, 2020. Frontaliers étrangers selon le sexe, le canton de travail, le pays de résidence, la division économique et le trimestre. OFS-STAT-TAB [base de données], https://www.pxweb.bfs.admin.ch/pxweb/fr/px-x-0302010000_105/

**Parikh A., Leuvensteijn M. V.**, 2003. Interregional labour mobility, inequality and wage convergence. *Applied Economics*, 35(8), 931-941.

**Peri G., Yasenov V.**, 2019. The labor market effects of a refugee wave: Synthetic control method meets the Mariel boatlift. *Journal of Human Resources*, 54(2), 267-309.

**Pigeron I., Wille C.**, 2019. Le travail frontalier au Luxembourg et en Suisse: Similitudes, différences et défis communs. Borders in Perspective, (2), 163-165.

**Rapoport B., Sofer C., Solaz A.**, 2006. La production domestique dans les modèles collectifs. *L'Actualité économique*, 82(1-2), 247-269.

**Ross S.**, 1976. The arbitrage theory of capital market asset pricing. *Journal of Economic Theory*. 13(3), 341-360.

**Sharma S., Winkler H.**, 2018. The labour market effects of financial crises: The role of temporary contracts in Central and Western Europe. *Economics of Transition*, 26(1), 35-60.

**STATEC**, 2020. Emploi, chômage et taux de chômage par mois (données désaisonnalisées) 1995 - 2020. STATEC [base de données], https://statistiques.public.lu/stat/TableViewer/tableView.aspx?ReportId=12948&sCS_ChosenLang=fr

**STOXX**, 2020. Blue-Chip Indices – EURO STOXX 50 INDEX : https://www.stoxx.com/document/Indices/Factsheets/2020/March/SX5E.pdf

**Tastan H.**, 2015. Testing for spectral Granger causality. *The Stata Journal*, 15(4), 1157-1166.

**Weber S., Ferro Luzzi G., Ramirez J.**, 2017. Do cross-border workers cause unemployment in the host country? The case of Switzerland. *Espace populations sociétés*, 3.

# Cross-border workers and financial fluctuations: A comparative analysis of Luxembourg and Switzerland

***Abstract*** – This article features an analysis of the effects of financial fluctuations on cross-border and resident workers in Luxembourg and Switzerland. Causality tests are performed using five variables: the number of cross-border workers, the number of resident workers, stock market indices, financial sector's value added, and total value added. The results show that, in both countries, cross-border workers face a more volatile evolution and are more strongly and rapidly impacted by "financial instability" than resident workers. These results can be explained by the "cushioning" role of the labor supply (and more particularly of cross-border workers) vis-à-vis financial fluctuations, by labor market segmentation, and by the interrelations between the financial sector and the real economy.

***Key-words***

Cross-border workers
Financial sector
Frequency domain causality
Nonlinear causality
Luxembourg
Switzerland

**Région et Développement**
*n° 53-2021*
www.regionetdeveloppement.org

# *Exhausted migrant effect* : La santé des travailleurs immigrés en France

**Nadiya UKRAYINCHUK**[1]
**Carine DRAPIER**[2]

***Résumé*** - Nous évaluons dans quelle mesure l'activité professionnelle dans le pays d'accueil peut influencer la santé des immigrés. À partir de l'élaboration d'indices mesurant plusieurs formes de pénibilité, nos résultats soulignent dans le cas français qu'en moyenne les travailleurs immigrés se révèlent plus résistants face à la pénibilité professionnelle, tant physique que psychologique. Cependant, la surconcentration des immigrés dans les emplois pénibles atténue en partie les effets de cette meilleure résistance et explique largement deux phénomènes marquants : une détérioration moyenne plus rapide de la santé des travailleurs immigrés et une persistance dans le temps des écarts de santé entre ces populations et les populations natives.

***Classification JEL***
J81, J24, I19, F22

***Mots-clés***
Immigration
Pénibilité professionnelle
Santé

[1] Université de Lille, CNRS, IESEG School of Management ; UMR 9221, LEM, Lille Économie Management, F-59000 Lille, France ; Institut Convergences Migrations ; nadiya.ukrayinchuk@univ-lille.fr
[2] RimeLab, Université de Lille ; carine.drapier@univ-lille.fr

## INTRODUCTION

La pénibilité du travail, à laquelle doivent faire face de nombreux individus, est une question située au carrefour de nombreuses autres préoccupations de la société actuelle (Piotet, 2011 ; Barnay et Jusot, 2018 ; Hugrée et al., 2019). De mauvaises conditions de travail n'influencent pas seulement l'état de santé des travailleurs, mais également l'entreprise qui les emploie et la société dans son ensemble. En effet, la dégradation de l'état de santé des travailleurs se traduit dans une certaine mesure par des répercussions négatives sur leur productivité, par des coûts additionnels en termes de baisse de la motivation, d'arrêts de travail, mais aussi par une hausse des coûts de la prise en charge des soins (Gollac, 2005 ; Afsa et Givord, 2006 ; Barnay et al., 2010 ; Freeman et Kleiner, 2020).

Même si la sensibilité de la société à cette question s'affirme ces dernières années[3], la prise de conscience de ce phénomène est encore assez récente et les études économiques dans ce domaine sont encore peu nombreuses. Certains travaux ont déjà essayé d'analyser l'impact des conditions de travail sur la santé des travailleurs. Néanmoins, dans l'analyse du poids des facteurs économiques, assez peu de travaux à notre connaissance se sont attachés à préciser les connexions entre la nature et le degré de pénibilité du travail, d'un côté, et l'état de santé, de l'autre ; cette rareté des études est encore plus marquée pour des populations réputées sensibles vis-à-vis du marché du travail, notamment les immigrés. Au-delà d'études plus « généralistes » (non centrées sur le cas des travailleurs immigrés) sur ce thème (Abord de Chatillon et al., 2006 ; Bué et al., 2008 ; Gomez et al., 2011, Barnay et Jusot, 2018 ; Schneider et Harknett, 2019 ; Theorell, 2020), quelques rares travaux disponibles à ce jour soulignent un lien défavorable entre les situations professionnelles précaires des travailleurs immigrés et leur état de santé (Bollini et Siem, 1995 ; Guerin et al., 2005 ; Scott, 2004 ; O'Donovan, 2006 ; Pug, 2017 ; Moyce et Schenker, 2018). Cette dégradation, en outre, s'accentue avec la durée du séjour dans le pays d'accueil et renvoie à ce que les auteurs nomment un « effet du migrant épuisé » (« exhausted migrant effect ») (Bollini et Siem, 1995).

Si, depuis le début des années 2000 notamment, le nombre d'études ciblées sur des pays différents se multiplie autour de la comparaison de l'état de santé des populations immigrées par rapport aux autochtones [4], les écarts constatés (ou leur résorption) sont expliqués par des facteurs non spécifiquement liés aux conditions de travail.

Cet article se propose de participer à cette réflexion sous l'angle double de l'impact des conditions de travail sur la santé et de la situation particulière des travailleurs immigrés, fortement représentés dans les emplois associés à une pénibilité importante.

Afin d'évaluer la situation en France, nous nous appuyons sur la dernière version disponible de l'Enquête décennale Santé, réalisée en 2002-2003 par l'INSEE, qui nous permet d'identifier les conditions de travail et d'établir leurs liens éventuels avec la santé des populations. Nous comparons les effets de la pénibilité sur l'état de santé (physique et mentale) des travailleurs immigrés et autochtones. Les résultats montrent qu'il existe en effet des différences non négligeables entre les deux populations et qu'un même niveau de pénibilité n'est pas ressenti de la même manière et ne provoque pas forcément les mêmes effets concrets sur la santé. Nous aborderons ainsi la question d'une résistance à la pénibilité différenciée selon les salariés.

[3] En France, l'instauration d'un compte-pénibilité en 2015 ou le procès France Télécoms en 2019, pour juger du rôle des conditions de management sur le stress, voire le suicide, des salariés, sont des exemples révélateurs de l'actualité des questions des conditions de travail sur la santé.

[4] On renvoie à la source bibliographique de l'IRDES, qui recense les études sur la santé des migrants par grandes thématiques : http://www.irdes.fr/documentation/syntheses/la-sante-des-migrants.pdf

L'article s'articule comme suit. Après une brève revue de littérature, nous présenterons les données utilisées, puis nous exposerons les principaux faits stylisés concernant les conditions de travail et l'état de santé des immigrés et des personnes nées en France. Ensuite, nous testerons économétriquement le lien causal entre les conditions de travail et la santé des travailleurs, avant de conclure.

## 1. BRÈVE REVUE DE LA LITTÉRATURE

Étudier l'état de santé des populations immigrées et comparer celui-ci avec la santé des populations autochtones présente certaines difficultés statistiques et d'interprétation.

Sur le plan purement statistique, la majorité des enquêtes en France ne permet (au mieux) de ventiler les populations selon leur pays d'origine que par niveau géographique agrégé et non par pays et encore moins par groupe ethnique. Ce manque d'information détaillée tend à rendre assez complexe l'analyse des différences de situation entre les personnes nées sur place et celles nées à l'extérieur. Cela explique partiellement que les populations immigrées ont souvent été étudiées comme une composante de catégories de population plus larges, notamment avec le groupe des populations précaires, même si tous les immigrés ne sont pas assimilables à cette catégorie. Or, en mobilisant les quelques informations disponibles sur les origines (par grandes zones), des études relativement récentes montrent qu'une fois prises en compte les caractéristiques socio-économiques observables des personnes, un effet résiduel du statut de migrant dans l'état de santé de la personne persiste (Khlat et al., 1998 ; Jusot et al., 2008, par exemple), révélant l'importance d'étudier la population des immigrés séparément des natifs.

En outre, décrire l'état de santé des populations se révèle également un exercice assez complexe. Deux types d'indicateurs peuvent être utilisés. Le premier repose sur des critères objectifs et enregistre l'occurrence de maladies, du handicap, de l'invalidité, etc. Cependant, la liste des défaillances de santé disponibles dans les enquêtes n'est jamais exhaustive et le niveau de gravité de la pathologie n'est souvent pas (ou mal) renseigné. Le second type d'indicateur prend en compte l'état de santé déclaré par les personnes elles-mêmes. L'inconvénient de cet indicateur est alors qu'il est soumis aux problèmes d'hétérogénéité dans les connaissances médicales ainsi qu'aux différences culturelles qui interfèrent dans la perception de leur état de santé par les individus interrogés.

Dans la limite des précautions soulevées ci-avant, les études sur l'état de santé des populations migrantes se sont développées depuis une trentaine d'années et produisent des résultats très divergents quant à la question de savoir si les immigrés bénéficient d'une meilleure santé que les personnes nées dans leur pays d'accueil ou affichent au contraire une santé plus dégradée.

Une première ligne de fracture semble émerger selon le pays étudié. Dans les études sur les États-Unis, le Canada ou l'Australie par exemple, les immigrés apparaissent à l'arrivée en meilleure santé que les populations locales (Attias-Donfut et Tessier, 2005 ; Ortega et al., 2007 ; Blanc et Monnais, 2007 ; Siguoin, 2007 ; Salas-Wright et al., 2018), que l'on considère des indicateurs de santé objectifs ou subjectifs. C'est ce que la littérature a dénommé le *healthy migrant effect* (ou « effet du migrant en bonne santé ») et qui repose en premier lieu sur un effet d'autosélection positive des migrants (Goel et al., 2004 ; Kennedy et al., 2004, 2006 ; Siguoin, 2007 ; Domnich et al., 2012 ; Farré, 2016). En effet, la littérature sur les motifs des migrations a depuis longtemps fait émerger le fait que les populations qui choisissent de migrer sont en meilleure santé par rapport à celles qui restent (Greenwood, 1985). Elles sont aussi généralement plus qualifiées que la moyenne de leurs compatriotes non migrants (Ichou et Wallace, 2019). Cela leur permet de réussir plus sûrement leur projet et de pouvoir travailler dans le pays d'accueil. Or, cette sélection pourrait être suffisamment puissante pour créer une différence positive non seulement avec les compatriotes restés au pays mais également avec les natifs du pays d'accueil. En outre, les politiques de migrations sélectives des migrants de certains pays d'accueil amplifient ce biais de sélection (Constant et al., 2016). Plus récemment, certains travaux ont mis en évidence le fait qu'à ce premier biais pouvait s'en juxtaposer un second, lié à la structure par âge des populations immigrées présentes dans les pays d'accueil, un *salmon effect* (ou « effet des saumons ») (Attias-Donfut et Wolff, 2005). En effet, un grand nombre de migrants font le choix de revenir vers leur pays d'origine lorsqu'ils sont âgés et/ou malades afin de se rapprocher de leurs racines (effet particulièrement observé pour les populations d'Afrique et du Moyen-Orient, mais aussi plus récemment pour les populations chinoises (Lu et Qin, 2014)). Cela distord alors la composition des échantillons de migrants présents dans les pays d'accueil au profit des migrants dont la santé est (encore) « bonne ». En Europe, cet effet du « migrant en bonne santé » est beaucoup moins présent et semble dépendre des pays considérés, comme de la spécification du modèle empirique pour l'évaluer (Attias-Donfut et Tessier, 2005 ; Domnich et al., 2012 ; Moullan et Jusot, 2014). Validé dans le cas de la République tchèque (Stipkova, 2016) ou pour l'Italie (Moullan et Jusot, 2014), il semble être absent dans le cas des Pays-Bas (Uniken Venema et al., 1995), de la Belgique (Moullan et Jusot, 2014), de l'Espagne (Gotsens et al., 2015 ; Gimeno-Feliou et al., 2015) ou de la Suisse (Potarca et Bernardi, 2018), et dépendre de l'origine des migrants pour la Suède (Helgesson et al., 2019 ). Pour la France, le consensus n'est pas total. Cet effet serait validé, en particulier pour les populations masculines issues des pays méditerranéens (Khlat et Darmon, 2003), toutefois, d'autres études plus récentes révèlent un effet inverse (Attias-Donfut et Tessier, 2005 ; Jusot et al., 2008 ; Berchet et Jusot, 2010 ; Moullan et Jusot, 2014).

En outre, de nombreuses études soulignent également une perte de l'avantage santé avec la durée de résidence dans le pays d'accueil (Norredam et al., 2014 ; Delavari et al., 2013 ; Syse et al., 2016 ; Wallace et al., 2019). Cela nous amène à la seconde ligne de fracture : l'impact du temps sur la santé des populations migrantes. Quatre types d'explications sont mis en avant dans la littérature : un effet de cohorte, des effets liés aux comportements de consommation et à l'hygiène de vie des immigrés, ainsi qu'un effet de déracinement de la personne migrante, et des questions liées à la représentation socio-culturelle des questions médicales.

L'effet de cohorte se réfère à l'évolution de la structure même de l'immigration et peut expliquer en partie une dégradation de l'indicateur de santé pour les immigrés dans le temps s'il est suffisamment fort. Ceci implique alors que l'effet du « migrant en bonne santé », qui a pu prévaloir par exemple auparavant en Europe, est moins visible aujourd'hui. L'impact des réorientations des politiques migratoires des pays n'est pas neutre sur le changement des profils des nouveaux entrants. Dans beaucoup de pays d'Europe, et notamment en France, la crise économique du début des années 1970 a induit une diminution importante des entrées autorisées sur le territoire pour le motif économique et les migrations sont devenues principalement familiales ou liées à l'asile politique. Le phénomène d'autosélection que nous avons évoquée plus haut ne concerne qu'à la marge ces nouveaux entrants qui peuvent ainsi être en moins bonne santé que les migrants économiques et des autochtones des pays d'accueil (Khlat et al., 1998 ; Berchet et Jusot, 2010), comme cela s'observe aussi pour les cohortes d'immigration plus récentes dans d'autres pays comme les États-Unis (Giuntella et Stella, 2016).

Le second effet passe par la description des habitudes de vie et de consommation des populations. Ici, de nombreuses études montrent que ces habitudes tendent à se rapprocher de celles de la population du pays d'accueil avec le temps de séjour (Berchet et Jusot, 2010) ; le mode de vie ainsi adopté devient plus propice à générer des soucis de santé (alimentation plus riche, etc.) (Delavari et al., 2013). Par exemple, les populations immigrées tendent à adopter progressivement les comportements nuisibles de consommation de tabac ou d'alcool (Acevedo-Garcia et al., 2004 ; Andreeva et al., 2009 ; Lutsey et al., 2008 ; Kuerban, 2016 ; Barbieri, 2016) ou certaines habitudes alimentaires génératrices de soucis de santé (Park et al., 2008 ; Goel et al., 2004). En outre, les immigrés peuvent également supporter les conséquences de long terme des conditions de vie qu'ils ont connues dans leur pays d'origine, avant de migrer (Boulogne et al., 2012 ; Heuveline et al., 2002), des dangers durant leur trajectoire migratoire, plus particulièrement pour les personnes ayant été victimes des réseaux des trafiquants (Gushulak et MacPherson, 2000 ; Kullgren, 2003 ; Scott, 2004). Cette situation prévaut notamment pour les migrants originaires des zones peu développées ou risquées ; leurs conditions de migration peuvent alors se faire sentir sur la santé des années plus tard quel que soit le pays d'accueil où ils résident par la suite (Jusot et al., 2008 ; Gubernskaya, 2015).

Enfin, le déracinement des personnes migrantes et les difficultés inhérentes à s'orienter dans leur pays d'accueil jouent indéniablement un rôle négatif sur la santé. L'isolement lié au fait d'avoir migré et le manque de réseau social sont susceptibles de conduire à une sous-utilisation de l'offre de soins et donc à une dégradation de la santé (Berk et al., 2000 ; Wolff et al., 2005 ; Kennedy et al., 2006 ; Berchet et Jusot, 2010 ; Jusot et al., 2019). Le manque d'information sur le fonctionnement du système de santé et un manque de maîtrise de la langue du pays d'accueil – renforçant les difficultés à s'orienter au sein du système de soins et pouvant entraîner de surcroît des défaillances dans la communication avec les soignants – s'ajoutent aux critères de dégradation de l'état de santé avec le temps. De même, des difficultés budgétaires ainsi que les barrières culturelles peuvent réduire la consommation de soins par les immigrés (Galanis et al., 2013 ; O'Donnell et al., 2016 ; Ledoux et al., 2018 ; Mignon et Jusot, 2020). Une sous-consommation des services de soins pourrait aussi provenir d'un choix rationnel de l'immigré. Les représentations socioculturelles qu'ont certaines communautés d'immigrés du corps, de la maladie ou du soignant en général (et leurs liens avec la religion) diffèrent parfois sensiblement de celles de la société d'accueil. Cela peut se traduire par une orientation vers les médecines alternatives et complémentaires (Jenkins et al., 1996 ; Blanc et Monnais-Rousselot, 2007).

Même si la majorité des études vont dans le sens d'une réduction de l'avantage de santé avec la durée de migration, certaines commencent à nuancer ce résultat en prenant notamment en compte le niveau de richesse du pays d'origine. Dans le cas de populations (féminines en particulier) très pauvres initialement et ayant migré vers des zones plus aisées, l'état de santé peut s'améliorer avec le temps, surtout si ces populations occupent un emploi (Combes et al., 2019).

Ainsi, on constate que si la littérature économique s'est attachée à rechercher les liens entre migrations et santé, elle n'a, par contre, jusqu'ici que peu documenté le lien avec les conditions de travail. Cependant, la surexposition des immigrés à la précarité professionnelle impose qu'on s'intéresse à cet aspect de près. Dans la plupart des cas, à caractéristiques égales, les immigrés sont plus souvent au chômage que les personnes nées dans le pays d'accueil et occupent, lorsqu'ils travaillent, des postes associés à des salaires inférieurs et à des conditions de travail plus pénibles (Bollini et Siem, 1995 ; O'Donovan, 2006 ; Chiswick et Miller, 2008 ; Beckhusen et al., 2013 ; Hirsch et al., 2014 ; Fortin et al., 2016 ; Ukrayinchuk, Chojnicki, 2020). Or, la précarité économique est associée généralement à une santé plus dégradée, d'autant qu'elle se traduit aussi par un accès moindre aux assurances santé complémentaires et induit donc un renoncement aux soins plus important (Bollini et Siem,

1995 ; Berchet et Jusot, 2012). La difficulté de trouver des données suffisamment précises sur les trois aspects clés de la problématique (origine de l'immigré, données de santé, informations sur le marché du travail) simultanément n'est sans doute pas étrangère à ce manque relatif.

La suite de cet article vise précisément à évaluer le poids des conditions de travail dans la relation entre l'immigration et les écarts de santé avec la population autochtone, en contrôlant économétriquement les effets d'autres déterminants de santé qu'on retrouve classiquement dans la littérature.

## 2. LES DONNÉES ET LES PRINCIPAUX FAITS STYLISÉS

Pour notre étude nous mobilisons les données de l'Enquête santé de 2002-2003 produite par l'INSEE[5]. L'objectif étant d'étudier l'effet des conditions de travail sur la santé, nous nous restreignons uniquement aux individus de plus de 18 ans en emploi ou ayant travaillé par le passé. Nous obtenons ainsi 18970 observations pour la France métropolitaine dont 7,4% d'immigrés[6] (Tableau A1 en annexe). Les travailleurs originaires de l'Europe et de l'Afrique du Nord sont les plus nombreux parmi les travailleurs immigrés de notre échantillon (48,6 % et 25,5% respectivement).

Globalement, la population des travailleurs immigrés prise dans son ensemble est caractérisée par une surreprésentation des individus de sexe masculin, plus jeunes que les Français d'origine, moins qualifiés, et se trouvant dans des situations professionnelles plus précaires (du point de vue du chômage, de la faible qualification de l'emploi, et du temps partiel contraint) (tableau A1 en annexe). Malgré tout, il faut noter des différences en fonction de l'origine géographique des migrants. Ainsi, même s'ils sont également surreprésentés dans les catégories ouvrières, les ressortissants européens présentent un profil très proche de celui des natifs français avec notamment un taux de chômage et un taux d'emploi des cadres assez similaires. À l'inverse, les ressortissants d'Afrique du Nord, qui sont en moyenne plus jeunes, sont nettement plus souvent au chômage (24,2%) par rapport aux natifs français et aux autres immigrés. Ils sont aussi davantage représentés dans les emplois non qualifiés (24,4%). L'analyse par secteur d'activité révèle que les immigrés sont sur-concentrés dans les métiers du BTP (13,5% contre 6,1% pour les français de naissance), dans l'industrie (21,7% contre 20%) et dans les services domestiques et à la personne (10,2% contre 5,3%). L'enquête ne fournit pas d'information sur l'année d'arrivée en France, ce qui nous empêchera de mesurer un éventuel effet de cohorte sur ces éléments. Seul l'âge des individus permettra tenir compte partiellement de ce phénomène.

### 2.1. La pénibilité du travail

De façon générale, la littérature définit la pénibilité du travail comme une sorte d'usure du salarié (aussi bien physique que psychique), un inconfort au quotidien et une diminution probable de son espérance de vie du fait de ses conditions particulières de travail (Héas, 2005 ; Lasfargues, 2005). Cette littérature opère généralement une distinction entre la pénibilité objective (pénibilité physique, environnement agressif, rythmes de travail intenses) et la pénibilité « vécue » au travail (stress

---

[5] Pour la France, l'Enquête Santé et itinéraire professionnel (SIP) de 2010 de la DARES est un peu plus récente et s'intéresse également aux conditions de travail. Cependant, elle est plus difficilement mobilisable pour notre analyse, centrée sur les populations immigrées : d'une part, l'échantillon des immigrés dans la SIP 2010 est sensiblement plus petit, et d'autre part elle ne permet pas différencier des immigrés par origine.

[6] Un immigré est une personne née étrangère à l'étranger et entrée en France en cette qualité en vue de s'établir sur le territoire français de façon durable. Autrement dit, nous considérons comme immigrés les résidents de nationalité étrangère et les Français par acquisition, classés en fonction de leur nationalité d'origine.

au travail, faible latitude décisionnelle) (Lasfargues, 2005 ; Yilmaz, 2006). Nous utilisons également ces deux définitions.

L'Enquête Santé 2002-2003 permet de recenser onze critères de pénibilité « objective » et dix critères de pénibilité « vécue ». À partir de ces critères et en tenant compte de l'intensité des mauvaises conditions de travail, nous avons construit[7] des indices de pénibilité pour chacune des catégories (pénibilité globale, pénibilité objective et pénibilité vécue) ; chaque indicateur permet d'évaluer le degré de pénibilité sur une échelle allant de 0 (pas de pénibilité) à 100 (pénibilité maximale).

**Tableau 1. Les niveaux moyens de la pénibilité du travail selon l'origine***

| | *Français de naissance* | | *Ensemble des Immigrés* | | *Européens* | | *Maghrébins* | |
|---|---|---|---|---|---|---|---|---|
| | m | σ | m | σ | m | σ | m | σ |
| *Horaires variables* | 18,2 | *(20,8)* | 19,9 | *(22,2)* | 21,3 | *(24,1)* | 21,7 | *(22,8)* |
| *Contraintes de rythmes de travail* | 15,4 | *(19,8)* | 17,7 | *(21,7)* | 19,5 | *(23,8)* | 18,5 | *(21,4)* |
| *Incidence corporelle physique (gestes, positions, bruit,...)* | 24,2 | *(19,9)* | 24,6 | *(21,7)* | 27,7 | *(22,9)* | 25,2 | *(22,5)* |
| *Températures extrêmes, intempéries* | 19,6 | *(20,2)* | 20,5 | *(21,5)* | 23,1 | *(23,2)* | 21,3 | *(21,7)* |
| *Expositions toxiques* | 20,8 | *(21,2)* | 21,9 | *(22,1)* | 25,1 | *(23,9)* | 21,4 | *(22,0)* |
| ***Pénibilité objective*** | 20,1 | *(17,4)* | 21,3 | *(19,0)* | 23,7 | *(20,2)* | 22,0 | *(19,5)* |
| *Faible latitude décisionnelle* | 14,0 | *(17,3)* | 14,2 | *(19,6)* | 13,1 | *(18,4)* | 15,1 | *(21,5)* |
| *Forte pression psychologique* | 23,3 | *(28,0)* | 17,8 | *(25,6)* | 17,8 | *(26,5)* | 17,5 | *(24,6)* |
| ***Pénibilité vécue*** | 17,7 | *(18,5)* | 15,7 | *(18,7)* | 15,0 | *(18,4)* | 16,1 | *(19,8)* |
| ***Pénibilité globale*** | 19,3 | *(11,1)* | 19,4 | *(12,6)* | 20,7 | *(13,3)* | 20,0 | *(13,0)* |

** Les indices varient de 0 à 100, où 100 correspond au niveau de pénibilité maximum ; m est la moyenne, σ l'écart-type.*

Les niveaux moyens de pénibilité professionnelle selon l'origine géographique sont résumés dans le tableau 1. À l'échelle nationale, les travailleurs immigrés dans leur ensemble sont légèrement surexposés aux emplois physiquement pénibles (avec un niveau moyen de 21,3 contre 20,1 pour les Français d'origine). En revanche, ils sont un peu moins concernés par les emplois soumis à une pression psychologique (15,7 contre 17,7 pour les natifs français). On constate toutefois des divergences selon les origines. Les populations issues des pays du Maghreb présentent les moins bons indicateurs quant aux contraintes physiques, tout comme les Européens (22,2 et 23,7 respectivement contre 20,1 pour les Français de naissance). En revanche, ces derniers sont les moins touchés par les risques psychosociaux, c'est-à-dire par la pénibilité vécue (15,0 contre 16,1 pour les originaires de l'Afrique du Nord et 17,7 pour le natifs français). Notons également la présence de fortes hétérogénéités des indicateurs de pénibilités au sein de chaque sous-population (les écarts types étant généralement supérieurs au niveau moyen d'indicateur correspondant), avec des inégalités intragroupes plus élevées pour les immigrés.

Une analyse plus détaillée du contenu de chaque type de pénibilité est également intéressante. Elle rend compte du fait que les écarts du niveau de pénibilité objective

[7] Voir annexe 2 pour le détail des indicateurs.

entre les immigrés en général et les Français de naissance s'expliquent surtout par les contraintes de rythmes de travail (2,3) et les horaires atypiques (1,7), puis par les expositions aux poussières et aux fumées, au tabac et aux températures extrêmes (1,1).

Par contre, si on étudie les variations par origine, on constate que par rapport à d'autres travailleurs immigrés, les ressortissants européens sont surreprésentés dans les emplois avec un niveau élevé de contraintes physiques, quelle que soit la nature précise de ces contraintes. De la même manière, et toujours en référence à la pénibilité physique, les travailleurs originaires du Maghreb présentent une situation plus dégradée par rapport à l'immigré moyen (même s'ils présentent un score meilleur que celui des immigrés européens) sur tous les sous-indicateurs (à l'exception de l'exposition aux produits toxiques où les deux chiffres sont quasiment identiques), en particulier pour les emplois aux horaires atypiques et aux rythmes de travail pénibles.

Dans les cas des risques psychosociaux (« pénibilité vécue »), les immigrés présentent tous une situation meilleure que celle des Français d'origine, avec un avantage plus important encore pour les Européens d'origine. Le détail des deux sous-indicateurs fait apparaître que les natifs français sont nettement plus soumis à la pression psychologique au travail[8] (au-delà de 23 contre environ 17 pour les immigrés quels qu'ils soient) et que la question de la latitude décisionnelle reste plus homogène entre les populations : si l'indicateur fait peu de différences entre eux et l'ensemble des immigrés, les ressortissants nord-africains semblent distinctement plus concentrés dans les emplois aux tâches monotones (faible latitude décisionnelle) tandis que les Européens sont les mieux lotis.

## 2.2. L'état de santé des travailleurs

L'Enquête Santé fournit quelques éléments permettant d'évaluer l'état de santé des travailleurs. Les tendances moyennes sont résumées dans le tableau 2.

**Tableau 2. L'état de santé moyen par type et selon l'origine***

| | *Français de naissance* | | *Ensemble des immigrés* | | *Européens* | | *Maghrébins* | |
|---|---|---|---|---|---|---|---|---|
| | m | σ | m | σ | m | σ | m | σ |
| ***Indice global de santé*** | 66,73 | *(19,3)* | 64,62 | *(19,7)* | 63,3 | *(20,8)* | 64,68 | *(19,0)* |
| *Indice de santé physique* | 49,89 | *(10,2)* | 48,36 | *(10,2)* | 48,06 | *(10,5)* | 47,75 | *(10,4)* |
| *Indice de santé mentale* | 48,9 | *(9,9)* | 48,18 | *(9,9)* | 47,99 | *(10,2)* | 48,86 | *(9,1)* |

** Les indices varient de 0 à 100, où 100 correspond à un excellent état de santé ; m est la moyenne, σ l'écart-type.*

L'analyse des indicateurs synthétiques[9] révèle qu'au moment de l'enquête l'état de santé des immigrés est en moyenne légèrement inférieur à celui des Français de naissance, autant du point de vue de la santé physique (48,4 contre 49,9 respectivement) que de la santé mentale (48,2 contre 48,9). À première vue, les écarts ne semblent pas être très importants. Toutefois, il faut garder à l'esprit que les travailleurs immigrés sont en moyenne plus jeunes, ce qui signifie qu'à âge égal l'état de santé des immigrés est nettement moins bon que celui des natifs français. Si l'on distingue selon les origines, on constate que ce sont les travailleurs maghrébins qui affichent

[8] La pression psychologique au travail inclut le sentiment de manquer de temps pour réaliser les tâches que l'on s'est vu confier ou encore le fait d'avoir plusieurs tâches à réaliser à la fois.

[9] Les indicateurs synthétiques de l'état de santé sont fournis avec les bases des données de l'enquête, ils varient de 0 à 100 (où 100 correspond à une excellente santé). Leur construction est basée sur des réponses à des questions précises (« êtes-vous limité en raison de votre état de santé actuel pour vous mettre à genoux, vous accroupir ? » ; etc.)

les moins bons taux de santé physique (47,7) et les Européens pour la santé mentale (47,9). Notons de nouveau la présence des inégalités intragroupes pour les indices de santé, avec des variations systématiquement plus fortes parmi les immigrés originaires de l'Europe. Toutefois, l'hétérogénéité des indices de l'état de santé est moins forte que celle des indices de pénibilité.

Ainsi, globalement, et même si les écarts d'indices ne sont pas très importants, que ce soit sur la base de l'appréciation par origine ou globale, les conclusions convergent : les travailleurs immigrés sont en moyenne en moins bonne santé que l'ensemble de la population native et sont surreprésentés dans les emplois pénibles.

Dans la suite de l'article, nous cherchons à comprendre s'il existe un lien de causalité entre l'état de santé des travailleurs et la pénibilité de leur emploi. Nous cherchons à vérifier en outre si ce lien présente une nature différente pour les immigrés par rapport aux natifs français.

## 3. MÉTHODOLOGIE

Notre objectif est de tester le lien causal entre l'état de santé des individus et la pénibilité au travail. De ce fait, il est important de nous assurer de l'exogénéité de nos indicateurs des conditions de travail. Il est tout à fait raisonnable de supposer que les individus ayant des problèmes de santé peuvent dans une certaine mesure s'auto-sélectionner sur des emplois qu'ils considèrent moins pénibles et de ce fait plus compatibles avec leur état de santé. Si cette hypothèse était vérifiée et si aucune correction n'était faite, nos indicateurs de pénibilité au travail seraient endogènes et donneraient des estimateurs biaisés. Afin de traiter ce problème, nous effectuons systématiquement les tests d'endogénéité pour chacun de nos indicateurs de pénibilité et nous procédons si nécessaire à une correction à l'aide de variables instrumentales. Ainsi, sur les données individuelles, nous estimons[10] par la méthode du maximum de vraisemblance (Nawata et Nagase, 1996) chacune des équations de santé simultanément avec le modèle réduit pour la variable endogène :

$$Santé_i = \delta_1 + \delta_2 Origine_i + \delta_3 Pénibilité_i * Origine_i + \delta_4 Contrôle_i + \varepsilon_i \qquad (1)$$

$$Pénibilité_i = \gamma_1 + \gamma_2 Instruments_i + \gamma_3 Origine_i + \gamma_4 Contrôle_i + u_i \qquad (2)$$

où *Santé*$_i$ est un de nos trois indicateurs du niveau de l'état de santé de l'individu i (global, physique et mental); *Pénibilité*$_i$ sont des indices de pénibilité professionnelle (sur l'ensemble de la carrière de l'individu), *Origine*$_i$ indique le pays d'origine de l'individu; *Contrôle*$_i$ représente les variables de contrôle[11]; $u_i$ et $\varepsilon_i$ les termes d'erreur, tous deux de moyenne nulle, avec des écarts types égaux à 1 et $\sigma$ respectivement, et avec la corrélation $\rho$[12].

Pour chacune de nos équations de santé (globale, physique et mentale), nous testons les trois indices de pénibilité : soit par l'introduction de la variable de la pénibilité globale, soit par l'introduction du couple des variables de la pénibilité objective et de la pénibilité vécue. En partant de l'hypothèse que les effets néfastes augmentent plus que proportionnellement avec une exposition prolongée et simultanée à de multiples risques professionnels, nous testons également le caractère non linéaire de l'effet de ces expositions.

Pour vérifier l'éventuelle différence dans la façon dont les risques jouent sur la santé des individus immigrés ou non, nous introduisons dans le modèle des variables destinées à saisir la région de naissance des personnes, que nous croisons

[10] Procédure QLIM de SAS (SAS, 2016).

[11] Le détail des modalités de chacune des variables indépendantes est présenté dans l'annexe 2.

[12] Le test d'endogénéité consiste en un test du rapport de vraisemblance avec l'hypothèse nulle d'indépendance des termes d'erreur $H_0 : \rho = 0$ .

avec les indices de pénibilité. Nous testons deux variables d'origine : l'une binaire, qui est un simple indicateur d'immigration, permettant de distinguer entre les natifs français et les immigrés, et l'autre, polytomique, qui décline l'origine des immigrés en trois modalités : Maghreb, Europe et Reste du monde[13]. La taille de l'échantillon ne nous permet pas d'introduire une distinction de l'origine plus détaillée. Le choix des deux régions, Maghreb et Europe, se base sur l'effectif des immigrés dans chaque groupe. Cette distinction des origines présente également l'avantage de nous permettre de comparer la situation des Français de naissance avec celle des immigrés en tenant compte de la distance culturelle qui pourrait les séparer. Les coefficients obtenus sur les variables de la région de naissance seront donc un indicateur de l'existence d'une éventuelle variation de l'état de santé selon l'origine ethnique, tandis que les coefficients de ces mêmes variables croisées avec les indices de pénibilité mesureront une éventuelle différence dans la résistance face à la pénibilité au travail via son effet sur l'état de santé.

Pour corriger l'endogénéité des indices de pénibilité, nous utilisons deux instruments qui déterminent les conditions de travail des emplois et le niveau d'investissement des entreprises dans leur amélioration mais qui ne sont pas influencés par l'état de santé individuel. Il s'agit ici du secteur d'activité et de la catégorie socioprofessionnelle du poste. Celle-ci permet de distinguer, entre autres, entre le travail manuel et le travail intellectuel, entre la fonction publique et le secteur privé, et d'opérer des distinctions selon la position dans la hiérarchie socio professionnelle. En effet, les conditions de travail ainsi que l'investissement des entreprises dans leur amélioration varient sensiblement entre les secteurs d'activité économique du fait de leurs spécialisations, du niveau des profits et des marges et du niveau de la concurrence du marché sur lequel ils opèrent (Coutrot et Davie, 2014). Les capacités et les stratégies d'investissement dans les conditions de travail sont également différentes entre le secteur privé et le secteur public. Enfin, sur un marché du travail de plus en plus segmenté, les entreprises cherchant souvent à sécuriser les compétences stratégiques ont tendance pour cela à privilégier dans leurs investissements les postes clés, qui se trouvent le plus souvent en haut de la hiérarchie socio-professionnelle.

Enfin, des variables de contrôle[14] permettent de tenir compte des autres éléments susceptibles d'intervenir eux aussi dans l'explication de l'état de santé des individus et de s'assurer que les effets que l'on attribue aux conditions de travail et à l'origine ethnique des personnes sont bien évalués « toutes choses égales par ailleurs ». Ces variables de contrôle sont décrites ci-après.

*L'âge :* le taux de dépréciation de la santé dépend en grande partie de l'âge individuel. Supposant que le rythme de cette dépréciation peut s'accélérer avec l'âge, nous testons le caractère non linaire de cette variable.

*Le genre :* globalement, l'espérance de vie de femmes est plus longue que celle des hommes ; ainsi nous pouvons supposer qu'il existe une différence entre ces deux populations et que le taux de dépréciation de la santé des hommes est plus élevé que celui des femmes.

*Les conditions de vie :* les conditions dans lesquelles évolue l'individu sont mesurées par une variable synthétique que nous avons construite[15] et qui porte directement sur les conditions environnementales et de logement.

*L'accès aux soins :* la probabilité pour qu'un individu qui nécessite des soins se soigne effectivement et de manière appropriée dépend de plusieurs facteurs, parmi

[13] Il serait intéressant d'effectuer notre analyse en tenant compte de l'origine détaillée des immigrés. Toutefois, les faibles effectifs des immigrés selon une différenciation par origine fine ne nous permettent pas de tester une variable d'origine plus détaillée.

[14] Pour le choix de variables de contrôle nous prenons comme base le modèle de Grossman (1972).

[15] Voir l'annexe A7.

lesquels l'aisance financière de la personne (ou du ménage dans lequel elle vit), son appartenance culturelle ainsi que la proximité géographique des lieux de soins. Ainsi en plus de l'origine et des revenus, nous incluons dans nos modèles trois autres facteurs permettant d'évaluer ce niveau d'accès aux soins. Premièrement, selon Grossman (1972), qui considère la santé comme un capital, dans lequel l'individu peut « investir » via des dépenses préventives ou curatives, une augmentation du niveau d'éducation est supposée accroître l'accès aux soins. Ensuite, la capacité du ménage à payer les soins nécessaires est mesurée par le revenu du ménage par tête. Et enfin, le lieu de résidence (la région, l'appartenance de la commune à une unité urbaine) détermine la richesse de l'offre de soins et est également pris en compte dans le modèle.

*Le style de vie :* une alimentation équilibrée, la pratique d'une activité sportive régulière, l'absence de consommation de tabac et/ou d'alcool sont autant des facteurs qui agissent positivement sur la santé.

*Les dotations initiales en capital santé :* l'état de santé de l'individu au moment où il entre dans la vie active dépend bien entendu de son capital génétique ainsi que de l'environnement psychosocial et familial dans lequel se sont déroulées son enfance et son adolescence. Le contenu de l'Enquête Santé ne nous permet pas d'évaluer les conditions héréditaires de l'état de santé des individus. L'interprétation des résultats devra en tenir compte. Malgré tout, nous avons la possibilité de contrôler l'effet des conditions psychosociales et économiques de l'enfance de l'individu[16] sur son état de santé actuel.

*L'environnement psychosocial actuel :* il nous est impossible d'ignorer l'impact d'éventuels soucis matériels et/ou émotionnels. Afin de contrôler ce phénomène, nous utilisons la variable synthétique mesurant les difficultés actuelles de l'individu[17].

## 4. LES RÉSULTATS DES ESTIMATIONS

### 4.1. Les résultats principaux

Nous ne commentons pas ici tous les effets inclus dans les modèles puisqu'ils ont essentiellement pour but d'isoler au maximum le rôle spécifique des variables de pénibilité et de l'origine géographique qui font l'objet de cette étude. Les tableaux qui suivent ne synthétisent que les résultats pour ces deux variables d'intérêt. Nous renvoyons le lecteur intéressé aux annexes pour obtenir le détail de l'ensemble des résultats (tableau A3 en annexe). Notons simplement que, globalement, toutes les variables de contrôle que nous avons sélectionnées ont des effets significatifs et de signes attendus. Plus précisément, toutes choses étant égales par ailleurs, la santé d'un individu se dégrade avec l'âge de celui-ci. Un meilleur niveau d'études permet un meilleur maintien de l'état de santé, de même que des revenus plus élevés au niveau du ménage. Les conditions de vie jouent également un rôle attendu : un logement de meilleure qualité, une nourriture saine et équilibrée, ou la pratique régulière d'un sport améliorent l'état de santé, à l'inverse d'une consommation importante d'alcool ou de tabac. Les difficultés matérielles et/ou émotionnelles auxquelles aurait été exposé l'individu dans son enfance ou dans son passé récent apparaissent également comme liées de manière négative et indéniable à l'état de santé actuel, physique ou mental.

Nous nous tournons maintenant vers l'analyse des effets de la pénibilité professionnelle et de l'origine géographique sur la santé des individus.

Comme nous l'avons déjà évoqué, le risque d'endogénéité des indices de pénibilité professionnelle est potentiellement présent. Tous les modèles ont donc été estimés deux fois : une fois sans la correction de cette endogénéité et une fois en la corrigeant au moyen de variables instrumentales. Le tableau 3a fournit les résultats des

[16] Voir l'annexe A7.
[17] Voir l'annexe A7.

effets de nos variables d'intérêt (niveau de pénibilité professionnelle et indicateur d'immigration) sans la correction de l'endogénéité et le tableau 3b synthétise les résultats pour les indices de pénibilités corrigés des effets de la potentielle endogénéité. Les tests d'endogénéité mettent en évidence un phénomène intéressant : seuls les indices de pénibilité physique se révèlent endogènes[18]. La pénibilité psychologique ne semble pas être un facteur poussant les travailleurs en moins bon état de santé à s'auto-sélectionner sur des emplois moins épuisants moralement. Une explication probable de ce résultat passe par la moins bonne visibilité, surtout à court terme, des conséquences sur la santé de l'individu d'une exposition aux risques psychosociaux, contrairement à une exposition à des risques physiques. L'indice de pénibilité globale, qui synthétise les risques physiques et psychosociaux en un seul indicateur, ne révèle pas non plus d'endogénéité particulière.

Il ressort, donc, de ces estimations que la pénibilité du travail présente sans aucune ambigüité un effet néfaste pour l'état de santé des travailleurs. Qu'il s'agisse de la pénibilité globale, de la pénibilité objective ou de la pénibilité vécue, les coefficients sont systématiquement significatifs et négatifs (tableaux 3a et 3b).

L'analyse par origine géographique des travailleurs révèle que l'ampleur des effets est sensible à ce facteur. Globalement, les immigrés semblent mieux résister à des conditions de travail pénibles. Par exemple, une augmentation d'un point de l'indice[19] de pénibilité globale (modèle 1) réduit de 0,15 point l'état de santé globale dans le cas des Français de naissance et seulement de 0,05 point dans le cas des immigrés.

Toutefois, la pénibilité objective du travail (celle qui décrit la pénibilité physique, les rythmes de travail, etc.) présente des effets globalement plus importants que la pénibilité vécue (stress au travail, faible latitude décisionnelle) (modèle 2a). Une hausse de 1 point de l'indice de pénibilité objective induit une dégradation de la santé globale d'environ 0,1 point pour les travailleurs natifs français et de 0,04 pour les immigrés. Dans le même temps, une hausse similaire de la pénibilité vécue se traduit par une baisse de seulement 0,04 point pour les Français et reste sans effet pour les immigrés. Après la correction de l'endogénéité (modèle 2b), les effets négatifs de la pénibilité physique apparaissent sensiblement plus importants (0,15 contre 0,09 pour les natifs français et les immigrés respectivement). Ainsi, on constate que l'autosélection des travailleurs qui ont tendance à se diriger vers des emplois moins pénibles physiquement en cas de problèmes de santé atténue globalement les effets néfastes potentiels des conditions de travail sur l'état de santé. Si cette autosélection n'était pas possible ou rendue plus compliquée, par exemple dans une période de chômage plus intense, l'impact négatif global des conditions de travail sur la santé de l'ensemble de travailleurs serait manifestement plus important.

Le constat de la variation des effets selon que l'individu soit ou non une personne immigrée est d'autant plus intéressant que les coefficients des variables d'origine nous confirment que, de façon générale, à profil égal, la santé des immigrés est moins bonne que celle des autochtones, que l'on considère la santé physique, mentale ou l'agrégation des deux. Le fait d'être immigré réduit l'indicateur de la santé globale d'environ 3 points par rapport à un travailleur natif (modèle 1a).

Les contraintes physiques influencent négativement la santé physique des travailleurs immigrés et des natifs français (-0,02 et -0,04 respectivement (modèle 4a)). Là encore, on constate une résistance à la pénibilité objective plus élevée pour

---

[18] Pour simplifier la lecture, nous ne présentons pas les résultats des estimations avec la correction d'endogénéité de l'indice de pénibilité vécue, les tests étant non significatifs (ils sont disponibles sur demande auprès des auteurs). Les résultats des modèles 2b, 4b et 6b tiennent compte de la correction du biais d'endogénéité uniquement pour l'indice de pénibilité physique.

[19] On rappelle que les indices de pénibilité varient de 0 à 100 (100 correspondant à la pénibilité maximale).

les travailleurs immigrés. Ce phénomène se confirme également après la correction de l'endogénéité avec une augmentation des effets néfastes pour la santé (-0,07 et -0,09 respectivement (modèle 4b)). La santé mentale des travailleurs immigrés pris dans leur ensemble ne semble pas être affectée par des conditions de travail pénibles : les coefficients sont nuls dans les deux cas (Modèle 6a) et deviennent légèrement négatifs (-0,01) après la correction de l'endogénéité de la pénibilité physique (Modèle 6b), contrairement aux natifs français.

**Tableau 3a. Les effets de la pénibilité du travail et de l'origine géographique sur la santé en fonction du statut de migrant[20] (modèles non corrigés de l'endogénéité)**

| | *Santé globale* | | *Santé physique* | | *Santé mentale* | |
|---|---|---|---|---|---|---|
| | *Modèle 1a* | *Modèle 2a* | *Modèle 3a* | *Modèle 4a* | *Modèle 5a* | *Modèle 6a* |
| | | | *MMV* | | | |
| *Pénibilité Globale*Immigré* | -0,06*** | | -0,04*** | | -0,01*** | |
| *Pénibilité Globale*Français* | -0,15*** | | -0,05*** | | -0,08*** | |
| *Pénibilité objective*Immigré* | | -0,04*** | | -0,02*** | | 0,00*** |
| *Pénibilité objective*Français* | | -0,10*** | | -0,04*** | | -0,04*** |
| *Pénibilité vécue*Immigré* | | 0,00*** | | -0,03*** | | 0,00*** |
| *Pénibilité vécue*Français* | | -0,04*** | | 0,00 | | -0,06*** |
| *Origine (immigré vs français)* | -2,86*** | -2,90*** | -1,25*** | -0,85*** | -1,74*** | -2,21*** |
| *Variables de contrôle* | oui | oui | oui | oui | oui | oui |

Significativité: *0,05≤ p-value<0,1 ; ** 0,01≤ p-value<0,05; *** p-value <0,01.

**Tableau 3b. Les effets de la pénibilité du travail et de l'origine géographique sur la santé en fonction du statut de migrant (modèles corrigés pour l'endogénéité)**

| | *Santé globale* | | *Santé physique* | | *Santé mentale* | |
|---|---|---|---|---|---|---|
| | *Modèle 1b* | *Modèle 2b* | *Modèle 3b* | *Modèle 4b* | *Modèle 5b* | *Modèle 6b* |
| | | | *MMV VI* | | | |
| *Pénibilité Globale*Immigré* | -0,10*** | | -0,09*** | | 0,00*** | |
| *Pénibilité Globale*Français* | -0,20*** | | -0,11*** | | -0,03*** | |
| *Pénibilité objective*Immigré* | | -0,09*** | | -0,07*** | | -0,01*** |
| *Pénibilité objective*Français* | | -0,15*** | | -0,09*** | | -0,04*** |
| *Pénibilité vécue*Immigré* | | 0,00*** | | -0,03*** | | 0,00*** |
| *Pénibilité vécue*Français* | | -0,04*** | | 0,00*** | | -0,06*** |
| *Origine (immigré vs français)* | -2,84*** | -2,83*** | -1,24*** | -0,79*** | -1,75*** | -2,22*** |
| *Variables de contrôle* | oui | oui | oui | oui | oui | oui |
| *Test d'endogénéité / Wald* | 0,00 | 3,76** | 0,00 | 272,2*** | 0,00 | 14,8*** |

Significativité : *0,05≤ p-value<0,1 ; ** 0,01≤ p-value<0,05; *** p-value <0,01.

L'examen des résultats par origine ethnique (tableaux 4a et 4b) met en évidence quelques différences entre les travailleurs immigrés eux-mêmes. Toutes choses égales par ailleurs, les Européens et l'ensemble des travailleurs nord-africains sont globalement en moins bonne santé que les autochtones (modèles 7a, 7b et 8a, 8b), toutefois avec des écarts moins importants pour les premiers (-1,5 et -5,0 respectivement). Si

[20] Par statut de migrant, on entend simplement différencier les migrants des non-migrants, sans référence à l'origine géographique précise.

l'on s'intéresse uniquement à la santé physique (modèles 9a, 9b et 10a, 10b), les Européens affichent des résultats légèrement meilleurs que les autochtones eux-mêmes (+0.2) alors que les Maghrébins se situent à des niveaux plus faibles que ces derniers (-2,5). Sur le plan de la santé mentale enfin, les résultats sont moins bons par rapport aux Français de naissance pour tous les groupes d'immigrés avec des différences toutefois plus faibles entre eux (-1.6 pour les Européens et -2,2 pour les Maghrébins) (modèles 11a, 11b et 12a, 12b).

**Tableau 4a. Les effets de la pénibilité du travail et de l'origine géographique sur la santé (modèles non corrigés de l'endogénéité) (*immigrés selon la région de naissance versus français de naissance*)**[21]

| | | *Santé globale* | | *Santé physique* | | *Santé mentale* | |
|---|---|---|---|---|---|---|---|
| | | *Modèle 7a* | *Modèle 8a* | *Modèle 9a* | *Modèle 10a* | *Modèle 11a* | *Modèle 12a* |
| | | | | *MMV* | | | |
| *Pénibilité Globale *Origine* | *Europe* | -0,13*** | | -0,07*** | | -0,03*** | |
| | *Maghreb* | 0,07*** | | -0,01*** | | 0,07*** | |
| | *France* | -0,15*** | | -0,05*** | | -0,08 | |
| *Pénibilité objective *Origine* | *Europe* | | -0,08*** | | -0,05*** | | -0,02*** |
| | *Maghreb* | | 0,03*** | | 0,00* | | 0,05*** |
| | *France* | | -0,10*** | | -0,04*** | | -0,04*** |
| *Pénibilité vécue *Origine* | *Europe* | | -0,04*** | | -0,03** | | -0,02*** |
| | *Maghreb* | | 0,07*** | | -0,03*** | | 0,03*** |
| | *France* | | -0,04*** | | 0,00** | | -0,06*** |
| *Origine (immigré vs français)* | *Europe* | -1,48*** | -1,39*** | 0,14*** | 0,38*** | -1,60*** | -1,89*** |
| | *Maghreb* | -5,03*** | -5,30*** | -2,55*** | -2,07*** | -2,14*** | -2,74*** |
| *Variables de contrôle* | | oui | oui | oui | oui | oui | oui |

Les variations selon l'origine sont également importantes en matière d'effets de la pénibilité professionnelle sur la santé. De ce point de vue, les résultats révèlent que les Européens ne répondent pas à la pénibilité d'une manière fondamentalement différente de celle des natifs français. De leur côté, les Maghrébins présentent une résistance nettement plus forte aux différents types de contraintes. La correction de l'endogénéité de la pénibilité physique se traduit de nouveau par une augmentation des effets négatifs sur la santé.

Nous avons testé également le caractère non linéaire des effets de la pénibilité professionnelle sur l'état de santé. Compte tenu des nombreux effets croisés, le commentaire des coefficients s'avère difficile. Ainsi, nous avons opté pour une présentation graphique des effets marginaux des différents types de pénibilité présentés dans le tableau A4 en annexe. L'introduction des effets quadratiques dans nos estimations ne modifie pas l'idée générale, à savoir l'existence d'un effet néfaste de la pénibilité professionnelle sur l'état de santé et une meilleure résistance des personnes d'origine étrangère à celle-ci. La plus-value de l'introduction des indices de pénibilité au carré consiste principalement à démontrer que les effets marginaux négatifs augmentent avec une exposition prolongée et intense à la pénibilité professionnelle. Les coefficients des carrés des indices de pénibilité sont négatifs (tableau A4). Ainsi, les résultats mettent en évidence le fait que, quel que soit le type de pénibilité, une exposition

[21] Afin d'alléger les tableaux 4a et 4b, nous n'avons pas rapporté les coefficients pour la modalité « reste du monde » de la variable *Origine*. Le lecteur pourra les retrouver dans l'annexe.

prolongée à des risques professionnels élevés accélère le processus de dégradation de l'état de santé des travailleurs. Notons que, de façon systématique, ce phénomène est nettement plus important chez les natifs français que chez les immigrés, avec des écarts plus marqués dans le cas de la pénibilité vécue. Ainsi, en matière de santé, les immigrés affichent une résistance plus forte que les Français d'origine face à des conditions de travail pénibles physiquement (graphique 3a en annexe), mais cette résistance est encore plus prononcée vis-à-vis des risques psychosociaux (graphique 5a). L'une des explications possibles de ce résultat peut résider dans un effet d'autosélection positive dans le processus migratoire.

**Tableau 4b. Les effets de la pénibilité du travail et de l'origine géographique sur la santé**
***(immigrés selon la région de naissance versus français de naissance – modèles corrigés de l'endogénéité)***

| | | *Santé globale* | | *Santé physique* | | *Santé mentale* | |
|---|---|---|---|---|---|---|---|
| | | *Modèle 7b* | *Modèle 8b* | *Modèle 9b* | *Modèle 10b* | *Modèle 11b* | *Modèle 12b* |
| | | | | *MMV VI* | | | |
| *Pénibilité Globale *Origine* | *Europe* | -0,18*** | | -0,12*** | | -0,02*** | |
| | *Maghreb* | 0,03*** | | -0,06*** | | 0,09*** | |
| | *France* | -0,20*** | | -0,11*** | | -0,03*** | |
| *Pénibilité objective *Origine* | *Europe* | | -0,13*** | | -0,09*** | | -0,01*** |
| | *Maghreb* | | -0,02*** | | -0,05*** | | 0,05*** |
| | *France* | | -0,16*** | | -0,09*** | | -0,03*** |
| *Pénibilité vécue *Origine* | *Europe* | | -0,04*** | | -0,03*** | | -0,02*** |
| | *Maghreb* | | 0,07*** | | -0,03*** | | 0,03*** |
| | *France* | | -0,04*** | | 0,00* | | -0,06*** |
| *Origine (immigré vs français)* | *Europe* | -1,45*** | -1,34*** | 0,19*** | 0,45*** | -1,65*** | -1,89*** |
| | *Maghreb* | -4,99*** | -5,22*** | -2,49*** | -1,92*** | -2,21*** | -2,74*** |
| *Variables de contrôle* | | oui | oui | oui | oui | oui | oui |
| *Tests d'endogénéité* | *p-value* | 1,00 | 0,04 | 1,00 | <,01 | 1,00 | <,01 |

Si l'on étudie les effets par origine, on remarque une certaine similitude du degré de résistance à la pénibilité entre les natifs français et les immigrés européens. Quant aux travailleurs maghrébins, ils affichent une meilleure résistance à la pénibilité par rapport aux Français de naissance mais aussi par rapport aux travailleurs européens et à l'ensemble des immigrés.

Ainsi, pour résumer l'ensemble des résultats, il apparaît que les travailleurs immigrés au moment de l'enquête ont un capital santé plus faible que celui des Français de naissance mais que, contrairement à ces derniers, ils affichent une meilleure résistance à la pénibilité. Si les deux groupes de travailleurs avaient accès à des conditions de travail identiques, il est donc probable que l'on assisterait avec le temps à une convergence des indicateurs de santé entre les deux populations, avec même probablement de meilleurs résultats pour les immigrés si les tendances observées ici se maintenaient. En d'autres termes, la plus forte concentration des immigrés dans les emplois plus pénibles tend à expliquer l'infériorité persistante de leurs indicateurs de santé.

## 4.2. Pouvoir explicatif des variables d'intérêt

Nous avons souhaité mesurer le pouvoir explicatif des variables d'intérêt par rapport à d'autres déterminants de l'état de santé individuel. Pour ce faire, nous mesurons la part de diminution de la déviance[22] ($R_D^2$)[23] après l'introduction des indices de pénibilité et des variables d'origine dans le modèle vide (tableau 5) :

$$R_D^2 = \frac{D_0 - D_{estimé}}{D_{estimé}}$$

où $D_0$ est la déviance du modèle vide comportant uniquement la constante et $D_{estimé}$ est la déviance du modèle estimé.

**Tableau 5. Le pouvoir explicatif des variables « pénibilité » et « origine géographique »**

| | *Effets linéaires (modèles 1-2)* | | *Effets non linéaires (modèles 13-14)* | |
|---|---|---|---|---|
| | *Pouvoir explicatif par rapport au modèle vide (%)* | *% du pouvoir explicatif du modèle complet* | *Pouvoir explicatif par rapport au modèle vide (%)* | *% du pouvoir explicatif du modèle complet* |
| *Modèle avec :* | | | | |
| *Pénibilité Globale* | 2,18 | 10,79 | 2,60 | 12,80 |
| *Origine* | 0,09 | 0,45 | 0,09 | 0,45 |
| *Pénibilité Globale et Origine* | 2,29 | 11,34 | 2,71 | 13,36 |
| *Modèle complet (1 ou 13)* | 20,18 | 100 | 20,28 | 100 |

Globalement, le pouvoir explicatif des modèles estimés est d'environ 20%. Ainsi, malgré la significativité systématique des coefficients de la variable décrivant l'origine géographique des travailleurs, le pouvoir explicatif de cette dernière est relativement faible (moins de 1% du pouvoir explicatif du modèle complet). Par contre, la pénibilité professionnelle (globale ou scindée dans ses deux aspects) explique une partie importante de la variance et son pouvoir explicatif est le plus élevé lorsqu'on tient compte des effets non linéaires de la pénibilité sur l'état de santé. Par exemple, la pénibilité professionnelle globale représente à elle seule 12,8% du pouvoir explicatif du modèle complet (contre donc 1% pour l'origine géographique).

### 4.3. Robustesse des résultats

L'échantillon que nous avons utilisé pour notre analyse est composé des individus qui sont soit en emploi au moment où l'enquête a été réalisée, soit ne sont plus en emploi mais ont travaillé dans le passé. Afin de savoir quel serait l'effet de l'inclusion des anciens travailleurs sur les résultats, nous avons réestimé nos modèles sur un sous-échantillon retenant uniquement les personnes en emploi au moment de l'enquête. Une synthèse[24] des résultats est présentée dans le tableau A6 en annexe. Ainsi, hormis le fait que les effets néfastes de la pénibilité sur la santé sont plus importants, tant pour les natifs français que pour les immigrés, ces nouveaux résultats confirment les conclusions générales : les effets des conditions de travail sur la santé sont systématiquement significatifs et négatifs, les immigrés montrent une meilleure résistance

[22] La déviance compare les statistiques du logarithme de la vraisemblance entre le modèle « saturé » qui s'ajusterait parfaitement aux données ($logV_{saturé} = 0$) et le modèle estimé ($logV_{estimé}$) : $D = -2(logV_{estimé} - logV_{saturé}) = -2logV_{estimé}$. Notons que plus la déviance est faible plus le modèle se révèle bon pour prédire la variable dépendante.

[23] L'indice de variation de la déviance ($R_D^2$) présente une analogie forte avec le coefficient de détermination $R^2$ obtenu dans le cadre d'un modèle estimé par les moindres carrés ordinaires.

[24] L'ensemble des résultats est disponible sur demande aux auteurs.

à la pénibilité et les travailleurs ont tendance à s'auto-sélectionner en fonction uniquement du niveau de la pénibilité physique (dont l'indicateur est endogène contrairement à celui de la pénibilité psychologique).

### 4.4. Pertinence temporelle des résultats

En se référant aux données du dernier recensement de population (2017), on constate que malgré la récente crise des réfugiés en Europe le profil moyen d'un immigré français reste relativement stable depuis les années 2000. L'âge moyen des immigrés de plus de 18 ans, actifs ou anciens actifs (notre champ d'analyse), est de 48 ans. Les femmes représentent 48% de l'échantillon global et 65% des immigrés ont un niveau d'éducation inférieur au baccalauréat. En revanche, la composition des stocks selon l'origine géographique s'est modifiée, notamment avec la baisse de la part des immigrés originaires des pays d'Europe, même si cette proportion reste encore très importante (38,6% contre 48,6% dans l'enquête santé). Cette diminution peut en partie être imputée aux migrations de retour au moment de la retraite, phénomène qui caractérise tout particulièrement les immigrés originaires d'Europe du Sud (Domingues Dos Santos et Wolff, 2010). De même, une autre partie de l'explication peut venir des décès d'anciens migrants, qui ne sont pas complètement remplacés par de nouveaux flux en provenance de ces pays. De son côté, la part des immigrés en provenance du Maghreb a légèrement augmenté (29,6% contre 25,5 dans notre échantillon). Il est intéressant de remarquer les évolutions concernant la situation des immigrés sur le marché du travail. On constate, en effet, plutôt une dégradation des conditions d'emploi sur la période récente : le taux de chômage s'affiche à 22,6% aujourd'hui pour l'ensemble des immigrés de notre champ d'analyse et atteint même 29,4% pour les ressortissants d'Afrique du Nord. La part des contrats à temps partiel est montée à 21% et, malgré une légère augmentation du niveau d'éducation moyen des immigrés actuellement présents en France, leur surconcentration sur les emplois non qualifiés a augmenté en moyenne de quatre points de pourcentage. Ainsi, la qualification des postes occupés par les immigrés n'augmente pas en proportion de leur niveau d'éducation puisque les freins à l'entrée du marché du travail restent nombreux pour ces populations, obligeant toujours une large partie des immigrés à accepter des postes moins qualifiés, plus précaires et plus pénibles (OCDE, 2016 ; Ukrayinchuk et Chojnicki, 2020).

Compte tenu de la stabilité du profil des immigrés en France, les conclusions auxquelles nous sommes parvenues dans cet article sur des données du début des années 2000 restent probantes pour la période actuelle. Notons toutefois, que, compte tenu de l'aggravation de la surconcentration des immigrés sur les emplois associés à une pénibilité et étant donné la probabilité de subir un déclassement professionnel (Ukrayinchuk et Chojnicki, 2020) plus important depuis l'explosion de la pandémie du Covid-19 (OCDE, 2020), les questions soulevées dans cet article semblent encore plus pertinentes pour la période actuelle et nos résultats délivrent des enseignements utiles pour les périodes futures.

## CONCLUSION

L'objectif de cet article était d'évaluer l'effet causal de la pénibilité du travail, aussi bien physique que psychologique, sur l'état de santé des travailleurs immigrés. Cette analyse a permis de souligner le fait que, d'une façon générale, au moment de l'enquête et après un certain nombre d'années de séjour en France l'état de santé des travailleurs immigrés est moins bon que celui des autochtones au profil comparable.

Du côté du marché du travail, pour les immigrés par rapport aux natifs français, le plus faible niveau général de qualification ainsi qu'une faible transférabilité des compétences pré-migratoires – combinée à la plus faible qualification des emplois occupés – justifient la plus grande pénibilité observée (notamment la pénibilité physique). Les immigrés sont non seulement plus exposés à la pénibilité dite objective mais cette exposition dure aussi plus longtemps puisqu'une partie plus importante de leur carrière se déroule dans ces conditions difficiles. De plus, les immigrés sont relativement plus concentrés dans les emplois aux tâches monotones avec une très faible latitude décisionnelle et peu de possibilités d'épanouissement personnel dans le milieu professionnel.

Nos résultats indiquent aussi que la pénibilité du travail a un effet négatif sur l'état de santé des individus et que cet effet est variable selon l'origine des travailleurs. Les immigrés semblent résister mieux que les Français de naissance à tous les types de pénibilité et tout particulièrement à la pénibilité psychologique. De ce fait, si la distribution des emplois des immigrés selon le degré de pénibilité était équivalente à celle des natifs français, on pourrait donc a priori observer une convergence dans le temps entre les états de santé des immigrés et des Français d'origine. Les résultats pour les populations immigrées pourraient même être meilleurs que ceux des natifs français dans le cas d'expositions relativement importantes et durables à la pénibilité puisque leur résistance semble meilleure. Nos données ne permettent pas de contrôler l'état de santé des immigrés à leur arrivée en France et donc de statuer sur l'existence ou l'absence d'un « healthy migrant effect ». Cependant, ce résultat d'une meilleure résistance à la pénibilité irait dans le sens d'une autosélection positive à l'entrée dans le pays. La prise en compte de l'endogénéité des indices de pénibilité met en évidence le fait que les travailleurs en moins bonne santé ont tendance à s'auto-sélectionner sur les emplois moins pénibles physiquement uniquement. L'exposition aux risques psychosociaux, probablement du fait d'une moindre visibilité de leurs conséquences sur la santé et d'une période de latence plus importante avant l'apparition des effets, est négligée au moment de l'accès à l'emploi. Après la correction de l'endogénéité, les effets négatifs de la pénibilité physique sont sensiblement plus importants, ce qui signifie que l'autosélection des travailleurs qui ont tendance à se diriger vers des emplois moins pénibles physiquement en cas de problèmes de santé atténue globalement les effets néfastes. Si cette autosélection n'était pas possible ou rendue plus compliquée (par un taux de chômage plus élevé par exemple), l'impact négatif global sur la santé de l'ensemble de travailleurs serait plus important. Du fait d'une concentration plus forte des travailleurs immigrés dans les emplois plus pénibles, pour un profil socioéconomique donné, les mauvaises performances en matière de santé sont visibles dans le temps, ce qui va dans le sens de l'effet du migrant épuisé (« exhausted migrant effect »).

Il serait également intéressant d'évaluer l'ampleur d'un potentiel « salmon effect » sur nos résultats mais nos données ne le permettent pas. Cependant, si l'existence de flux de retour importants parmi les immigrés en mauvaise santé se confirmait, cela voudrait dire que nos statistiques sont en réalité amputées de cette population, qui devient invisible du fait de son retour. On pourrait alors estimer que ce serait partiellement grâce à cela que les scores de santé des populations immigrées se maintiennent à peu près à flot même s'ils demeurent inférieurs à ceux des individus nés sur place notamment du fait de conditions de travail plus pénibles dans les postes qu'ils occupent. Si l'on rejette l'hypothèse qu'il existe un effet de retour (« salmon effect »), alors les scores observés dans nos résultats doivent être au contraire considérés comme reflétant la réalité dans son ensemble, c'est-à-dire non amputée d'une partie critique de la population. Si à l'inverse ces migrants en mauvaise santé ne rentraient pas dans leur pays, alors ils viendraient grossir les rangs des migrants affectés de troubles de santé et l'on constaterait des scores de santé a priori encore plus mauvais parmi la population d'immigrés ce qui aurait tendance à amplifier l'effet du migrant épuisé.

## RÉFÉRENCES


**Abord de Chatillon E., Bachelard O. et Moscarola J.**, 2006, Conditions de travail et nouvelles pathologies : des contingences sectorielles et personnelles, *Management et avenir*, 10, 101-114.

**Acevedo-Garcia D., Bates L.M., Osypuk T.L., McArdle N.**, 2010, The Effect of Immigrant Generation and Duration on Self-Rated Health among US Adults 2003-2007, *Social Science et Medicine,* 71 (6), 1161-72.

**Afsa C., Givord P.**, 2009, Le rôle des conditions de travail dans les absences pour maladie : le cas des horaires irréguliers, *Économie et Prévision,* 1 (187), 83-103.

**Andreeva V.V., Unger J.B., Yaroch A.L., Cockburn M.G., Baezconde-Garbanati L., Reynolds K.D.**, 2009, Acculturation and Sun-safe Behaviors among US Latinos: Findings from the 2005 Health Information National Trends Survey, *American Journal of Public Health*, 99 (4), 734-741.

**Attias-Donfut C., Tessier Ph.**, 2005, Santé et vieillissement des immigrés, *Retraites et société*, 3 (461), 89-129.

**Barbieri P.N.**, 2016, *The Heterogeneity in Immigrants Unhealthy Assimilation*, MPRA Papers, Munich.

**Barnay T., Jusot F.**, 2018 : *Travail et Santé*, Paris, Presses de Sciences Po.

**Barnay T., Sauze D., Sultan-Taïeb H.**, 2010, La santé au travail, une préoccupation multiforme pour les économistes, *Revue française des affaires sociales*, 4 (4), 7-25.

**Beckhusen J., Florax R.J., Poot J., Waldorf B.S.**, 2013, Attracting global talent and then what? Overeducated immigrants in the United States, *Journal of Regional Science*, 53, 834-854.

**Berchet C., Jusot F.**, 2010, L'état de santé des migrants de première et de seconde génération en France. Une analyse selon le genre et l'origine, *Revue économique*, 61 (6), 1075-1098.

**Berk M.L., Schur C.L., Chavez L.R., Frankel M.**, 2000, Health Care Use among Undocumented Latino Immigrants, *Health Affairs*, 19 (4), 51–64.

**Blanc M.E., Monnais-Rousselot L.**, 2007, Culture, immigration et santé, la consommation de médicaments chez les Vietnamiens de Montréal, *Revue européenne des migrations internationales,* 23 (3), 151-176.

**Bollini P., Siem H.**, 1995, *No Real Progress Towards Equity: Health of Migrants and Ethnic Minorities on the Eve of the Year 2000, Social Science et Medicine*; 41 (6), 819–828.

**Boulogne R, Jougla E., Breem Y, Kunst A., Rey G.**, 2012, Mortality Differences between the Foreign-Born and Locally-Born Population in France (2004–2007), *Social Science et Medicine*, 74 (8), 1213-1223.

**Bué J., Coutrot T., Guignon N., Sandret N.**, 2008, Les facteurs de risques psychosociaux au travail, une approche quantitative par l'enquête Sumer, *Revue française des affaires sociales*, 2 (2-3), 45-70.

**Chiswick B., Miller P.**, 2008, Occupational attainment and immigrant economic progress in Australia, *The economic Record*, 84, 545-556.

**Constant A.F., Garcia-Muno T., Neuman S., Neuman T.**, 2018, A 'Healthy Immigrant Effect' or a 'Sick Immigrant Effect'? Selection and Policies Matter, *European Journal of Health Economics*, 19 (1), 103-121.

**Combes S., Simonnot N., Azzedine F., Aznague A., Chauvin P.**, 2019, Self-Perceived Health among Migrants Seen in Médecins du Monde Free Clinics in Europe: Impact of Length of Stay and Wealth of Country of Origin on Migrants' Health, *International Journal of Environment Research and Public Health*, 16(24), 4878.

**Coutrot, T., Davie, E.**, 2014, Les conditions de travail des salariés dans le secteur privé et la fonction publique, *DARES Analyses,* 102, 1-8.

**Delavari M., Sonderlund A.L., Swinburn B., Mellor D., Renzaho A.** ,2013, Acculturation and Obesity among Migrant Populations in High Income Countries - a Systematic Review, *BMC Public Health,* 13 (1), 1-11.

**Domnich A., Panatto D., Gasparini D., Amicizia D.**, 2012, The "Healthy Immigrant" Effect: Does it Exist in Europe Today, *Italian Journal of Public Health*, 9 (3), e7532, 1-7.

**Domingues Dos Santos M., Wolff F.C.**, 2010, Pourquoi les immigrés portugais veulent-ils tant retourner au pays ? *Économie et prévision*, n°195-196, 1-14.

**Farré L.**, 2016, New Evidence on the Healthy Immigrant Effect, *Journal of Population Economics*, 29 (2), 365-394.

**Fortin N., Lemieux T., Torres J.**, 2016, Foreign human capital and the earnings gap between immigrants and Canadian-born workers, *Labour Economics,* 41, 104–119.

**Freeman R.B., Kleiner M.M.**, 2000, Who Benefits Most from Employee Involvement: Firms or Workers? *American Economic Review*, 90 (2), 219-223.

**Galanis P., Sourtzi P., Bellali T., Theodorou M., Karamitri I., Siskou O., Charalambous G., Kaitelidou D**., 2013, Public Health Services Knowledge and Utilization among Immigrants in Greece: a Cross-Sectional Study, *BMC Health Services Research*, 13 (1), 1-8.

**Gimeno-Feliu L.A., Calderón-Larrañaga A., Diaz E., Poblador-Plou B., Macipe-Costa R., Prados-Torres A.**, 2015, The healthy migrant effect in primary care, *Gaceta Sanitaria*, 29 (1), 15-20.

**Giuntella O., Stella L.**, 2017, The Acceleration of Immigrant Unhealthy Assimilation, *Health Economics*, 26 (4), 511-518.

**Goel M.S, McCarthy E.P., Phillips R.S., Wee C.C.**, 2004, Obesity among US Immigrant Subgroups by Duration of Residence, *Journal of the American Medical Association*, 292 (23), 2860-2867.

**Gollac M.**, 2005, L'intensité du travail, forme et effets, *Revue économique*, 56 (2), 195-216.

**Gomez P.T., Chevallet R.**, 2011, Impacts des technologies de l'information sur la santé au travail, *Revue française de gestion*, 5 (214), 107-125.

**Gotsens M., Malmusi D., Villaroel N., Vives-Cases C., Garcia-Subirats I., Hernando C., Borrell C.**, 2015, Health inequality between immigrants and natives in Spain: the loss of the healthy immigrant effect in times of economic crisis, *European Journal of Public Health*, 25 (6), 923-929.

**Grossman M.**, 1972, On the Concept of Health Capital and the Demand for Health, *The Journal of Political Economy*, 80 (2), 223-255.

**Greenwood M.J.**, 1985, Human Migration: Theory, Models and Empirical Studies, *Journal of Regional Science*, 25 (4), 521-544.

**Gubernskaya Z.**, 2014, Age at Migration and Self-Rated Health Trajectories after Age 50: Understanding the Older Immigrant Health Paradox, *The journals of Gerontology: series B*, 70 (2), 279-290.

**Guerin P.J., Vold L., Aavitsland P.**, 2005, Communicable Disease Control in a Migrant Seasonal Workers Population: À Case Study in Norway, *Euro Surveillance*, 10 (3), 48–50.

**Gushulak B., MacPherson D.W.**, 2000, Health Issues Associated with the Smuggling and Trafficking of Migrants, *Journal of Immigrant Health*, 2 (2), 67–78.

**Héas F.**, 2005, La définition juridique de la pénibilité au travail, *Travail et Emploi*, n° 104.

**Helgesson M., Johansson B., Nordquist T., Vingard E., Svartengren M.**, 2019, Healthy migrant effect in the Swedish context: a register-based, longitudinal cohort study, *BMJ Open, Public health Research*, vol 9(3).

**Heuveline P, Guillot M., Gwatkin D.R.**, 2002, The Uneven Tides of the Health Transition, *Social Science and Medicine*, 55, 313–322.

**Hirsch B., Jahn E.J., Toomet O., Hochfellner D.**, 2014, Do better pre-migration skills accelerate immigrants' wage assimilation?, *Labour Economics*, 30, 212 22.

**Hugrée C., Penissat E., Spire A.**, 2019, Les conditions de travail : un marqueur des inégalités entre groupes socioprofessionnels en Europe, *Revue européenne des sciences sociales*, 57-2(2), 163-190.

**Ichou M., Wallace M.**, 2019, The Healthy Immigrant Effect: The role of educational selectivity in the good health of migrants, *Demographic Research*, vol 40, 61-94.

**Jenkins C., Le T., McPhee Stephen S., Stewart Susan S., Ha N.T.**, 1996, Health Care Access and Preventive Care among Vietnamese Immigrants: Do Traditional Beliefs and Practices Pose Barriers?, *Social Science et Medicine*, 43 (7), 1049-1056.

**Jusot F., Silva J., Dourgnon P., Sermet C.**, 2008, La santé perçue des immigrés en France, une exploitation de l'Enquête décennale santé 2002-2003, *Questions d'économie de la santé IRDES*, n°133.

**Jusot F., Dourgnon P., Wittwer J., Sarhiri J.**, 2019, Le recours à l'Aide médicale de l'État des personnes en situation irrégulière en France : premiers enseignements de l'enquête Premier pas, *Questions d'économie de la Santé*, n° 245.

**S. Kennedy, McDonald J.T.**, 2004, Insights into the 'Healthy Immigrant Effect': Health Status and Health Service Use of Immigrants to Canada, *Social Science and Medicine*, n°59, 1613–1627.

**Kennedy S., McDonald J.T., Biddle N.**, 2006, The Healthy Immigrant Effect and Immigrant Selection: Evidence from Four Countries, *SEDAP research paper*, n°164.

**Khlat M., Darmon M.**, 2003, Is there a Mediterranean Migrants Mortality Paradox in Europe? *International Journal of Epidemiology*, 32, 1115-1118.

**Khlat M., Sermet C., Laurier D.**, 1998, La morbidité dans les ménages originaires du Maghreb, sur la base de l'enquête Santé de l'Insee, 1991-1992, *Population*, n°53-6, 1155-1184.

**Kuerban A.**, 2016, Healthy Migrant Effect on Smoking Behavior among Asian Immigrants in the United States, *Journal of Immigrant and Minority Health*, 18 (1), 94-101.

**Kullgren J.T.**, 2003, Restrictions on Undocumented Immigrants' Access to Health Services: The Public Health Implications of Welfare Reform, *American Journal of Public Health*, 93 (10), 1630–1633.

**Lasfargues G.**, 2005, L'usage des connaissances scientifiques sur le travail et ses risques à long terme pour la santé, Rapport de recherche, Centre d'Etudes de l'Emploi en convention avec CREAPT.

**Ledoux C., Pilot E, Diaz E., Krafft T.**, 2018, Migrants' access to healthcare services within the European Union: a content analysis of policy documents in Ireland, Portugal and Spain, *Global Health,* 14 (1) : 57.

**Lu Y., Qin L.**, 2014, Healthy Migrant and Salmon Bias Hypotheses: a Study of Health and Internal Migration in China, *Social Science and Medicine*, 102 (C), 41-48.

**Lutsey P.L., Diez Roux A.V., Jacobs D.R., Burke G.L., Harman J., Shea S., Folsom A.R.**, 2008, Associations of Acculturation and Socioeconomic Status with Subclinical Cardiovascular Disease in the Multi-Ethnic Study of Atherosclerosis, *American Journal of Public Health*, 98 (11), 1963-1970.

**Mignon D., Jusot F.**, 2020, Inégalités des chances dans le recours aux soins des jeunes adultes en France, *Économie et Statistiques*, n°514-515-516, 157-175.

**Moullan Y., Jusot F.**, 2014, Why is the 'Healthy Immigrant Effect' Different between European Countries?, *European Journal of Public Health*, 24 (1), 80–86.

**Moyce S.C., Schenker M.**, 2018, Migrant Workers and Their Occupational Health and Safety, *Annual Review of Public Health*, 39:1, 351-365.

**Nawata K., Nagase N.** , 1996, Estimation of Sample Selection Bias Models, *Econometric Review,* 15 (4), 387-400.

**Norredam M., Agyemang C., Hoejbjerg Hansen O., Petersen J., Byberg S., Krasnik A., Kunst A.**, 2014, Duration of Residence and Disease Occurrence among Refugees and Family Reunited Immigrants: Test of the 'Healthy Migrant Effect' Hypothesis, *Tropical Medicine et International Health*, 19 (8), 958-967.

**OCDE**, 2016, Perspectives des migrations internationales 2016, Éditions OCDE, Paris.

**OCDE**, 2020, Perspectives des migrations internationales, Éditions OCDE, Paris,

**O'Donnell C.A.**, 2016, Reducing the Health Care Burden for Marginalized Migrants: The Potential Role for Primary Care in Europe, *Health Policy*, 120 (5), 495-508.

**O'Donovan A.M.**, 2006, Immigrant Workers and Workers' Compensation after Hoffman Plastic Compounds, *Review of Law et Social Change*, 30 (2), 299–324.

**Ortega A.N., Fang H., Perez V.H., Rizzo J.A., Pakras-Carter O., Wallace S.P., Gelberg L.**, 2007, Health Care Access, Use of Services, and Experiences among Undocumented Mexicans and other Latinos, *Archives of Internal Medicine*, 167 (21), 2354–2360.

**Park Y., Neckerman K.M., Quinn J., Weiss C., Rundle A.**, 2008, Significance of Place of Birth and Place of Residence and their Relationship to BMI among Immigrant Goups in New York City, *International Journal of Behavioral Nutrition and Physical Activity*, 5(19), 1–35.

**Piotet F.**, 2011, Le piège de la souffrance au travail, *Revue Projet*, 323, 23-31.

**Potarca G., Bernardi L.**, 2018, The (un)healthy migrant effect; the role of legal status and naturalization timing, in Tillmann R., Voorpostel M., Farago P. (Eds.), *Social Dynamics in Swiss Society*, Springer, 79-93.

**Pug A.J.**, 2017, *Beyond the Cubicle: Job Insecurity, Intimacy and the Flexible Self*, New York: Oxford University Press.

**Salas-Wright C.P., Vaughn M.G., Goings T.C., Miller D.P., Schwartz S.J.**, 2018, Immigrants and mental disorders in the united states: New evidence on the healthy migrant hypothesis, *Psychiatry Research*, 267, 438-445

**SAS**, 2016, SAS/ETS® 14.2 User's Guide, SAS Institute Inc., Cary, NC, USA.

**Siguoin N.**, 2007, Attitudes et perceptions des médecins par rapport à leur expérience de suivi prénatal de femmes "sans papiers" ainsi que l'impact perçu de ce statut sur la santé des femmes, Université de Montréal Press.

**Scott P.**, 2004, Undocumented Migrants in Germany and Britain: The Human "Rights" and "Wrongs" Regarding Access to Health Care, *Electronic Journal of Sociology*, Tier two, 1–34.

**Schneider D., Harknett K.**, 2019, Consequences of Routine Work-Schedule Instability for Worker Health and Well-Being, *American Sociological Review*; 84(1), 82-114.

**Stipkova M.**, 2016, Immigrant Disadvantage or the Healthy Immigrant Effect? Evidence about Low Birth Weight Differences in the Czech Republic, *European Journal of Public Health*, 26(4), 662-666.

**Syse A., Strand B., Naess O., Steingrímsdóttir O., Kumar B.**, 2016, Differences in All-Cause Mortality: A Comparison between Immigrants and the Host Population in Norway 1990-2012, *Demographic Research*, 34, 615-655.

**Theorell T.**, 2020, Working Condition and health, dans Berkman L.F., Kawachi I., *Social Epidemiology*, Oxford University Press.

**Ukrayinchuk N., Chojnicki X.**, 2020, Le rôle du capital humain prémigratoire dans l'intégration économique des immigrés en France : compétences métier vs compétences transversales, *Population*, vol. 75(2-3), 325-357.

**Uniken-Venema H.P., Garretsen H.F.L., Van Dermaas P.J.**, 1995, Health of Migrants and Migrant Health Policy, The Netherlands as an Example, *Social Science and Medicine*, 41(6), 809-818.

**Wallace M., Khlat M., Guillot M.**, 2019, Mortality advantage among migrants according to duration of stay in France, 2004-2014, *BMC Public Health*, 19:327.

**Wolff H., Stalder H., Epiney M., Walder A., Irion O., Morabia A.**, 2005, Health care and illegality: A survey of undocumented pregnant immigrants in Geneva, *Social Science et Medicine*, 60 (9), 2149–2154.

**Yilmaz Y.**, 2006, Pénibilité au travail : évaluation statistique, Centre d'Étude de l'Emploi, Document de travail N°55.

# ANNEXES

## Tableau A1. Profil socioéconomique des travailleurs natifs français et immigrés

| | | *Français de naissance* | *Immigrés* | *Européens* | *Maghrébins* |
|---|---|---|---|---|---|
| *Effectif* | *nb* | 17572 | 1398 | 680 | 357 |
| | *%* | | 100,00 | 48,64 | 25,53 |
| *Taux dans la population totale* | *%* | 92,63 | 7,37 | 3,58 | 1,88 |
| *Femmes* | *%* | 50,46 | 46,99 | 50,87 | 37,76 |
| *25-39 ans* | *%* | 30,63 | 32,92 | 24,85 | 37,75 |
| *60 ans et plus* | *%* | 24,63 | 20,51 | 31,61 | 11,56 |
| *Âge moyen* | *nb* | 47,28 | 47,23 | 52,42 | 43,51 |
| *Inférieur au BAC* | *%* | 65 | 70,78 | 73,75 | 80,24 |
| *Diplôme supérieur* | *%* | 10,54 | 13,28 | 12,11 | 7,84 |
| *Cadres* | *%* | 13,12 | 13,22 | 14,83 | 8,25 |
| *Ouvriers qualifiés* | *%* | 16,02 | 22,78 | 25,12 | 24,24 |
| *Ouvriers non qualifiés* | *%* | 9,54 | 16,22 | 12,3 | 24,4 |
| *Secteur public* | *%* | 25,22 | 10,97 | 10,58 | 10,92 |
| *Industrie* | *%* | 19,98 | 21,71 | 23,76 | 20,19 |
| *BTP* | *%* | 6,13 | 13,51 | 16,11 | 15,18 |
| *Commerce* | *%* | 17,3 | 17,78 | 14,43 | 19,71 |
| *Service à la personne, services domestiques* | *%* | 5,31 | 10,2 | 10,46 | 9,36 |
| *En emploi* | *%* | 61,63 | 57,97 | 55,07 | 57,18 |
| *À son compte* | *%* | 10,16 | 7,2 | 7,64 | 3,83 |
| *Taux de chômage* | *%* | 8,91 | 16,48 | 9,01 | 24,20 |
| *Temps partiel* | *%* | 14,99 | 17,20 | 17,96 | 15,41 |
| *Non choix du temps partiel* | *%* | 39,26 | 40,96 | 27,50 | 56,98 |

## Tableau A2. Les indices de pénibilité : méthode de construction

Les indices de pénibilité sont calculés de telle sorte qu'on puisse tenir compte de son intensité :

| *N°* | *Type de pénibilité* | | *variation* |
|---|---|---|---|
| 1 | Travail posté en horaire alternants | 0-3 | |
| 2 | Horaires de travail et temps de trajet obligeant souvent à se coucher après minuit (> 50 jours/an) | 0-3 | |
| 3 | Horaires de travail et temps de trajet obligeant souvent à se lever avant 5h du matin (> 50 jours/an) | 0-3 | |
| 4 | Horaires de travail et temps de trajet obligeant souvent à ne pas dormir la nuit (> 50 jours/an) | 0-3 | |
| 5 | Travail répétitif sous contrainte | 0-3 | |
| 6 | Rémunération au rendement ou objectif | 0-3 | |
| 7 | Postures pénibles ou fatigantes | 0-3 | 0 - pas concerné ;<br>1- moins de 10 ans ;<br>2-entre 10 et 20 ans ;<br>3 - plus de 20 ans |
| 8 | Port de charges lourdes durant le travail | 0-3 | |
| 9 | Bruit intense en milieu professionnel | 0-3 | |
| 10 | Travail sur l'écran informatique | 0-3 | |
| 11 | Exposition fréquente à des températures extrêmes | 0-3 | |
| 12 | Exposition fréquente aux intempéries | 0-3 | |
| 13 | Exposition à la climatisation | 0-3 | |
| 14 | Exposition aux poussières ou fumées | 0-3 | |
| 15 | Exposition au tabac | 0-3 | |
| 16 | Exposition aux produits chimiques | 0-3 | |
| 17 | Le travail ne permet pas d'apprendre des choses | 0-3 | |
| 18 | Le travail n'est pas varié | 0-3 | 0 non, pas du tout ;<br>1 plutôt non;<br>2 plutôt oui;<br>3 oui, tout à fait |
| 19 | Ne peut pas choisir lui-même la façon de procéder | 0-3 | |
| 20 | N'a pas de moyen de faire un travail de bonne qualité | 0-3 | |
| 21 | N'a pas d'entraide suffisante | 0-3 | |
| 22 | Doit souvent se dépêcher | 0-2 | |
| 23 | Est obligé de faire plusieurs choses à la fois | 0-2 | 0 - pas concerné ;<br>1- concerné;<br>2- concerné et trouve cela particulièrement pénible |
| 24 | Est souvent interrompu dans son travail | 0-2 | |
| 25 | Doit supporter les exigences du public (clients, malades ...) | 0-2 | |
| 26 | Ne peut pas quitter son travail des yeux, ou ne peux pas s'interrompre dans son travail | 0-2 | |
| | INDICE DE PÉNIBILITÉ | | CALCUL |
| 27 | *Horaires atypiques* | | (1+2+3+4)*100/12 |
| 28 | *Contraintes de rythmes de travail* | | (5+6)*100/6 |
| 29 | *Contraintes physiques (usure corporelle directe)* | | (7+8+9+10)*100/12 |
| 30 | *Contraintes climatiques* | | (11+12+13)*100/9 |
| 31 | *Expositions toxiques* | | (14+15+16)*100/9 |
| 32 | Pénibilité physique dite objective | | (1+...+16)*100/48 |
| 33 | *Faible latitude décisionnelle* | | (17+18+19+20+21)*100/15 |
| 34 | *Forte pression psychologique* | | (22+23+24+25+26)*100/10 |
| 35 | Pénibilité « vécue » | | (17+...+26)*100/25 |
| 36 | Pénibilité globale | | (1+ ...+26)*100/73 |

## Tableau A3a. Les résultats d'estimations : modèles complets[25]

| | | *Santé globale* | | *Santé physique* | | *Santé mentale* | |
|---|---|---|---|---|---|---|---|
| | | Modèle 2a | | Modèle 4a | | Modèle 6a | |
| | | *Coef.* | *P-value* | *Coef.* | *P-value* | *Coef.* | *P-value* |
| *Constante* | | 59,50*** | <,01 | 50,78*** | <,01 | 44,22*** | <,01 |
| *Pénibilité objective* Immigré* | *entre 0 et 100* | -0,04*** | <,01 | -0,02*** | <,01 | -0,00*** | <,01 |
| *Pénibilité objective* Français* | *entre 0 et 100* | -0,10*** | <,01 | -0,04*** | <,01 | -0,04*** | <,01 |
| *Pénibilité vécue* Immigré* | *entre 0 et 100* | 0,00*** | <,01 | -0,03*** | <,01 | 0,00*** | <,01 |
| *Pénibilité vécue* Français* | *entre 0 et 100* | -0,04*** | <,01 | -0,00 | 0,80 | -0,06*** | <,01 |
| *Origine* | *immigré vs français* | -2,90*** | <,01 | -0,85*** | <,01 | -2,21*** | <,01 |
| *Âge* | *âge* | -0,24*** | <,01 | 0,16*** | <,01 | -0,05*** | <,01 |
| | *âge*âge* | 0,00*** | <,01 | 0,00*** | <,01 | 0,00*** | <,01 |
| *Enfants* | *nombre moyen d'enfant par adulte* | 0,72*** | <,01 | 0,46*** | <,01 | -0,12*** | <,01 |
| *Revenu* | *revenu moyen par membre du ménage* | 0,00*** | <,01 | 0,00*** | <,01 | 0,00*** | <,01 |
| *Genre* | *femme vs homme* | -1,15*** | <,01 | -0,40*** | <,01 | -2,35*** | <,01 |
| *Diplôme* | *inf bac vs Bac+2* | -2,21*** | <,01 | -0,89*** | <,01 | -0,20*** | <,01 |
| | *bac vs Bac+2* | -0,69*** | <,01 | 0,45*** | <,01 | -0,12*** | <,01 |
| | *sup vs Bac+2* | 0,16*** | <,01 | 0,55*** | <,01 | -0,37*** | <,01 |
| *Niveau des difficultés pendant l'enfance* | *pas de difficulté majeure vs enfance très difficile (ETD)* | 4,80*** | <,01 | 1,41*** | <,01 | 3,67*** | <,01 |
| | *quelques difficultés vs ETD* | 1,88*** | <,01 | 0,97*** | <,01 | 1,24*** | <,01 |
| | *beaucoup de difficultés vs ETD* | 0,89*** | <,01 | 0,15*** | <,01 | 0,17*** | <,01 |
| *Niveau des difficultés actuelles* | *pas de soucis déclaré vs période courante extrêmement compliquée (PCeC)* | 11,01*** | <,01 | 0,55*** | <,01 | 1,55*** | <,01 |
| | *faible vs PCeC* | 8,82*** | <,01 | 0,02 | 0,76 | -0,78*** | <,01 |
| | *moyen vs PCeC* | 6,88*** | <,01 | -0,11 | 0,11 | -3,05*** | <,01 |
| | *élevé vs PCeC* | 2,58*** | <,01 | -1,95*** | <,01 | -4,95*** | <,01 |
| | *très élevé vs PCeC* | 2,01*** | <,01 | -3,39*** | <,01 | -7,92*** | <,01 |
| *Qualité du logement* | *bonne qualité vs malsain* | 2,31*** | <,01 | -0,39*** | <,01 | 1,19*** | <,01 |
| | *qualité moyenne vs malsain* | 0,50*** | 0,00 | -1,00*** | <,01 | 0,10 | 0,22 |
| | *qualité médiocre vs malsain* | -1,89*** | <,01 | -2,23*** | <,01 | 0,35*** | <,01 |
| *Alimentation équilibrée* | *oui vs non* | 8,79*** | <,01 | 0,38*** | <,01 | 5,32*** | <,01 |
| | *plutôt oui vs non* | 6,87*** | <,01 | 0,35*** | <,01 | 4,10*** | <,01 |
| | *plutôt non vs non* | 4,71*** | <,01 | 0,07*** | <,01 | 2,32*** | <,01 |
| *Pratique régulière d'un sport ou d'une activité physique* | *oui vs non* | 5,31*** | <,01 | 3,02*** | <,01 | 1,50*** | <,01 |

[25] Les effets des variables de contrôle ne variant qu'à la marge entre les différents modèles nous ne présentons ici que des résultats complets de trois modèles (2,3,4). Les autres résultats sont disponibles sur demande.

### *Suite du Tableau A3a*

| | | | | | | | |
|---|---|---|---|---|---|---|---|
| *Consommation de tabac* | *jamais vs tous les jours* | 1,12*** | <,01 | 0,20*** | <,01 | 0,47*** | <,01 |
| | *plus maintenant vs tous les jours* | 0,81*** | <,01 | -0,31*** | <,01 | 0,47*** | <,01 |
| | *pas tous les jours vs tous les jours* | -0,36*** | <,01 | -0,30*** | <,01 | -0,26*** | <,01 |
| *Consommation d'alcool* | *Jamais* | -2,51*** | <,01 | -1,61*** | <,01 | -0,57*** | <,01 |
| | *<1 fois par semaine vs tous les jours* | 0,32*** | <,01 | -0,22*** | <,01 | 0,22*** | <,01 |
| | *> fois par semaine vs tous les jours* | 0,92*** | <,01 | 0,27*** | <,01 | 0,12*** | <,01 |
| *Région de résidence* | *PACA vs Ile de France (IDF)* | 0,39*** | <,01 | -0,62*** | <,01 | 0,55*** | <,01 |
| | *Nord-Pas-de-Calais vs IDF* | -1,72*** | <,01 | -0,85*** | <,01 | -0,58*** | <,01 |
| | *Champagne Ardenne vs IDF* | -1,25*** | <,01 | 0,21*** | <,01 | -0,82*** | <,01 |
| | *Picardie vs IDF* | -0,26*** | <,01 | -0,08*** | <,01 | -0,03*** | 0,00 |
| | *autres vs IDF* | -0,22*** | <,01 | -0,02*** | <,01 | 0,14*** | <,01 |
| *Type de commune de résidence* | *rural vs urbain* | -0,08*** | <,01 | -0,24** | <,01 | 0,18*** | <,01 |
| *Nombre d'observations* | | | | 18939 | | | |

*Significativité : *0,05≤ p-value<0,1 ; ** 0,01≤ p-value<0,05; *** p-value <0,01.*

**Tableau A3b. Les résultats d'estimations : modèles complets (avec correction de l'endogénéité[26])**

| | | *Santé globale* | | *Santé physique* | | *Santé mentale* | |
|---|---|---|---|---|---|---|---|
| | | Modèle 2b | | Modèle 4b | | Modèle 6b | |
| | | *Coef.* | *P-value* | *Coef.* | *P-value* | *Coef.* | *P-value* |
| *Constante* | | 59,88*** | <,01 | 51,41*** | <,01 | 44,20*** | <,01 |
| *Pénibilité objective* Immigré* | *entre 0 et 100* | -0,09*** | <,01 | -0,07*** | <,01 | 0,01*** | <,01 |
| *Pénibilité objective* Français* | *entre 0 et 100* | -0,15*** | <,01 | -0,09*** | <,01 | -0,03*** | <,01 |
| *Pénibilité vécue* Immigré* | *entre 0 et 100* | 0,00*** | <,01 | -0,03*** | <,01 | 0,00* | 0,06 |
| *Pénibilité vécue* Français* | *entre 0 et 100* | -0,04*** | <,01 | 0,00*** | <,01 | -0,06*** | <,01 |
| *Origine* | *immigré vs français* | -2,83*** | <,01 | -0,79*** | <,01 | -2,22*** | <,01 |
| *Âge* | *âge* | -0,24*** | <,01 | 0,16*** | <,01 | -0,05*** | <,01 |
| | *âge*âge* | 0,00*** | <,01 | 0,00*** | <,01 | 0,00*** | <,01 |
| *Enfants* | *nombre moyen d'enfants par adulte* | 0,66*** | <,01 | 0,39*** | <,01 | -0,11*** | <,01 |
| *Revenu* | *revenu moyen par membre du ménage* | 0,00*** | <,01 | 0,00*** | <,01 | 0,00*** | <,01 |
| *Genre* | *femme vs homme* | -1,38*** | <,01 | -0,60*** | <,01 | -2,31*** | <,01 |
| *Diplôme* | *inf bac vs Bac+2* | -1,94*** | <,01 | -0,67*** | <,01 | -0,24*** | <,01 |
| | *bac vs Bac+2* | -0,55*** | <,01 | 0,56*** | <,01 | -0,14*** | <,01 |
| | *sup vs Bac+2* | 0,11*** | <,01 | 0,47*** | <,01 | -0,35*** | <,01 |
| *Niveau des difficultés pendant l'enfance* | *pas de difficulté majeure vs enfance très difficile (ETD)* | 4,77*** | <,01 | 1,27*** | <,01 | 3,68*** | <,01 |
| | *quelques difficultés vs ETD* | 1,94*** | <,01 | 0,91*** | <,01 | 1,23*** | <,01 |
| | *beaucoup de difficultés vs ETD* | 1,01*** | <,01 | 0,14*** | <,01 | 0,14*** | <,01 |
| *Niveau des difficultés actuelles* | *pas de soucis déclaré vs période courante extrêmement compliquée (PCeC)* | 11,00*** | <,01 | 0,55*** | <,01 | 1,55*** | <,01 |
| | *faible vs PCeC* | 8,90*** | <,01 | 0,10 | 0,16 | -0,79*** | <,01 |
| | *moyen vs PCeC* | 7,02*** | <,01 | 0,03 | 0,70 | -3,07*** | <,01 |
| | *élevé vs PCeC* | 2,68*** | <,01 | -1,79*** | <,01 | -4,96*** | <,01 |
| | *très élevé vs PCeC* | 2,04*** | <,01 | -3,29*** | <,01 | -7,93*** | <,01 |
| *Qualité du logement* | *bonne qualité vs malsain* | 2,40*** | <,01 | -0,23*** | <,01 | 1,18*** | <,01 |
| | *qualité moyenne vs malsain* | 0,58*** | <,01 | -0,83*** | <,01 | 0,09 | 0,25 |
| | *qualité médiocre vs malsain* | -1,69*** | <,01 | -1,95*** | <,01 | 0,33*** | <,01 |
| *Alimentation équilibrée* | *oui vs non* | 8,81*** | <,01 | 0,22*** | <,01 | 5,32*** | <,01 |
| | *plutôt oui vs non* | 6,89*** | <,01 | 0,20*** | <,01 | 4,10*** | <,01 |
| | *plutôt non vs non* | 4,70*** | <,01 | -0,12*** | <,01 | 2,32*** | <,01 |

[26] Les résultats des modèles 2b, 4b et 6b tiennent compte de la correction du biais d'endogénéité uniquement pour l'indice de pénibilité objective, les tests étant non significatifs pour l'indicateur de la pénibilité vécue (les résultats sont disponibles sur demande auprès des auteurs).

## Suite du tableau A3b

| | | Santé globale | | Santé physique | | Santé mentale | |
|---|---|---|---|---|---|---|---|
| | | Modèle 2b | | Modèle 4b | | Modèle 6b | |
| | | *Coef.* | *P-value* | *Coef.* | *P-value* | *Coef.* | *P-value* |
| *Pratique régulière d'un sport ou d'une activité physique* | *oui vs non* | 5,29*** | <,01 | 3,00*** | <,01 | 1,50*** | <,01 |
| *Consommation du tabac* | *jamais vs tous les jours* | 1,05*** | <,01 | 0,12*** | <,01 | 0,48*** | <,01 |
| | *plus maintenant vs tous les jours* | 0,85*** | <,01 | -0,27*** | <,01 | 0,47*** | <,01 |
| | *pas tous les jours vs tous les jours* | -0,46*** | <,01 | -0,39*** | <,01 | -0,26*** | <,01 |
| *Consommation de l'alcool* | *Jamais* | -2,65*** | <,01 | -1,74*** | <,01 | -0,57*** | <,01 |
| | *<1 fois par semaine vs tous les jours* | 0,24*** | <,01 | -0,29*** | <,01 | 0,21*** | <,01 |
| | *> fois par semaine vs tous les jours* | 0,84*** | <,01 | 0,20*** | <,01 | 0,12*** | <,01 |
| *Région de résidence* | *PACA vs Ile de France (IDF)* | -1,62*** | <,01 | -0,79*** | <,01 | -0,60*** | <,01 |
| | *Nord-Pas-de-Calais vs IDF* | -1,22*** | <,01 | 0,22*** | <,01 | -0,82*** | <,01 |
| | *Champagne-Ardenne vs IDF* | 0,44*** | <,01 | -0,59*** | <,01 | 0,54*** | <,01 |
| | *Picardie vs IDF* | -0,17*** | <,01 | -0,02** | 0,01 | -0,03*** | <,01 |
| | *autres vs IDF* | -0,18*** | <,01 | 0,00 | 0,43 | 0,14*** | <,01 |
| *Type de commune de résidence* | *rural vs urbain* | -0,09*** | <,01 | -0,24*** | <,01 | 0,18*** | <,01 |
| *Test d'endogénéité* | *Wald* | 216689*** | <,01 | 544567*** | <,01 | 215198*** | <,01 |
| *Nombre d'obs.* | | | | 18939 | | | |

*Significativité : *0,05≤ p-value<0,1 ; ** 0,01≤ p-value<0,05; *** p-value <0,01.*

## Tableau A4. Les effets quadratiques de la pénibilité du travail sur l'état de santé global selon l'origine[27]

| | | *Modèle 13* | *Modèle 14* | *Modèle 15* | *Modèle 16* |
|---|---|---|---|---|---|
| | | MMV | MMV VI | MMV | MMV VI |
| *Pénibilité globale *Origine* | *Europe* | | | -0,0577*** | |
| | *Maghreb* | | | 0,0385*** | |
| | *Immigré* | -0,0712*** | | | |
| | *France* | -0,1566*** | | -0,1572*** | |
| *Pénibilité globale$^2$ *Origine* | *Europe* | | | -0,0024*** | |
| | *Maghreb* | | | -0,0007 | |
| | *Immigré* | -0,0007*** | | | |
| | *France* | -0,0012*** | | -0,0012*** | |
| *Pénibilité physique*Origine* | *Europe* | | | | -0,1104*** |
| | *Maghreb* | | | | -0,0644*** |
| | *Immigré* | | -0,1618*** | | |
| | *France* | | -0,1582*** | | -0,1556*** |
| *Pénibilité physique$^2$*Origine* | *Europe* | | | | -0,0007*** |
| | *Maghreb* | | | | 0,0002** |
| | *Immigré* | | -0,0001*** | | |
| | *France* | | -0,0011*** | | 0,0001*** |
| *Pénibilité psychologique*Origine* | *Europe* | | | | 0,1337*** |
| | *Maghreb* | | | | -0,0979*** |
| | *Immigré* | | 0,0553*** | | |
| | *France* | | 0,0873*** | | 0,0869*** |
| *Pénibilité psychologique$^2$*Origine* | *Europe* | | | | -0,0034*** |
| | *Maghreb* | | | | 0,0023*** |
| | *Immigré* | | -0,0012*** | | |
| | *France* | | -0,0032*** | | -0,0034*** |
| *Origine (Immigré vs Français)* | *Europe* | | | -2,6670*** | -2,6890*** |
| | *Maghreb* | | | -5,2932*** | -3,2388*** |
| | *Immigré* | -3,3454*** | -2,7734*** | | |
| *Variables de contrôle* | | oui | oui | oui | oui |
| *Test d'endogénéité* | *Wald* | | 649,83*** | | 670,63*** |
| *Nombre d'observations* | | 18939 | | | |

*Significativité : *0,05≤ p-value<0,1 ; ** 0,01≤ p-value<0,05; *** p-value <0,01.*

[27] Les résultats des modèles 14 et 16 tiennent compte de la correction du biais d'endogénéité uniquement pour l'indice de pénibilité objective, les tests étant non significatifs pour l'indicateur de la pénibilité vécue (les résultats sont disponibles sur demande auprès des auteurs).

**Graphique A5. Les effets non linéaires de la pénibilité au travail sur la santé des immigrés***

*Graphique 1A. Natifs français vs immigrés (modèle 13)*

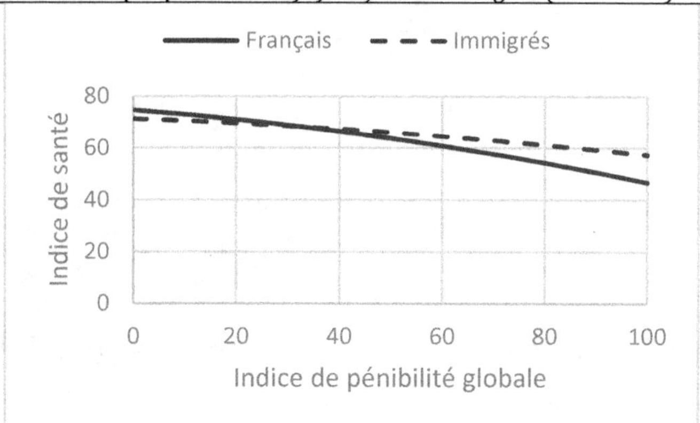


*Graphique 2A. Natifs français vs immigrés par origine (modèle 15)*

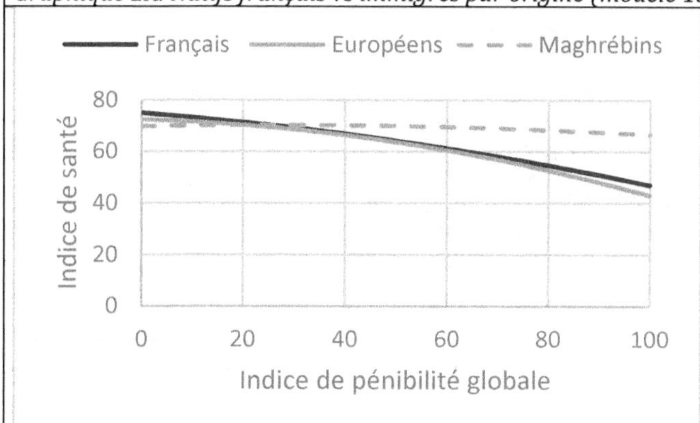


*Graphique 3A. Natifs français vs immigrés (modèle 14)*

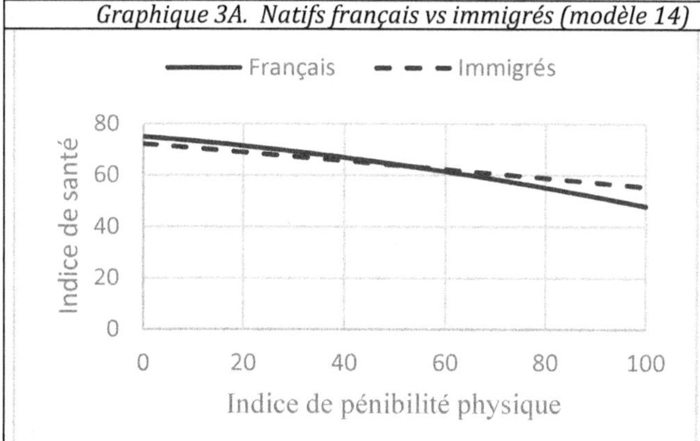


Suite page suivante

*Graphique 4A. Natifs français vs immigrés par origine (modèle 16)*

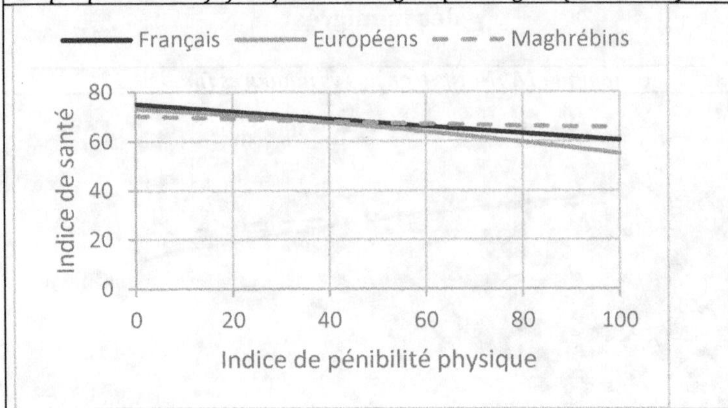


*Graphique 5A. Natifs français vs immigrés (modèle 14)*

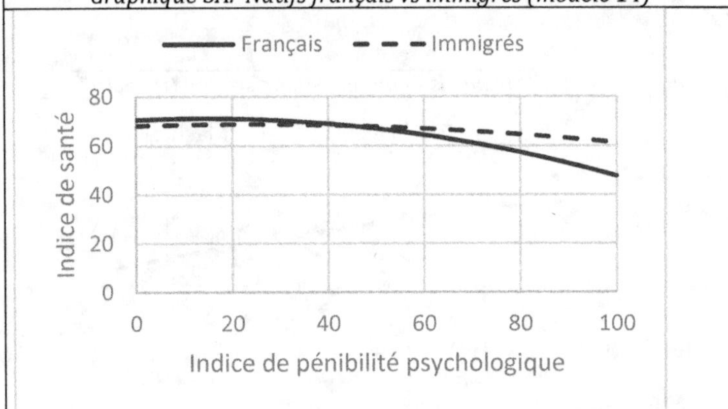


*Graphique 6A. Natifs français vs immigrés par origine (modèle 16)*

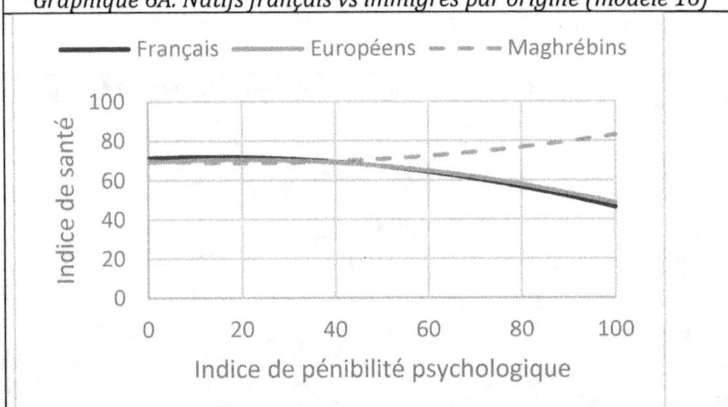


* Personne de référence : *Homme de 40 ans avec un Bac+2 habitant en Ile-de-France, avec un enfant, avec un revenu par tête du ménage de 10000 euros/an, conditions de vie actuelles et passées parmi les plus difficiles, mauvaise hygiène de vie (dans tous les aspects) ; pour les graphiques 2A et 5A l'indice de pénibilité psychologique est fixé au niveau moyen de 16/100, pour les graphiques 3A et 6A l'indice de pénibilité physique est fixé au niveau moyen de 21/100.*

## Tableau A6. Robustesse des résultats
## Champ d'analyse : les personnes en emploi

**Tableau A6a. Les effets de la pénibilité du travail et de l'origine géographique sur la santé, en fonction du statut de migrant de l'individu, pour les personnes en emploi**

| | *Santé globale* | | *Santé physique* | | *Santé mentale* | |
|---|---|---|---|---|---|---|
| | *Modèle 17a* | *Modèle 18a* | *Modèle 19a* | *Modèle 20a* | *Modèle 21a* | *Modèle 22a* |
| | | | *MMV* | | | |
| *Pénibilité Globale* Immigré* | -0,10*** | | -0,07*** | | -0,03*** | |
| *Pénibilité Globale* Français* | -0,22*** | | -0,11*** | | -0,14*** | |
| *Pénibilité objective* Immigré* | | -0,07*** | | -0,07*** | | -0,01*** |
| *Pénibilité objective* Français* | | -0,10*** | | -0,08*** | | -0,02*** |
| *Pénibilité vécue.*Immigré* | | 0,03*** | | -0,01*** | | -0,01*** |
| *Pénibilité vécue*Français* | | -0,12*** | | -0,03*** | | -0,11*** |
| *Origine (immigré vs français)* | -3,57*** | -4,37*** | -0,94*** | -0,76*** | -2,48*** | -3,51*** |
| *Variables de contrôle* | oui | oui | oui | oui | oui | oui |
| *Nombre d'observations* | | | 11984 | | | |

Significativité : *0,05≤ p-value<0,1 ; ** 0,01≤ p-value<0,05; *** p-value <0,01.

**Tableau A6b. Les effets de la pénibilité du travail et de l'origine géographique sur la santé, en fonction du statut de migrant de l'individu, avec correction de l'endogénéité[28], pour les personnes en emploi**

| | *Santé globale* | | *Santé physique* | | *Santé mentale* | |
|---|---|---|---|---|---|---|
| | *Modèle 17b* | *Modèle 18b* | *Modèle 19b* | *Modèle 20b* | *Modèle 21b* | *Modèle 22b* |
| | | | *MMV VI* | | | |
| *Pénibilité Globale* Immigré* | -0,06*** | | -0,14*** | | 0,15*** | |
| *Pénibilité Globale* Français* | -0,17*** | | -0,18*** | | 0,04*** | |
| *Pénibilité objective* Immigré* | | -0,14*** | | -0,13*** | | 0,02*** |
| *Pénibilité objective* Français* | | -0,16*** | | -0,14*** | | 0,01*** |
| *Pénibilité vécue* Immigré* | | 0,03*** | | -0,01*** | | -0,01*** |
| *Pénibilité vécue* Français* | | -0,12*** | | -0,03*** | | -0,11*** |
| *Origine (immigré vs français)* | -3,57*** | -4,38*** | -0,96*** | -0,79*** | -2,44*** | -3,51*** |
| *Variables de contrôle* | oui | oui | oui | oui | oui | oui |
| *Test d'endogénéité/ Wald* | 0,00 | 97,32*** | 0,00 | 91,95*** | 0,00 | 237,3*** |
| *Nombre d'observations* | | | 11984 | | | |

Significativité : *0,05≤ p-value<0,1 ; ** 0,01≤ p-value<0,05; *** p-value <0,01.

[28] Les résultats des modèles 17b-22b tiennent compte de la correction du biais d'endogénéité uniquement pour l'indice de pénibilité objective, les tests étant non significatifs pour l'indicateur de la pénibilité vécue (les résultats sont disponibles sur demande auprès des auteurs).

## Annexe A7. Construction des variables de contrôle

### *Qualité du Logement*

Cette variable a été construite sur la base de trois variables sélectionnées à l'aide d'une analyse de correspondance dans une liste de 12 variables présentes dans l'enquête et décrivant les conditions du logement des ménages : l'existence d'une salle de bain (ou salle d'eau) ; le logement est difficile ou trop coûteux à chauffer correctement ; le logement est trop bruyant (bruits extérieurs).

Afin de résumer cette information, nous avons additionné les réponses positives à chacune des trois questions pour chaque logement. Nous avons ainsi obtenu une nouvelle variable, dont les modalités varient de 0 à 3 : *logement de bonne qualité, logement de moyenne qualité, logement de qualité médiocre et logement malsain.*

### *Niveau des difficultés pendant l'enfance*

Cette variable a été construite sur la base de trois variables : le divorce des parents avant que l'individu ait atteint l'âge de 18 ans ; des disputes importantes ou mésentente entre ses parents ; une situation matérielle difficile, avant l'âge de 18 ans.

Afin de résumer cette information nous avons additionné les réponses positives à chacune des trois questions pour chaque individu. La nouvelle variable comporte ainsi quatre modalités variant de 0 à 3 : *pas de difficulté majeure, quelques difficultés, beaucoup de difficultés, enfance très difficile.*

### *Niveau des difficultés actuelles*

Cette variable est une synthèse de l'ensemble des difficultés intervenues l'année de l'enquête et qui peuvent avoir un effet négatif sur l'état de santé. Cette variable a été construite sur la base de cinq variables : le décès d'un proche au cours de l'année écoulée ; la maladie, le handicap ou l'accident grave d'un proche au cours de l'année écoulée ; la séparation ou le divorce (de l'individu lui-même) au cours de l'année écoulée ; la séparation ou le divorce d'un proche au cours de l'année écoulée ; difficultés matérielles particulières au cours de l'année écoulée.

Afin de résumer cette information nous avons additionné les réponses positives à chacune des cinq questions pour chaque individu. La nouvelle variable comporte ainsi six modalités variant de 0 à 5: *pas de souci déclaré ; niveau de difficultés faible ; niveau de difficultés moyen ; niveau de difficultés élevé ; niveau de difficultés très élevé ; période courante extrêmement compliquée.*

---

## Exhausted migrant effect:
## The health of immigrant workers in France

***Abstract*** - The aim of this paper is to assess to what extent the work activity in the host country labor market can impact the immigrants' health. Based on the construction of original indicators for several forms of working drudgery, our results show that, on average, immigrant workers are more resilient to painful working conditions, both physical and psychological, than natives. However, the over-concentration of immigrants in hard, harmful and hazardous jobs partly offsets effect of this greater resistance and could explains two major phenomena: a faster average deterioration of health of immigrant workers and an overtime persistence of health disparities between immigrant and native workers.

---

***Key Words***
Immigration
Working conditions
Health

---

**Région et Développement**

*n° 53-2021*

www.regionetdeveloppement.org

# Les comportements entrepreneuriaux des migrants haïtiens dans les territoires d'outre-mer français en Amérique

**Ernest TESSE***

***Résumé*** **-** Cet article tente d'examiner les comportements entrepreneuriaux des migrants haïtiens résidant légalement dans les territoires d'outre-mer français en Amérique (TOMFA), par le biais d'une enquête par sondage aléatoire auprès d'un échantillon de 220 d'entre eux. Les principaux résultats obtenus sur le plan statistique et à l'aide d'un modèle microéconométrique montrent que la majorité de ces migrants manifestent leur intention de créer une entreprise dans les TOMFA, plus à long terme qu'à court terme. Ils révèlent certains comportements économiques et socioculturels qui constituent des sources de blocage. Globalement ils permettent de comprendre comment le développement socio-économique durable des migrants haïtiens dans les TOMFA doit passer par le canal des « transactions sociales » du migrant avec le territoire d'accueil et le pays d'origine.

***Classification JEL***

D01, I39, J19, 012, R19

***Mots-clés***

Migration
Comportements entrepreneuriaux des migrants haïtiens
Transactions sociales avec le territoire d'accueil et le pays d'origine
Territoires d'outre-mer français en Amérique (TOMFA)

*L'auteur tient notamment à remercier le Professeur Maurice Catin, directeur de la revue, pour son importante contribution à l'amélioration de cet article.*

* Université des Antilles, Laboratoire MEMIAD, EA-2440 ; ernesttesse78@yahoo.com

## INTRODUCTION

Les flux migratoires font l'objet aujourd'hui de nombreuses recherches dans le milieu académique, tant dans les sciences humaines et sociales que dans les sciences exactes et naturelles (Piché, 2013 ; Omrane et al., 2015, etc.). Mais peu d'études en économie, à notre connaissance, se sont intéressées à analyser le contexte du développement socio-économique durable de la migration à travers les « transactions sociales » du migrant avec le territoire d'accueil et le pays d'origine. L'objet de cet article s'inscrit dans cette perspective en nous intéressant au contexte des émigrants haïtiens[1].

Selon le PNUD (2006), la Banque mondiale (2014) et l'Organisation internationale pour les migrations (2015), la population haïtienne migre chaque année à l'étranger à un rythme très élevé, et ce pour des raisons socio-politico-économiques. Déjà en 2004, ces institutions comptaient plus d'un million de migrants haïtiens dans le monde, dont 75% d'entre eux se trouvent dans les pays proches géographiquement et dans ceux qui ont le même passé colonial qu'Haïti. Cet article se donne pour préoccupation majeure d'analyser les comportements entrepreneuriaux des migrants haïtiens dans les territoires d'outre-mer français en Amérique (TOMFA)[2], via une enquête par sondage aléatoire auprès d'un échantillon de 220 migrants qui font partie de la classe des chefs de ménage résidant légalement dans les TOMFA. Il vise à :

- Mettre en avant les facteurs essentiels expliquant la migration haïtienne, c'est-à-dire les principales raisons qui poussent les Haïtiens à quitter leur pays d'origine pour s'installer ailleurs, voire chercher à comprendre l'intérêt qu'ils manifestent en optant pour les TOMFA.
- Comprendre leur intégration socio-éducative, politique et économique au sein de ces sociétés françaises qui sont baignées par l'océan Atlantique, la mer des Caraïbes et la mer des Antilles.
- Chercher à appréhender les comportements entrepreneuriaux des migrants haïtiens, c'est-à-dire l'influence de certains facteurs économiques, politico-institutionnels et socio-culturels sur les intentions de créer des entreprises pérennes et génératrices de revenus dans les TOMFA. Dans ce sens, il s'agit d'appréhender en même temps le pouvoir explicatif des facteurs extrinsèques et intrinsèques sous le prisme des initiatives entrepreneuriales.
- Chercher à comprendre si les activités économiques que les migrants haïtiens souhaiteraient entreprendre dans les TOMFA leur permettront non seulement de subvenir durablement à leurs besoins et aux besoins de leur famille, et à la population haïtienne en général, sous forme d'investissements directs étrangers ou d'aides (transferts monétaires), mais aussi de contribuer au développement des territoires d'accueil.

Afin d'y parvenir, cet article est structuré en cinq sections. La première section consiste à recenser les principaux écrits théoriques et empiriques sur la migration et à montrer leurs insuffisances lorsqu'il s'agit de mettre en valeur le contexte du développement socio-économique durable des flux migratoires à travers les transactions avec le territoire d'accueil et le pays d'origine. La deuxième section s'intéresse à présenter les faits stylisés sur la migration haïtienne. La troisième section consiste à positionner les comportements entrepreneuriaux des migrants haïtiens

[1] Par définition, l'émigration est l'action pour un individu ou une population de quitter un pays ou un territoire pour aller s'installer provisoirement ou définitivement dans un autre pays ou un autre territoire pour des raisons diverses.
[2] Sauf la collectivité territoriale de Saint-Pierre-et-Miquelon.

dans les TOMFA via la conceptualisation des variables et la formulation des hypothèses de recherche sous-jacentes. La quatrième section analyse les résultats de l'enquête auprès des résidents haïtiens dans le TOMFA. La section 5 présente la modélisation micro-économétrique et ses résultats.

## 1. DÉVELOPPEMENT SOCIO-ÉCONOMIQUE DURABLE DES FLUX MIGRATOIRES À TRAVERS LES TRANSACTIONS AVEC LE TERRITOIRE D'ACCUEIL ET LE PAYS D'ORIGINE : UNE REVUE DE LA LITTÉRATURE

La migration est un phénomène aussi ancien que l'humanité. La première tentative de formalisation de la migration humaine remonte vers les années 1885 avec les travaux de Ravenstein. Ravenstein (1885) énonce sept lois[3] qui sont des faits stylisés tirés de l'analyse des données disponibles à cette époque. Outre le travail de Ravenstein qui consiste à mesurer la migration comme un stock et à différencier la migration volontaire de la migration forcée, il a fallu attendre notamment les travaux de Lewis (1954) et de Ranis et Fei (1961), à travers les modèles d'économie duale entre les secteurs traditionnel et moderne, pour servir de fil conducteur à l'analyse de la migration. D'autres modèles ont émergé par la suite avec les travaux de Todaro (1969) et de Harris et Todaro (1970). S'inspirant des travaux de Lee (1966), les modèles de Harris et Todaro (1970) considèrent que la décision de migrer relève d'un choix rationnel qui prend en compte les avantages et les désavantages liés à la migration. Pour ces auteurs, la rentabilité de migrer ou non relève donc d'un calcul coûts-bénéfices. Très tôt, pendant ces mêmes années 1970, le modèle néoclassique fut remis en question par les théoriciens de la dépendance, à l'instar des économistes néomarxistes qui s'intéressaient particulièrement à l'exode rural. L'approche économique de la migration de travail chez les néoclassiques a fait l'objet de nombreuses critiques concernant leur vision purement individuelle et basée sur la présence d'un gain espéré pour justifier la migration. Au cours de ces deux dernières décennies, la théorie sur les migrations environnementale et climatique s'est développée très rapidement pour expliquer les déplacements de population, temporaires ou définitifs.

Les travaux sur les effets des migrations sont à leur tour divisés entre les approches macro et microéconomiques, et entre le contexte des pays développés et celui des pays en développement (Piché, 2013). Par exemple, les travaux de Castles et Kosack (1972) considèrent la migration comme un phénomène qui découle d'une nécessité structurelle en réponse aux besoins du capital et du patronat. Les travaux de Carter et Sutch (1999) portent sur les aspects bénéfiques de la migration. Pour ces auteurs, la migration peut avoir des impacts importants sur l'ensemble de l'économie, sur les taux d'activité, le niveau de qualification de la population et l'organisation de la production. D'autres travaux apparus plus récemment dans la littérature, comme ceux de Goldin et al. (2011), concluent que les effets de la migration sont globalement positifs du point de vue de la croissance comme sur le plan de l'innovation et des apports fiscaux. Tous ces travaux portent sur les effets économiques de la migration, à partir d'une approche macro-structurelle dans les pays développés.

[3] 1) La plupart des migrants n'effectuent qu'une migration de courte distance. Ceux, moins nombreux, qui effectuent une migration de longue distance vont de préférence dans des centres industriels ou de commerce. 2) Il résulte alors un déplacement progressif de la population en direction des centres-villes. 3) Chaque flux migratoire produit des contre flux compensatoires. 4) Les personnes du milieu urbain migrent moins que celles du milieu rural. 5) Les femmes sont plus représentées dans les flux de courte durée. 6) La migration augmente avec le développement de la technologie. 7) Le principal motif du migrant est d'améliorer son statut sur le plan matériel.

Parallèlement, dans les pays en développement, les travaux portant sur les effets économiques de l'immigration ont pris une tournure différente. Dans ce cas, ce n'est plus la situation des régions d'immigration qui préoccupe certains chercheurs (Oberai et Manmoban, 1980 ; Vertovec, 2009 ; etc.) mais plutôt les liens entre flux migratoires et développement dans les régions d'émigration. Pour Oberai et Manmohan (1980), les liens entre les émigrants et les zones de départ à travers la notion de transferts monétaires constituent l'un des vecteurs clés de l'impact de l'émigration dans les pays en développement. Les travaux de ces auteurs ont amené de nombreux programmes de recherche qui se sont développés dans deux directions. D'une part, une prise de conscience a eu lieu sur l'importance du volume des transferts de fonds monétaires et de leurs effets. D'autre part, de nombreux travaux sur le phénomène du transnationalisme sont apparus (Vertovec, 2009). Dans cette conception de la migration, on ne parle plus de rupture permanente, mais plutôt du maintien des liens entre les milieux d'origine et les milieux de résidence car, selon Piché (2013), la vie des migrants traverse les frontières nationales réunissant deux sociétés dans un seul champ social. Par ailleurs, d'autres travaux ont abordé les effets microéconomiques de la migration, comme l'expérience migratoire et l'impact de la migration sur les populations non-migrantes ou natives de la société. Les travaux qui sont d'ordre micro-individuel sont concentrés sur la façon dont l'immigration affecte le marché du travail des natifs (Borjas, 1990) et sur les modes d'insertion sur le marché du travail (Wilson et Portes, 1980). Toutefois, au regard de la littérature existante, rares sont les travaux qui ont simultanément essayé d'aborder les effets micro et macroéconomiques de la migration. Les travaux de ce type sont encore plus rares dans le contexte des pays en développement. L'originalité de cet article est de considérer les deux effets, en se focalisant à partir d'une certaine approche sociologique sur la notion de développement socio-économique durable du phénomène des flux migratoires à travers les « transactions sociales » du migrant avec le territoire d'accueil et le pays d'origine.

Dans la littérature économique, les transactions sont souvent assimilées aux notions d'échange, de négociation, de prévention et de résolution des conflits, d'accord à l'amiable et de contrat, et qui peuvent avoir un coût (Rémy, 1996). Mais, dans le cadre de cet article, elles se définissent plus spécifiquement en termes de *transactions sociales* comme un échange de valeurs qui peut être bénéfique entre les deux parties, par les faits historico-politiques et socio-économiques, notamment l'éducation, la force de travail, les salaires, l'apport en capital, le niveau de vie, la confiance et la réussite qui, sur le long terme, lient les migrants avec les territoires d'accueil. Dans ce sens, les transactions peuvent être socio-éducatives, relationnelles, autobiographiques et économiques. Par *transaction socio-éducative*, il y a lieu de considérer un échange faisant valoir des efforts d'adaptation via la formation, la socialisation par l'apprentissage et le développement des compétences acquises. Selon Rémy (2020), les migrants qui souhaitent s'insérer socialement, culturellement et économiquement sont généralement intéressés par la formation via l'apprentissage et la mise en œuvre des compétences acquises. Les *transactions relationnelles* portent sur toutes les relations particulières et les réseaux professionnels constitués. De ce fait, les migrants cherchent à créer des relations ou des réseaux professionnels, leur permettant d'avoir un meilleur statut social, via la qualité de leur emploi ou la catégorie socio-professionnelle dont ils font partie dans les territoires d'accueil. Les *transactions économiques* se basent sur la valorisation de la force de travail et du stock de capital humain, physique et financier. Selon le rapport du ministère des Affaires étrangères françaises en 2013, les migrants représentent une force de travail importante dans les territoires d'accueil, ils apportent de la valeur ajoutée et constituent donc un facteur de développement économique. Dans les transactions économiques, les notions de capital humain et de capital social jouent un rôle fondamental (voir Bourdieu, 1980 ; Becker, 1962, 1964). En dernier lieu, les *transactions autobiographiques* portent sur des valeurs historico-politiques, des connaissances et du savoir-faire acquis par les migrants dans leur pays d'origine. Les migrants pensent pouvoir subvenir aux besoins de leur famille dans les pays d'origine après avoir trouvé leur place dans les territoires d'accueil en utilisant leurs capacités, difficilement mises en valeur dans leur pays d'origine.

Sur le plan de l'insertion, beaucoup de migrants haïtiens font face cependant à un ensemble de problèmes qui peuvent être liés à leur intégration sociale, économique et politique. Le premier problème identifié est celui qui peut être lié au contexte socio-politico-économique d'Haïti, aux conditions dans lesquelles ils sont arrivés sur les territoires d'accueil et au nombre de temps pris pour régler administrativement leur titre de séjour. Le deuxième problème peut être lié à la réalité socioculturelle haïtienne. Beaucoup de migrants haïtiens pensent évoluer avec certaines mentalités et valeurs culturelles qui ne sont pas toujours adaptées aux territoires d'accueil. Le troisième problème peut être lié au manque d'expérience professionnelle pour certains d'entre eux, malgré leurs connaissances, leur savoir-faire et la réputation de leur force de travail. Le quatrième problème se trouve dans la valorisation du migrant dans le territoire d'accueil. Il y a en effet certains territoires où les migrants haïtiens s'adaptent très rapidement via la langue et la culture qui leur sont proches, comparativement à d'autres territoires où ils ont du mal à progresser. Tout ceci constitue des blocages à leur développement socio-économique, même si certains arrivent plus ou moins rapidement à les surpasser. Les migrants haïtiens dans les TOMFA font-ils partie de cette première ou de la deuxième catégorie ? La réponse à cette question amène à nous intéresser aux facteurs intrinsèques et extrinsèques influençant les comportements entrepreneuriaux de ces migrants. On peut ajouter que le travail de Paul (2008), cherchant à appréhender les conséquences économiques et sociales des envois de fonds des travailleurs migrants haïtiens à l'étranger sur l'inégalité et la pauvreté en Haïti, a été d'un bon support pour guider l'analyse de nos résultats.

## 2. FAITS STYLISÉS SUR LA MIGRATION HAÏTIENNE

Si le nombre de migrants haïtiens dans le monde était estimé à plus d'un million en 2004, il ne cesse d'augmenter durant ces dernières années, atteignant 30% de la population totale (OIM, 2015). Plusieurs raisons sont à l'origine de la migration haïtienne. L'exode rural au début (PNUD, 2004). Ensuite, la période dictatoriale sous la présidence de François Duvalier pendant laquelle les élites haïtiennes ont quitté massivement le pays (Trouillot, 1990) et le manque de politique de stimulation économique à partir des années 1980 (Paul, 2008). D'autres raisons peuvent aussi être évoquées, comme le faible niveau de vie, les possibilités réelles d'emploi dans le pays d'immigration, le climat de violence et le danger encouru par le migrant dans son pays d'origine. Puis, celles qui ne sont pas toujours faciles à appréhender et qui appartiennent à la sphère des représentations, comme l'image des pays d'immigration véhiculée par les médias et par les migrants retournant dans leur pays d'origine.

Par ailleurs, le nombre de migrants haïtiens dans le monde évolue dans le temps, en fonction de chaque territoire d'accueil. Eu égard aux données de Orosco (2019), le nombre de migrants haïtiens se dirige plus aux États-Unis et en République dominicaine que dans les autres pays d'accueil. Cette évolution s'explique du fait de la proximité géographique d'Haïti avec les États-Unis et la République dominicaine. Elle s'explique aussi par des raisons géopolitiques et économiques. Selon Paul (2008), la majorité des migrants haïtiens en République dominicaine fait partie de la classe paysanne, mais, au cours des années 2000, on retrouve une classe étudiante, de cadres et de professions intermédiaires qui y migrent beaucoup. Au Canada, le nombre de migrants haïtiens est, chaque année, en nette augmentation et pour la majorité composée de cadres supérieurs et d'une élite intellectuelle. D'après Paul (2008), ces migrants exercent des professions libérales et bénéficient d'un statut plus stable, car ils sont moins souvent signalés parmi les victimes de discrimination et de mauvais traitements. Avec l'ouverture du Chili aux étrangers sous la présidence de Joseph Michel Martelly (2010-2015), les Haïtiens de toutes catégories sociales y ont migré. Le nombre de migrants haïtiens augmente aussi en France. Selon Cruse (2012), cette augmentation évoquée est généralement due à des raisons économiques, familiales, culturelles et linguistiques, mais en quantité moindre ces quatre dernières années par rapport à celles des États-Unis et de la République dominicaine.

**Graphique 1. Taux de croissance des migrants haïtiens par lieux de destination dans le monde (2011-2017)**

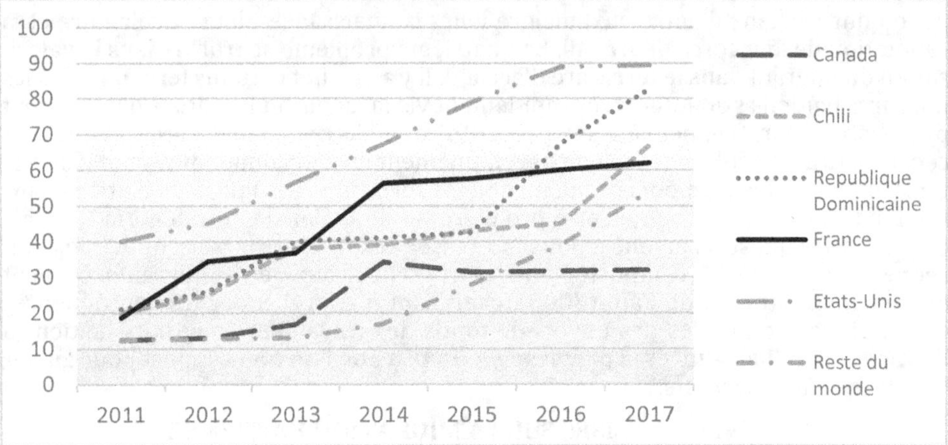


*Source : auteur d'après les données de Orosco (2019).*

Toutefois, concernant la France, le taux de croissance des migrants haïtiens est de plus en plus fort dans chaque territoire domien, avec une hausse très importante en Guyane et en Guadeloupe (y compris Saint-Martin et Saint Barthélemy) durant la dernière décennie. Les migrants haïtiens sont en tête dans ces deux territoires, à l'exception de la Martinique où ils sont classés en deuxième position derrière les migrants saint-luciens (INSEE, 2018). Pour l'association « Collectif Haïti de France » (CHF) en 2012, beaucoup de migrants haïtiens résidant en Martinique et en Guadeloupe sont originaires des départements de l'ouest et du sud-est d'Haïti (notamment dans les communes de Croix-des-bouquets, de Carrefour, de Gressier, de Léogane, de Grand-Goave et de Jacmel), tandis que ceux qui résident en Guyane, Saint-Martin et Saint-Barthélemy sont majoritairement originaires des départements du Sud et des Nippes (notamment dans les communes de Fonds-des-Nègres, de Miragoâne et d'Aquin). Selon CHF en 2012, les Haïtiens qui sont originaires des autres départements d'Haïti migrent très rarement dans les TOMFA et en France hexagonale. Ils préfèrent le Canada en particulier et les États-Unis. Ceci peut s'expliquer par le lien de parenté et l'aspect communautariste qui est un trait culturel de la société haïtienne (Benoît, 1986).

**Graphique 2. Taux de croissance des migrants haïtiens en France métropolitaine et dans les TOMFA (2011-2017)**

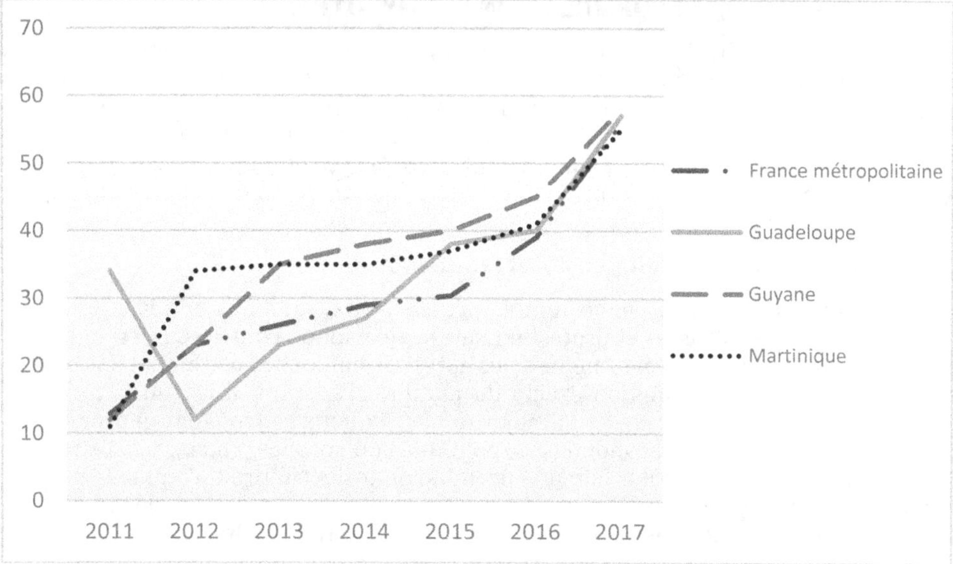


*Source : auteur d'après les données de l'INSEE (2018).*

Parallèlement, la migration haïtienne a engendré des envois de fonds vers Haïti et, durant ces dernières années, ils ont pris une ampleur considérable. Eu égard aux données de la Banque interaméricaine du développement (2006), ils représentaient plus de 5 fois la somme de l'aide internationale et de l'investissement direct étranger en 2004. Pour Orosco (2019), les envois de fonds par les migrants haïtiens représentent une part croissante du PIB d'Haïti, représentant plus de 33% en 2017. Selon l'auteur, ces montants transférés influent sur les conditions économiques et sociales des ménages ainsi que sur la configuration des services d'intermédiation financière. Le graphique 3 donne l'évolution des transferts de fonds des migrants depuis les TOMFA en correspondance du taux de croissance de l'économie haïtienne.

**Graphique 3. Taux de croissance économique d'Haïti et des montants de transferts de fonds depuis les TOMFA vers Haïti (2004-2016)**

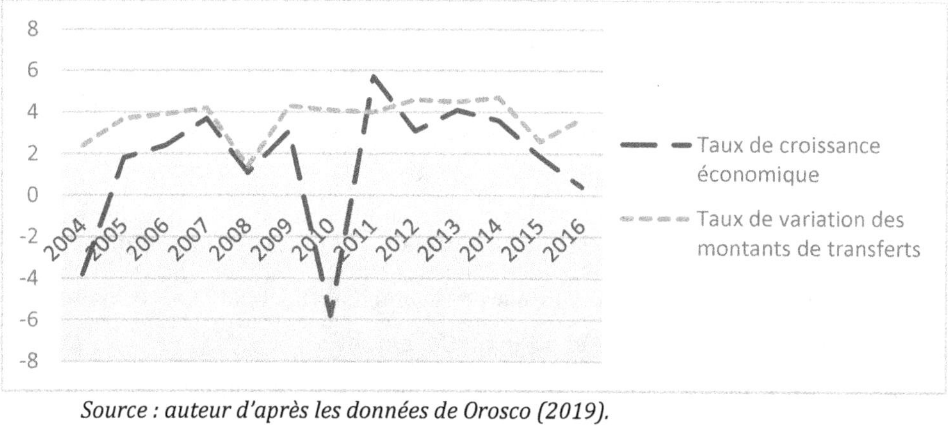


*Source : auteur d'après les données de Orosco (2019).*

## 3. LES COMPORTEMENTS ENTREPRENEURIAUX DES MIGRANTS HAÏTIENS DANS LES TOMFA : CONCEPTUALISATION DES VARIABLES ET FORMULATION DES HYPOTHÈSES

Le comportement des Haïtiens dans leurs initiatives d'entreprendre en Haïti a été étudié par différents auteurs (Jeune, 2008 ; Tesse, 2018, etc.). Certains auteurs (Logossah, 2007 ; Saint-Martin, 2018, etc.) ont aussi étudié les critères socio-démographiques, la vision eschatologique et le phénomène de trappe à pauvreté qui caractérise des pays en développement, dont Haïti. De ces études, sept variables peuvent être considérées pour appréhender les comportements des migrants haïtiens résidant à l'étranger.

### 3.1. Croyances magico-religieuses et fatalisme

Les Haïtiens accordent beaucoup d'importance aux traditions et à la religion. Le christianisme (catholicisme et protestantisme) et le vaudou constituent les deux plus grandes religions dans le pays, même si les autorités haïtiennes ne sont jamais en mesure de donner une estimation exacte du nombre d'adeptes. Il est un fait que les croyances magico-religieuses de la majorité des Haïtiens se trouvent quasiment au centre de leurs décisions économiques, politiques ou sociales. En ce sens, l'étude de Jacob (2008) a montré qu'il existe un ensemble de traits culturels, comme le syncrétisme religieux, qui rendent les agriculteurs haïtiens moins efficients dans leur système de production agricole. Selon Fortéus (2010), ces traits culturels constituent un frein au développement d'Haïti. Jeune (2008) a soutenu que les Haïtiens ont hérité ces traits culturels des pays négro-africains lors de la traite négrière transatlantique. Pour elle, ces valeurs culturelles constituent, depuis lors, des blocages à la création d'entreprise en Haïti, voire une trappe à son sous-développement de son indépendance à nos jours. Par ailleurs, les Haïtiens sont aussi très fatalistes (Jaghfar, 2008). Ainsi, au regard de ce qui précède, nous formulons la première hypothèse de notre travail, à savoir : « Les croyances magico-religieuses et le fatalisme ont un impact négatif sur la probabilité qu'un certain nombre de migrants haïtiens manifeste l'intention de créer une entreprise pérenne et génératrice de revenus dans les TOMFA ».

### 3.2. Attitude vis-à-vis de la concurrence, du risque et de l'incertitude

La rivalité ou la compétition est considérée comme dangereuse en Haïti. On y cherche toujours à intimider le concurrent par la sorcellerie et d'autres manières d'élimination plutôt que de jouer sur les techniques de marketing. Cette situation entrave la volonté d'un grand nombre d'Haïtiens à se lancer dans des affaires par crainte de persécution. Pour Logossah (2007), cette aversion à la concurrence économique vient des pratiques ancestrales qui limitaient chaque individu à une activité précise sans qu'il n'ait le droit d'en exercer une autre qui ne soit pas la sienne. De plus, l'aversion au risque est très forte dans la société haïtienne, vu l'instabilité du pays sur les plans politique, social et économique et qu'il existe peu de sociétés d'assurance pour prendre en charge la couverture des risques. Dans la mesure où il existe dans les TOMFA des sociétés d'assurance, des cabinets de conseil et des institutions publiques de régulation des marchés et de la concurrence, nous formulons ainsi notre deuxième hypothèse : « L'attitude vis-à-vis de la concurrence, du risque et de l'incertitude n'a pas d'impact négatif sur la probabilité qu'un migrant haïtien soit motivé à créer une entreprise ou à porter un projet générateur de revenu dans les TOMFA ».

### 3.3. Attitude face à l'épargne et à l'investissement

Les données collectées par la Banque Centrale de la République d'Haïti (BRH) en 2007 montrent que les Haïtiens épargnent peu (soit en moyenne 40 000 dollars américains par année sur la période 1990-2005), ce qui fait que le volume de crédits octroyés à l'investissement a tendance à diminuer chaque année. Cela s'explique par le fait que les chefs de ménage haïtien préfèrent pour la majorité garder leurs petits revenus chez eux ou acheter un bien matériel qu'ils conservent pendant un certain nombre d'années ou revendent tout de suite ou s'organisent de manière informelle, le plus souvent en tontines. Selon Tesse (2018), de tels comportements peuvent être considérés comme une source de blocage au développement de l'entrepreneuriat en Haïti. À l'inverse dans les TOMFA, les structures bancaires ou financières sont bien organisées, voire réglementées, de telle sorte que les entrepreneurs peuvent s'appuyer sur ces structures pour épargner ou investir. Ceci nous amène à formuler notre troisième hypothèse ainsi : « L'attitude face à l'épargne et à l'investissement n'affecte pas négativement la probabilité qu'un migrant haïtien soit motivé à créer une entreprise pérenne ou à envisager de porter un projet à caractère entrepreneurial dans les TOMFA ».

### 3.4. Perception de la réussite socio-économique

La perception de la réussite socio-économique peut être mesurée par la position sociale incluant typiquement le revenu, le niveau d'éducation atteint et l'emploi occupé. Par rapport à une telle approche, les avis des chercheurs sont partagés. Pour Pauzé (1996), à la différence de Hoftede (1994), la réussite socio-économique vise plutôt les objectifs suivants : la richesse, l'accomplissement, la prise de risque et l'autosuffisance. La perception de l'individu pour son environnement social détermine les différents moyens susceptibles de lui permettre d'atteindre ces objectifs. L'individu est capable de mobiliser un ensemble d'atouts, comme son expérience, ses connaissances, ses ressources, son capital, ses prédispositions et attitudes. Une telle perception peut ne pas être le cas de certains Haïtiens qui migrent à l'étranger. En tenant compte de ce qui précède, nous formulons notre quatrième hypothèse de la manière suivante : « La probabilité qu'un certain nombre de migrants haïtiens soit intéressé à créer une entreprise ou à investir dans une activité pérenne et génératrice de revenus dans les TOMFA est influencée par sa perception de la réussite socio-économique ».

### 3.5. Comportement selon le sexe

Les familles qui sont majoritairement monoparentales en Haïti sont celles dont la femme au foyer élève seule ses enfants (voir par exemple l'enquête sur les conditions de vie en Haïti en 2003). Même si les femmes ont théoriquement les mêmes droits que les hommes, nombre d'entre elles ne savent ni lire ni écrire et sont considérées de statut social inférieur en Haïti. Selon cette même enquête, les femmes qui vivent en couple ne participent pas beaucoup à la prise de décision au sein de leur famille et aux ressources financières liées à l'investissement. Ainsi, nous nous sommes intéressés aux femmes migrant à l'étranger, le plus souvent pour subvenir aux besoins de leurs enfants ou de leur famille, ce qui nous permet de formuler notre 5e hypothèse : « La probabilité qu'un migrant haïtien soit motivé à créer une entreprise pérenne et génératrice de revenus dans les TOMFA est impactée négativement s'il s'agit de femme seule au foyer ».

### 3.6. Niveau d'éducation

Selon l'Institut haïtien de statistique et d'informatique (IHSI) en 2017, le taux de scolarisation pour les enfants de moins de 10 ans est de 36,7% en 2003 et l'indice du développement humain (IDH) est passé de 0,33 en 1980 à 0,48 en 2016. Ces informations montrent qu'Haïti souffre depuis très longtemps d'un niveau d'éducation très insuffisant. Cela peut constituer un handicap pour le développement du pays, si l'on considère le rôle du capital humain et du capital social dans la croissance économique. En partant du constat que beaucoup d'Haïtiens migrent à l'étranger sans avoir un niveau académique suffisant, nous formulons notre sixième hypothèse de la manière suivante : « La probabilité qu'un certain nombre de migrants haïtiens soit motivé à créer une entreprise ou à porter un projet de développement durable dans les TOMFA est impactée négativement par son faible niveau d'éducation ».

### 3.7. Expérience professionnelle

En Haïti, les expériences professionnelles dans les entreprises privées ou dans les administrations publiques ou parapubliques semblent quasiment impossibles, notamment pour les étudiants ou les jeunes apprenants. Or, un étudiant a souvent besoin d'avoir une expérience professionnelle avant de débuter convenablement une carrière dans les affaires. En se situant dans le contexte des Haïtiens qui migrent dans les TOMFA où la formation continue, le système d'apprentissage et la formation en alternance sont encouragés par les collectivités territoriales, nous formulons notre septième hypothèse de la manière suivante: « Même si la formation continue, le système d'apprentissage et la formation en alternance sont à la portée de tous en France, nous supposons que le manque d'expérience professionnelle certifiée constitue une source de blocage pour qu'un certain nombre de migrants haïtiens soit motivé à entreprendre une activité pérenne et génératrice de revenus dans les TOMFA ».

### 3.8. Hypothèses et variables retenues

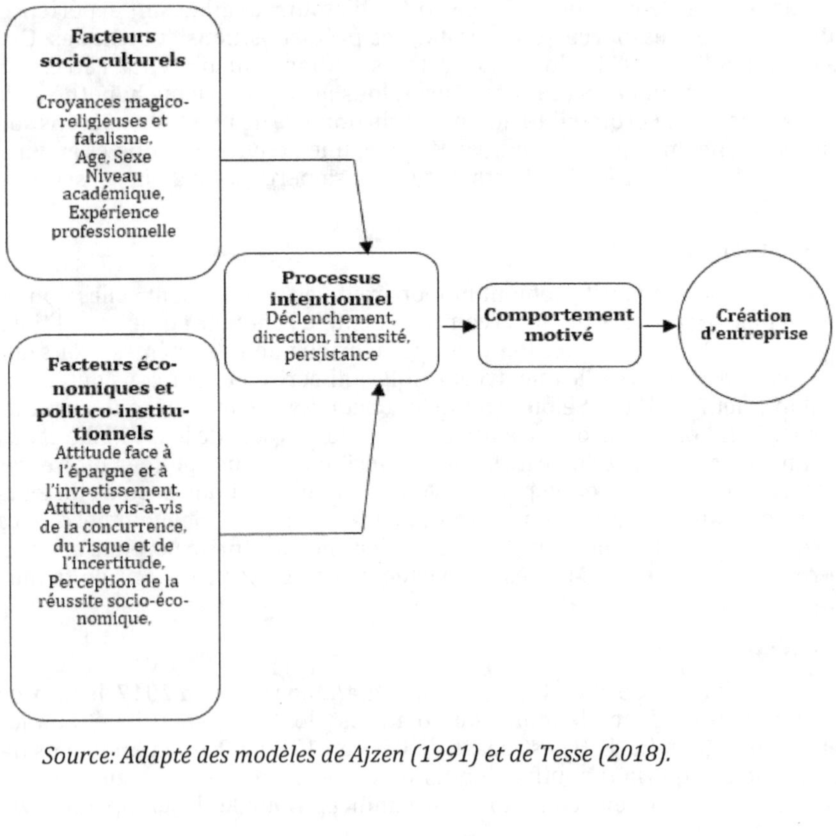


*Source: Adapté des modèles de Ajzen (1991) et de Tesse (2018).*

Ainsi les variables, à partir des hypothèses formulées, sont présentées dans le tableau 1.

**Tableau 1. Variables**

| Hyp. | Intitulé | Signe attendu |
|---|---|---|
| 1 | Les croyances magico-religieuses et le fatalisme ont un impact négatif sur la probabilité qu'un certain nombre de migrants haïtiens manifeste l'intention de créer une entreprise dans les TOMFA. | – |
| 2 | L'attitude vis-à-vis de la concurrence, du risque et de l'incertitude n'a pas d'impact négatif sur la probabilité qu'un migrant haïtien soit motivé à créer une entreprise dans les TOMFA. | + |
| 3 | L'attitude face à l'épargne et à l'investissement n'affecte pas négativement la probabilité qu'un migrant haïtien soit motivé à créer une entreprise dans les TOMFA. | + |
| 4 | La probabilité qu'un certain nombre de migrants haïtiens soit intéressé à créer une entreprise ou à investir dans une activité pérenne et génératrice de revenus dans les TOMFA est influencée négativement par sa perception de la réussite socio-économique. | – |
| 5 | La probabilité qu'un migrant haïtien soit motivé à créer une entreprise pérenne et génératrice de revenus dans les TOMFA est impactée négativement s'il s'agit de femme seule au foyer. | – |
| 6 | La probabilité qu'un certain nombre de migrants haïtiens soit motivé à créer une entreprise ou à porter un projet de développement durable dans les TOMFA est impactée négativement par son faible niveau d'éducation. | – |
| 7 | Même si la formation continue, le système d'apprentissage et la formation en alternance sont à la portée de tous en France, le manque d'expérience professionnelle certifiée constitue une source de blocage pour qu'un certain nombre de migrants haïtiens soit motivé à entreprendre une activité pérenne et génératrice de revenus dans les TOMFA. | – |

## 4. RÉSULTATS DE L'ENQUÊTE

Une enquête par sondage aléatoire est utilisée pour collecter les données auprès d'un échantillon de 315 migrants haïtiens qui sont des chefs de ménage résidant légalement dans les TOMFA. Les questionnaires ont été acheminés auprès des migrants haïtiens qui résident dans les principales villes économiques et industrielles des TOMFA, comme Fort-de-France et Lamentin (Martinique), Pointe-à-Pitre, Abymes, Gosier et Baie-Mahault (Guadeloupe), Cayenne et Matoury (Guyane), Marigot (Saint-Martin) et Gustavia (Saint-Barthélemy). Parmi ces 315 échantillons qui ont été sondés, 220 ont été traités statistiquement et économétriquement grâce aux logiciels Stata. Les questions qui ont été posées sont de trois types : fermées pour les variables socio-démographiques, ouvertes pour les variables liées à la création d'entreprise et des items à échelle de Likert allant de « en désaccord » à « en accord » pour celles liées aux comportements entrepreneuriaux.

Les analyses statistiques descriptives portent sur la fréquence des variables socio-démographiques. Elles portent aussi sur celle des variables liées à la création d'entreprise dans les TOMFA et aux comportements entrepreneuriaux de ces 220 migrants traités.

### 4.1. Résultats descriptifs des variables socio-démographiques

Sur les 220 migrants haïtiens dans les TOMFA, 54,55% sont des hommes contre 45,45% des femmes. Ces migrants sont pour la majorité (56,8%) dans une tranche d'âge comprise entre 20 et 49 ans, contre 43,2% qui sont âgés de 50 ans et plus. Ils sont plus concentrés en Guadeloupe, 44,1% (y compris les Îles du Nord, à l'instar de Saint-Martin et de Saint-Barthélemy), contre 38,6% en Martinique et 17,3% en Guyane. Près de 60% d'entre eux déclarent n'avoir aucun niveau académique et 2,8% seulement ont un niveau Licence. La majorité de la catégorie de ces migrants qui n'ont pas été scolarisés sont des femmes (67,3%), 56,4% résident en Guyane et 34,5% en Guadeloupe. Par ailleurs, 20,9% de ces migrants sont des commerçants ou artisans, 0,9% sont chefs d'entreprise, 10,9% sont agriculteurs et 53,6% n'ont aucune profession. Ceux qui sont chefs d'entreprise sont pour la majorité de sexe masculin et résident en Guadeloupe, plus particulièrement à Saint-Martin. De même, les migrants haïtiens agriculteurs habitent en premier lieu en Guadeloupe, suivi de la Martinique. 46,4% des migrants déclarent avoir quitté Haïti à cause de la pauvreté économique, 13,6% d'entre eux pour des raisons politiques, des coups d'État et des catastrophes naturelles, 18,2% d'entre eux dans l'optique de pouvoir rejoindre leur famille, 4,5% pour poursuivre leurs études et seulement 2% pour réaliser des investissements. 36,6% de ces migrants déclarent avoir au moins un enfant dans les TOMFA et 95,5% d'entre eux ont déclaré avoir des responsabilités financières envers leur famille en Haïti.

### 4.2. Résultats descriptifs des variables liées à la création d'entreprise

Sur la question relative aux montants des salaires des migrants sondés travaillant dans les TOMFA, 90% d'entre eux sont dits satisfaits (toutes catégories confondues). Par ailleurs, sur les 198 migrants qui manifestent l'intention de créer une entreprise dans les TOMFA (90%), 101 d'entre eux déclarent l'envisager sur le long terme, 60 à moyen terme et 37 autres ont répondu à court terme. Toutefois, il y a 22 migrants qui ne sont pas motivés à entreprendre dans les TOMFA (10%), à court comme à long terme.

**Graphique 4. Réponses propres à la création d'entreprise**

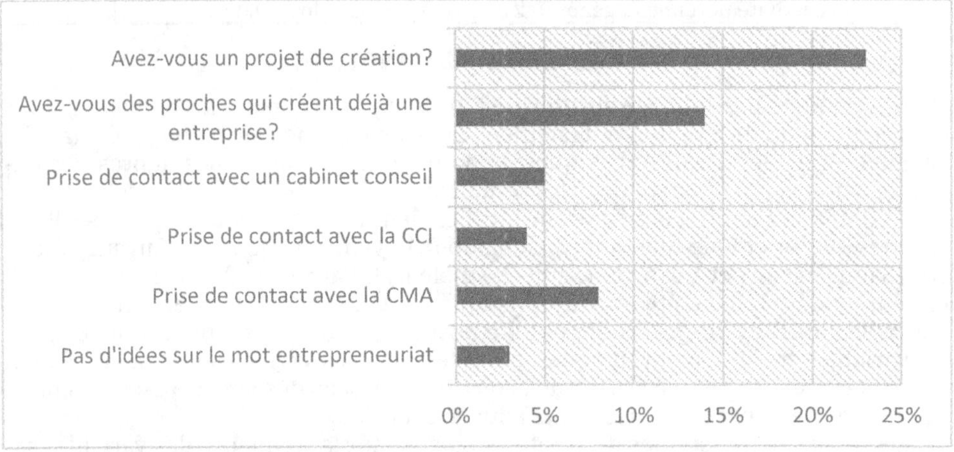


Parmi les migrants qui souhaitent entreprendre dans les TOMFA, 23% d'entre eux déclarent avoir déjà un projet de création d'entreprise (Graphique 4). Concernant le secteur d'activité dans lequel ces migrants souhaitent investir, 28,4% préfèrent le commerce de détail, seulement 10,4% la restauration et 5,2% ne savent pas encore (Graphique 5).

**Graphique 5. Répartition des secteurs d'activité dans lesquels les répondants souhaiteraient investir dans les TOMFA**

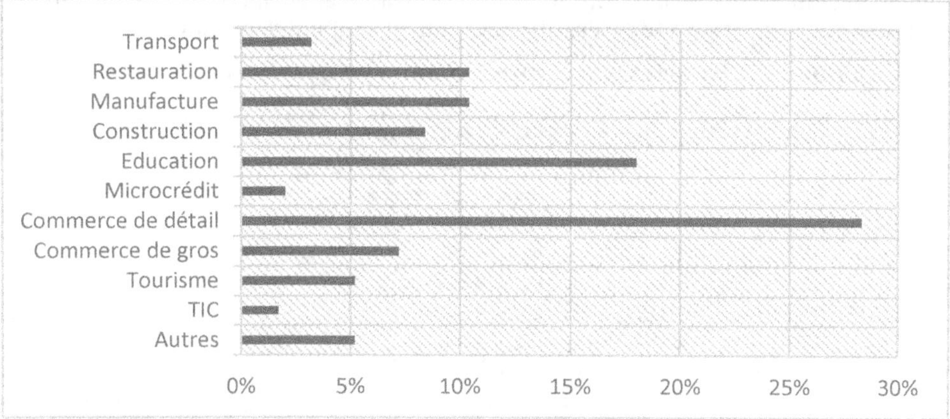


D'après le Graphique 6, parmi les migrants qui souhaitent entreprendre dans les TOMFA, 20,9% d'entre eux sont motivés pour subvenir aux besoins de leur famille en Haïti, 17,1% pour se procurer un travail, 2,4% pour être autonome, 17,8% pour la recherche d'un profit et 10,8% pour sortir de la pauvreté. Ceux qui ont un niveau Maîtrise et plus (2,3%) sont les plus intéressés à engager un projet d'entreprendre sur le long terme. On les retrouve majoritairement en Guadeloupe et en Martinique.

**Graphique 6. Motivations des répondants à la création d'entreprise**

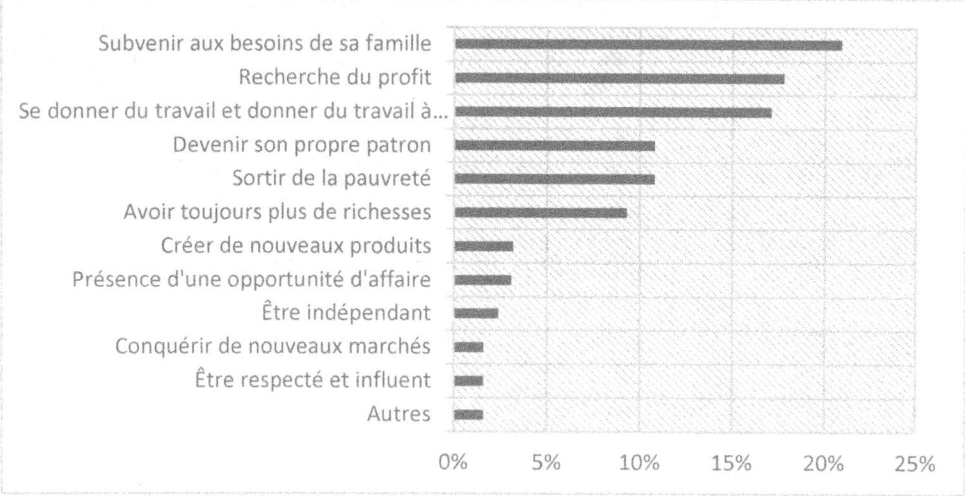


Parmi les obstacles rencontrés (Graphique 7), 21,1% des migrants considérés ont fait face au manque de ressources financières, 11,6% ont peur de la jalousie et 15,6% ne veulent pas créer une entreprise vu l'effort personnel que cela suppose. Parmi les problèmes auxquels ils font face, le manque d'expérience professionnelle certifiée pour certains d'entre eux est évalué à 55,5%, contre 44,5% qui ont déclaré avoir une expérience professionnelle dans le domaine de la création d'entreprise, même s'il s'agit d'entreprises de très petite taille. La majorité de ceux qui ont peur de la jalousie et de la sorcellerie réside en Guyane et en Guadeloupe et déclare n'avoir aucune idée sur la définition du mot entrepreneuriat (1%). Les réponses sont obtenues à partir de tous les migrants constituant notre échantillon.

**Graphique 7. Obstacles à la création d'entreprise selon les répondants**

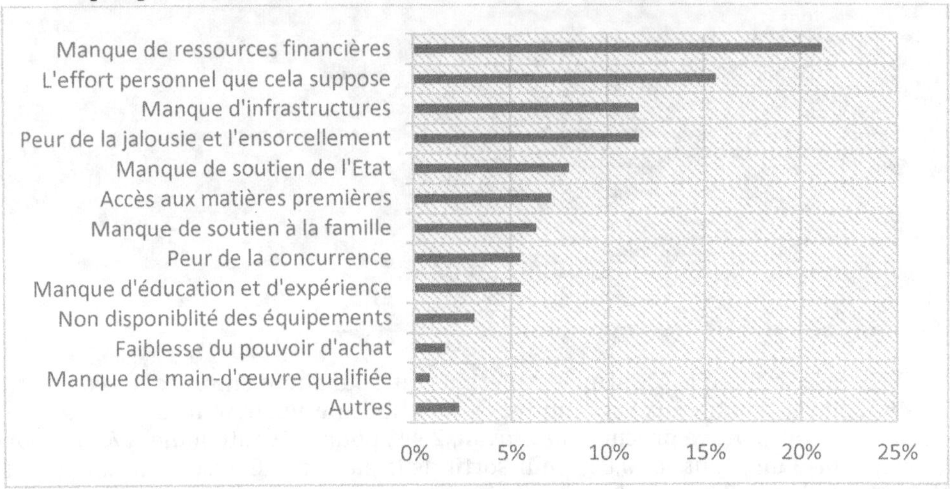


### 4.3. Résultats descriptifs des variables liées aux comportements entrepreneuriaux : croyances, attitudes et perceptions

Concernant la variable « croyances magico-religieuses et fatalisme », 48,1% des sondés sont tout à fait d'accord que seul Dieu peut protéger une entreprise en faillite, contre seulement 27,2% d'entre eux qui sont en désaccord avec cette affirmation. Parallèlement, 50,4% des sondés pensent que les hommes d'affaires peuvent réussir à l'étranger, si de grands marabouts œuvrent à un travail occulte, contre 30,2% d'entre eux qui sont en désaccord. Quant à ce même énoncé, 19,4% des sondés sont indifférents. Les croyances magico-religieuses paraissent très fortes chez les sondés, surtout ceux qui résident en Guyane et en Guadeloupe (Tableau 2).

**Tableau 2. Réponses en matière de croyances propres à la création d'entreprise**

| Croyances magico-religieuses/items | En désaccord | Indifférent | En accord | Total |
|---|---|---|---|---|
| « Seul Dieu peut protéger une entreprise contre la faillite » | 60<br>27,20% | 54<br>24,70% | 106<br>48,10% | 220<br>100% |
| « Grâce à la prière, on peut réussir tout ce qu'on entreprend » | 0<br>0,00 % | 1<br>0,46% | 219<br>99,54% | 220<br>100% |
| « Les hommes d'affaires haïtiens réussissent à l'étranger, parce qu'ils ont de grands marabouts qui leur font un travail occulte » | 66<br>30,20% | 43<br>19,40% | 111<br>50,40% | 220<br>100% |

Quant à la variable « attitude face à l'épargne et à l'investissement », les avis des sondés sont très partagés (Tableau 3). 45% des enquêtés sont d'accord sur le fait qu'investir dans une entreprise rapporte mieux que l'épargne tandis que 34,6% d'entre eux ne partagent pas leur avis. 24,9% des sondés sont en désaccord avec l'idée que l'épargne et la consommation sont plus rassurantes que de créer une entreprise, contre seulement 6% d'entre eux qui sont totalement opposés. La majorité d'entre eux est indifférente.

**Tableau 3. Attitudes face à l'épargne et à l'investissement**

| Attitudes face à l'épargne et à l'investissement/items | En désaccord | Indifférent | En accord | Total |
|---|---|---|---|---|
| « Investir dans une entreprise rapporte mieux que l'épargne » | 76<br>34,56% | 45<br>20,42% | 99<br>45,02% | 220<br>100% |
| « L'épargne et la consommation sont plus rassurantes que de créer une entreprise » | 55<br>24,89 % | 152<br>69,11% | 13<br>6,00% | 220<br>100% |
| « Qui n'épargne pas un sou, n'en aura jamais deux » | 5<br>2,29% | 200<br>90,90% | 15<br>6,81% | 220<br>100% |
| « L'argent est fait pour être dépensé » | 134<br>57,82% | 18<br>8,18% | 68<br>34,00% | 220<br>100% |

Sur la variable « perception de la réussite socio-économique », plus de 78% des sondés sont d'accord avec le fait que « l'homme ne va nulle part avec la richesse ». Toutefois, 45,8% d'entre eux sont indifférents sur la question qu'on peut s'enrichir en travaillant pour les autres. Parallèlement, 98,1% des sondés sont en désaccord avec l'énoncé « les riches restent riches et les pauvres demeurent pauvres » (Tableau 4).

**Tableau 4. Perception de la réussite socio-économique**

| Perception de la réussite socio-économique/items | En désaccord | Indifférent | En accord | Total |
|---|---|---|---|---|
| « Toute personne qui réussit dans sa vie est celle qui a de la chance » | 90<br>40,90% | 100<br>45,45% | 30<br>13,65% | 220<br>100% |
| « L'homme ne va nulle part avec de la richesse » | 8<br>3,82 % | 40<br>18,18% | 172<br>78,00% | 220<br>100% |
| « Les riches restent riches et les pauvres demeurent pauvres » | 216<br>98,12% | 4<br>1,88% | 0<br>0,00% | 220<br>100% |
| « On ne peut s'enrichir en travaillant pour les autres » | 34<br>15,45% | 101<br>45,78 % | 85<br>38,77% | 220<br>100% |

Quant à la variable « attitude vis-à-vis de la concurrence, du risque et de l'incertitude » (Tableau 5), 45,4% des sondés croient que créer une entreprise peut susciter de la jalousie, même en étant à l'étranger. De même, 98,8% d'entre eux pensent qu'il faut avoir des ressources et des moyens innovants pour créer, contre seulement 1,2% qui sont en désaccord.

**Tableau 5. Attitudes vis-à-vis de la concurrence et du risque**

| Attitudes vis-à-vis de la concurrence, du risque et de l'incertitude Items | En désaccord | Indifférent | En accord | Total |
|---|---|---|---|---|
| « Créer une entreprise peut susciter de la jalousie, même étant à l'étranger » | 8<br>3,74% | 112<br>50,91% | 100<br>45,35% | 220<br>100% |
| « Il faut avoir des moyens et ressources innovants pour créer une entreprise » | 2<br>1,20 % | 1<br>0,02% | 217<br>98,78% | 220<br>100% |
| « Créer une entreprise dans un pays étranger est risqué, même si on a les assurances qui permettent de protéger les actifs » | 0<br>0,00% | 0<br>0,00% | 220<br>100% | 220<br>100% |

## 5. MODÉLISATION MICRO-ECONOMÉTRIQUE, ESTIMATION ET DISCUSSION DES RÉSULTATS

### 5.1. Modèles et résultats

La modélisation micro-économétrique permet d'approfondir les résultats descriptifs en estimant la contribution des comportements des migrants haïtiens énoncés précédemment et envisagés comme variables pouvant expliquer leurs intentions d'entreprendre à court, moyen et long terme dans les TOMFA. Nous utilisons la procédure en deux étapes du modèle de sélection d'Heckman (1979) pour corriger le biais des coefficients dans l'estimation par les moindres carrés ordinaires (MCO) des équations retenues. Ce biais existe par le fait que ce ne sont pas tous les migrants haïtiens considérés qui manifestent l'intention d'entreprendre dans ces territoires, et ceci quel que soit l'horizon temporel retenu (CT, MT, LT). Dans notre échantillon, 198 migrants sont motivés à entreprendre dans les TOMFA (soit 90%). 22 migrants ne sont pas motivés (soit 10%). Et parmi les 198 migrants qui sont motivés à entreprendre, il y a 101 d'entre eux qui souhaitent le faire à long terme. Le reste se partage entre 60 migrants qui ont répondu à moyen terme et 37 autres à court terme.

La procédure en deux étapes du modèle d'Heckman consiste à traiter le biais engendré par les variables observables et les effets des inobservables via l'inverse du ratio de Mills (IMR). La première étape consiste à expliquer les facteurs qui caractérisent les comportements entrepreneuriaux des migrants haïtiens dans les TOMFA, en tenant compte de tous les individus de l'échantillon. Nous utilisons donc l'estimation Probit binaire dans laquelle l'intention d'entreprendre comme variable dépendante prend la valeur 1 pour les migrants motivés et 0 sinon. Les variables explicatives sont les croyances magico-religieuses (MR), la perception de la réussite socioéconomique (PER), l'attitude vis-à-vis de la concurrence, du risque et de l'incertitude (AE), l'attitude face à l'épargne et à l'investissement (AI), le sexe (SE), le niveau académique (NA) et l'expérience professionnelle (EP). Notons que les quatre premières variables sont mesurées via le coefficient alpha de Cronbach ($\alpha$) (annexe 1) qui permet de mesurer la cohérence interne des items formant chaque variable explicative. Nous utilisons aussi le facteur d'inflation de la variance (VIF) et la matrice de corrélation pour évaluer l'interdépendance entre elles (annexe 2). L'équation de sélection de la première étape s'écrit ainsi :

Équation (1)

$$I_i^* = \delta_0 + \delta_1 \, MR_i + \delta_2 \, PER_i + \delta_3 \, AE_i + \delta_4 \, AI_i + \delta_5 \, SE_i + \delta_6 \, NA_i + \delta_7 \, EP_i + \varepsilon_i > 0$$

L'équation de la première étape du modèle d'Heckman permet d'estimer non seulement les caractéristiques des comportements entrepreneuriaux de tous les migrants constituant l'échantillon, mais aussi elle permet de calculer l'inverse du ratio de Mills (IMR) que l'on introduira dans les trois équations de la deuxième étape afin de contrôler le biais de sélection. L'inverse du ratio de Mills permet de capturer les valeurs espérées de l'équation d'intérêt, une fois passé l'effet de sélection. Dès lors, par l'estimation des MCO, les équations (2), (3) et (4) tentent d'expliquer l'intention d'entreprendre à chaque horizon temporel (CT, MT, LT) par les variables susmentionnées et l'inverse du ratio de Mills. Les coefficients estimés sont donc corrigés du biais de sélection. Les équations substantielles de la deuxième étape s'écrivent de la façon suivante :

Équation (2)

$$y_{CTi} = \beta_0 + \beta_1 \, MR_i + \beta_2 \, PER_i + \beta_3 \, AE_i + \beta_4 \, AI_i + \beta_5 \, SE_i + \beta_6 \, NA_i + \beta_7 \, EP_i + \sigma_1 \, IMR_i + \mu_{1i}$$

Équation (3)

$$y_{MTi} = \alpha_0 + \alpha_1\, MR_i + \alpha_2\, PER_i + \alpha_3\, AE_i + \alpha_4\, AI_i + \alpha_5\, SE_i + \alpha_6\, NA_i + \alpha_7\, EP_i + \sigma_2\, IMR_i + \mu_{2i}$$

Équation (4)

$$y_{LTi} = \partial_0 + \partial_1\, MR_i + \partial_2\, PER_i + \partial_3\, AE_i + \partial_4\, AI_i + \partial_5\, SE_i + \partial_6\, NA_i + \partial_7\, EP_i + \sigma_3\, IMR_i + \mu_{3i}$$

avec $\varepsilon_i$ qui suit une loi normale N (0,1) et $\mu_{1i}$, $\mu_{2i}$ et $\mu_{3i}$ qui suivent une loi normale $N(0, \Delta_\mu)$.

Au regard des résultats des quatre modèles estimés donnés dans le Tableau 6, il apparaît que la variable « croyances magico-religieuses et fatalisme » n'encourage pas l'intention entrepreneuriale des migrants haïtiens dans les TOMFA, avec une probabilité d'erreur significative à 1%. Cette variable impacte négativement l'intention d'entreprendre à CT, MT et LT. Ainsi, les Haïtiens, tant en Haïti qu'à l'étranger, sont très fatalistes en adoptant souvent des comportements de résignation et de destin dans ce qu'ils entreprennent ou espèrent. Le coefficient de la variable « attitude vis-à-vis de la concurrence, du risque et de l'incertitude » est positif et significativement différent de 0 au seuil de 5% d'erreur. Cela signifie que, contrairement aux sentiments de peur, de risque et d'incertitude qui règnent en Haïti en matière de création d'entreprises, l'intention entrepreneuriale des migrants haïtiens est favorisée par les lois existant dans les TOMFA pour se protéger contre la concurrence déloyale, le chômage, etc.

**Tableau 6. Estimation de l'effet des comportements entrepreneuriaux**

| | Modèle 1 | Modèle 2 | Modèle 3 | Modèle 4 |
|---|---|---|---|---|
| Constante | -1,734***<br>(-4,32) | -0,243*<br>(-4,56) | 0,344**<br>(4,17) | 0,297<br>(3,21) |
| MR | -0,047***<br>(2,82) | -0,027***<br>(1,89) | -0,026***<br>(-1,11) | -0,117***<br>(4,26) |
| PER | -0,023***<br>(1,76) | -0,026***<br>(2,14) | -0,028***<br>(1,64) | -0,006***<br>(-5,42) |
| AE | 0,002**<br>(0,63) | 0,001**<br>(-0,24) | 0,017**<br>(1,34) | 0,013**<br>(1,44) |
| AI | 0,001**<br>(0,06) | 0,004**<br>(-1,47) | 0,003**<br>(2,28) | 0,433**<br>(1,17) |
| SE | 0,546***<br>(-2,13) | 0,002***<br>(1,12) | 0,112***<br>(2,00) | 0,764***<br>(1,75) |
| NA | -1,233***<br>(3,14) | -0,114***<br>(-2,18) | -2,144***<br>(-1,18) | -1,114***<br>(2,11) |
| EP | -1,117***<br>(0,12) | -1,322***<br>(2,12) | -2,543***<br>(0,21) | -1,008***<br>(-3,42) |
| $IMR_i$ | | 0,0035***<br>(1,37) | 0,344***<br>(-1,52) | 0,086***<br>(-2,22) |
| Chi-deux | 57,25*** | 36,27*** | 30,32*** | 19,42*** |
| Pseudo-$R^2$ | 8,72% | | | |
| Nombre d'observations : 220 | | | | |

**, **, *** significatifs respectivement à 10%, 5% et 1% ; (z-stat).*
*Source : Calcul de l'auteur, à l'aide du logiciel Stata.*

De son côté, la variable « attitude face à l'épargne et à l'investissement » impacte positivement les intentions des migrants haïtiens à entreprendre à court, moyen et long terme dans les TOMFA au seuil de 5%. Cela peut s'expliquer en partie par le fait que les institutions bancaires et financières sont considérées comme suffisamment organisées et réglementées dans les TOMFA. Le coefficient de la variable « perception de la réussite socio-économique » est négatif et est significativement différent de 0 au seuil de 1%. Le résultat obtenu montre que certains migrants sondés ont du mal à percevoir leur intégration sur les plans politique, économique et social dans les TOMFA. Cela peut être associé au niveau académique et au manque d'expérience professionnelle de ces migrants. En comparant à beaucoup de migrants haïtiens qui font partie de la classe des intellectuels et des élites économiques et qui jouissent d'une bonne intégration sociale au Canada et aux États-Unis, ceux qui résident dans les TOMFA ont pour la majorité un niveau académique très bas et sont moins influents sur le plan économique (voir données de l'INSEE, 2016). Cela peut être l'une des raisons qui peut les empêcher de créer des entreprises pérennes et génératrices de revenus dans les TOMFA, malgré la reconnaissance de leur force de travail dans l'économie domienne. À côté du manque d'expérience professionnelle, plus le niveau d'éducation académique des migrants est faible, moins ils sont motivés à entreprendre des activités économiques durables et innovantes dans les TOMFA. Il convient toutefois de noter qu'il y a une plus grande proportion qui souhaite entreprendre plus à long terme qu'à moyen et court terme. Il résulte que leur développement socio-économique souhaité dans les TOMFA s'inscrit dans un processus entrepreneurial de long terme.

### 5.2. Les leçons à tirer sur la base des transactions sociales

La majorité des migrants haïtiens résidant en Martinique, en Guadeloupe et en Guyane sont plus intéressés à investir dans le commerce de détail, contrairement à ceux qui migrent à Saint-Barthélemy et à Saint-Martin qui souhaiteraient investir dans le secteur touristique et la restauration. Ces migrants donnent presque les mêmes réponses sur les raisons pour lesquelles ils ont quitté leur pays d'origine. De là, nous pouvons étendre notre analyse à partir de la notion de transaction sociale de Gibout et *al.* (2009, p. 9) où « *les individus construisent la société dans laquelle ils vivent et que, dans le même temps, la société reproduit ces individus* ». Un migrant peut être considéré comme une valeur ajoutée dans un territoire d'accueil dans la mesure où il peut apporter un capital et une force de travail s'il accepte de faire des efforts pour s'adapter aux exigences et aux conditions d'intégration dans ce territoire. En ce sens, la majorité des migrants haïtiens sont motivés pour créer à long terme une entreprise pérenne et génératrice de revenus dans les TOMFA, mais ils font face à de nombreux obstacles liés à un manque de réseaux, aux démarches personnelles et administratives, à un faible niveau académique, au manque de compétences et d'expérience professionnelle et à l'inadéquation de certaines pratiques culturelles, comme l'attitude face au risque, les croyances religieuses et la mauvaise perception de la réussite socio-économique. En réalité, la plupart de ces obstacles trouvent leur origine dans le manque d'information ou de connaissance sur le fonctionnement de la formation par l'apprentissage en France et certains avantages administratifs et financiers offerts par les TOMFA à travers les collectivités territoriales, les Régions, la Chambre de commerce et d'industrie et la Chambre de Métiers et de l'Artisanat pour se lancer dans des activités économiques valorisantes. Même s'il y a des migrants haïtiens qui résident dans les TOMFA depuis plus de 50 ans, leur ancienneté dans ces territoires ne représente toutefois pas obligatoirement un atout pour constituer des réseaux, trouver facilement des emprunts bancaires, voire bénéficier des aides et subventions publiques à l'investissement.

Contrairement aux nombreux migrants haïtiens qui peinent à s'adapter pour s'insérer sur le plan socio-économique, d'autres pourtant réussissent mieux. Ils sont pour la plupart des universitaires qui sont arrivés dans les TOMFA avec des valeurs, des connaissances et un savoir-faire acquis en Haïti et un niveau académique comme le Baccalauréat et la Licence. Après avoir poursuivi leurs études dans les TOMFA et en France hexagonale, une partie de ces migrants sont motivés pour créer une entreprise sur le long terme dans les TOMFA, sitôt qu'ils mobiliseront une expérience professionnelle et une certaine stabilité sur le plan financier.

Afin de mieux profiter des avantages offerts dans les TOMFA, il serait heureux aussi que les migrants haïtiens puissent s'approprier de nouvelles cultures en matière entrepreneuriale liées à l'innovation, la concurrence économique et la stratégie. Toute la question est de savoir à quelles conditions la réinterrogation de leur culture peut se faire pour permettre au migrant haïtien de mieux s'adapter au « social accueillant », car l'abandon des croyances n'est pas aisé lorsque les attaches avec le pays d'origine restent fortes. De plus, il y a des valeurs, des comportements, voire des habitudes qui sont restés ancrés, même en étant à l'étranger.

## CONCLUSION

Notre étude repose sur des données collectées auprès d'un échantillon de 220 migrants qui sont des chefs de ménage résidant légalement dans les TOMFA à partir d'une enquête par sondage aléatoire. Elles ont été analysées statistiquement et économétriquement afin d'évaluer l'impact de certains facteurs économiques, politico-institutionnels (considérés comme des facteurs extrinsèques) et socio-culturels (facteurs intrinsèques) sur les intentions d'entreprendre dans les TOMFA. Même si les données analysées ne sont que des déclarations d'auto-perception, elles nous ont permis d'extrapoler les résultats sur l'ensemble des migrants haïtiens dans les TOMFA, via un échantillon qui est représentatif et significatif du point de vue statistique.

Les résultats ont permis de confirmer certaines réalités socio-culturelles et économiques qui sont liées aux comportements entrepreneuriaux des Haïtiens en Haïti comme à l'étranger. Par exemple, le syncrétisme religieux, les croyances magiques et la mauvaise perception de la réussite socio-économique sont parmi les traits socio-culturels qui freinent le développement d'Haïti (Logossah, 2007 ; Benoît, 1986...). De même, ils constituent des obstacles à un certain nombre de migrants haïtiens pour pouvoir s'intégrer ou de s'insérer convenablement dans les TOMFA, même si l'on reconnaît que ces migrants représentent une force de travail importante dans l'économie domienne.

De manière générale, cet article nous a permis de contribuer à la littérature théorico-empirique en envisageant le développement socio-économique durable de la migration sous l'angle des « transactions sociales » qui, sous différentes formes, interviennent avec le territoire d'accueil et le pays d'origine. Notre contribution est surtout originale sur le cas étudié, en permettant d'appréhender les réalités socio-culturelles haïtiennes dans l'entrepreneuriat à l'étranger, dans les TOMFA en particulier. En ce qui a trait à la continuité de cette recherche, nous proposons de mener après 5 ans une autre enquête de terrain, ce qui nous permettra de suivre l'évolution des répondants en matière de création d'entreprise. Dans cette même perspective, nous proposons de prolonger cet article, en favorisant la collecte des données via un protocole expérimental sur les trajectoires de l'intention entrepreneuriale des migrants et les facteurs pouvant influencer leurs comportements dans un contexte incertain.

## RÉFÉRENCES

**Ajzen, I. (1991)**, The Theory of Planned Behavior, *Organizational behavior and human decision processes*, 50, 179-211.

**Banque mondiale (2014)**, Rapport sur le développement et la migration en Haïti en 2014.

**Banque interaméricaine du développement (2006)**, https://www.iadb.org/fr/propos-de-la-bid/apercu-general

**Becker, G. S. (1962)**, Investment in human capital: À theoritical analysis, *Journal of Political Economy*, 70, 5, 9-49.

**Becker, G. S. (1964)**, *Human Capital. A Theoretical and Empirical Analysis, with Special Reference to Education*, NBER, 80, New York and London, Columbia University Press.

**Benoît, M. (1986)**, Dynamisme des cultures noires en Haïti, Spécificité et dynamique des cultures négro-africaines, UNESCO, Paris.

**Borjas, G. (1990)**, *Friends or Strangers: The Impact of Immigration on the US Economy*, New York, Basic Books.

**Bourdieu, P. (1980)**, Le capital social, Actes de la Recherche en Sciences sociales, 2-3.

**Carter, S. B., Sutch, R. (1999)**, Historical perspectives on the economic consequences of immigration into the United States, in Hirschman C., Kasinitz P., DeWind J. (eds.), *The Handbook of International Migration : The American Experience*, New York, Russell Sage Foundations, 319-341.

**Castles, S., Kosack, G. (1972)**, The function of labour immigration in Western European Capitalism , *New Left Review*, 73, 3-21.

**Collectif Haïti de France en 2012**. En ligne http://www.collectif-haiti.fr

**Cruse, R. (2012)**, *Géopolitique et migrations en Haïti. Essai sur les causes de l'émigration haïtienne et sur l'utilisation des migrants*, Publibook.

**Fei, J. Ranis, G. (1961)**, Theories of under development: rural-urban migration model.

**Fortéus, M. (2010)**, Déterminants culturels de la pauvreté en Haïti : cas de la commune de Cavaillon, Mémoire de master 2, UAG.

**Gibout, C., Blanc, M., Foucart, J. (2009)**, *Transactions sociales et sciences de l'homme et de la société*, Édition Pensée Plurielle.

**Goldin, I., Cameron, G., Balarajan, M. (2011)**, *Exceptional People: How Migration Shaped Our World and Will Define Our Future*, Princeton University Press, Princeton, 392 p.

**Harris, R., Todaro, M. (1970)**, Migration, Unemployment and Development: a two sector analysis, *American Economic Review*, 60.

**Heckman, J. (1979)**, Sample selection bias as a specification error, *Economica*, 47(1).

**Hofstede, G.H. (1994)**, *Vivre dans un monde multiculturel : comprendre nos programmations mentales*, Éditions d'Organisation, Paris.

**Institut haïtien de statistique et d'informatique (2003)**, Enquête sur les conditions de vie en Haïti.

**INSEE** en 2005, 2016 et 2018. Rapport sur les immigrés arrivés en France. En ligne : https://www.insee.fr/fr/statistiques/1281393.

**Jacob, S. (2009)**, *Pourquoi des agriculteurs rationnels sont-ils inefficients ? Capital humain, efficience productive et stratégies paysannes en Haïti*, Publibook, Paris.

**Jaghfar, A. (2008)**, Utilisation des TIC et performance des entreprises : cas des TIC en Haïti, Mémoire de Master, UAG.

**Jeune, M. (2008)**, La culture comme frein à la création d'entreprises en Haïti, Mémoire de Master 2, UAG.

**Joint, L. A., Merion, J. (2011)**, *L'immigration haïtienne dans la Caraïbe : quel défi pour l'unité des peuples ?*, Édition Nestor, 335 p.

**Lee, E. (1966)**, A theory of migration, *Demography*, 3, 1, 47-57.

**Lewis, W. A. (1954)**, Economic Development with unlimited supplies of labour, *The Manchester School of Economic and Social*, 22, 2,139-191.

**Logossah, K. (2007),** Éthique sociale et trappe à sous-développement : le cas de l'Afrique sub-saharienne, Les cahiers du GREGED, Université Quisqueya, Haïti, 3, 57-73.

**Oberai, A., Manmohan, S. (1980),** Migration remittances and rural development: Findings of a case study in the Indian Punjab, *International Labor Review*, 119, 229-241.

**Omrane, A., Garçon, M., Garnier, J. (2015),** Fixed points in multiple equilibria probability-migration models, *Serdica. Mathematical Journal. Serdika. Matematichesko Spisanie*, 263-276.

**Orozco, M. (2006),** International Flows of Remittances: Cost, competition and financial access in Latin America and the Caribbean-toward an industry scorecard, Washington, Dialogue, 17 p.

**Orosco, M. (2019),** Remittances to Latin America and the Caribbean in 2017, Report, The dialogue Leadership for the America.

**Organisation internationale pour les migrations (OIM) en 2015**, Migration en Haïti : Profil migratoire national, En ligne : https://reliefweb.int/report/haiti/migration-en-ha-ti-profil-migratoire-national-2015

**Paul, B. (2008),** Migration et pauvreté en Haïti : impacts économiques et sociaux des envois de fonds sur l'inégalité et la pauvreté ?, LASER, Université de Montpellier 1.

**Pauzé, R. (1996),** Perspective multifactorielle, interactionniste et diachronique de l'anorexie, *Thérapie familiale*, 17, 2, 241-259.

**Piché, V. (2013),** Les théories migratoires contemporaines au prisme des textes fondateurs, Université de Montréal, département de Démographie.

**PNUD (2006),** La vulnérabilité en Haïti : Chemin inévitable vers la pauvreté ?, Rapport national sur le développement humain, 142 p.

**PNUD (2017),** En ligne : https://www.iom.int/fr/news/les-nations-unies-integrent-la-migration-dans-le-programme-de-developpement-pour-lapres-2015

**Rapport du Ministère des Affaires étrangères (2013)**, Mobilité, migration et développement : Orientations de la politique française, Direction générale de la mondialisation, du développement et des partenaires.

**Ravenstein, E.G. (1885),** The Laws of migration, *Journal of the Statistical Society of London*, 48, 2,167-235.

**Rémy, J. (1996),** La transaction, une méthode d'analyse : contribution à l'émergence d'un nouveau paradigme, *Environnement & Société*, 17, 9-31.

**Rémy, J. (2020),** La transaction sociale, un outil pour dénouer la complexité de la vie en société, *Collection Sociétés urbaines et rurales*, Éditeur ERES, Paris, 496 p.

**Séraphin, H., Paul, B. (2015),** La diaspora : un levier pour le développement du tourisme en Haïti, Mondes du Tourisme, *Open Édition Journal.*

**Souffrant, C. (1974),** Les Haïtiens aux États-Unis, Institut National d'Études Démographiques, 133-146.

**Tesse, E. (2018),** Culture entrepreneuriale, performance socio-économique et modélisation empirique des comportements socio-culturels sur les intentions d'entreprendre en Haïti, Thèse de doctorat en Sciences économiques, Université des Antilles.

**Todaro, M. (1969),** A model of labor migration and urban unemployment in less developped countries, *American Economic Review*, 59, 138-148.

**Trouillot, M.-R. (1990),** Haïti, State Against Nation, Origins and Legacy of Duvalierism, *Monthly Review Press*, New York, 288 p.

**Vertovec, S. (2009),** *Transnationalism*, Routledge, 206 p.

**Wilson, K. L., Portes, A. (1980),** Immigrant enclaves: An analysis of the labour market experience of Cubans in Miami, *American Sociological Review*, 86, 295-319.

## ANNEXES

### Annexe 1. Coefficient alpha de Cronbach des variables explicatives

| Variables | Alpha de Cronbach (α) | Nombre d'items |
|---|---|---|
| Croyances magico-religieuses et fatalisme | 0,801 | 6 |
| Attitude face à l'épargne et à l'investissement | 0,701 | 7 |
| Perception de la réussite socio-économique | 0,881 | 14 |
| Attitude vis-à-vis de la concurrence, du risque et de l'incertitude | 0,698 | 7 |

### Annexe 2. Matrice de corrélation des variables explicatives

| | MR | AE | PER | AC | SE | NA | EP |
|---|---|---|---|---|---|---|---|
| MR | 1 | | | | | | |
| AE | -0,4 | 1 | | | | | |
| PER | 0,3 | 0,2 | 1 | | | | |
| AC | 0,2 | 0,4 | 0,4 | 1 | | | |
| SE | 0,3 | -0,2 | -0,2 | -0,3 | 1 | | |
| NA | 0,1 | -0,1 | 0,1 | -0,2 | 0,3 | 1 | |
| EP | 0,3 | 0,4 | -0,1 | 0,3 | 0,4 | -0,4 | 1 |

*MR=Croyances magico-religieuses et fatalisme ; AE=Attitude face à l'épargne et à l'investissement ; PER=Perception de la réussite socio-économique ; AC=Attitude vis-à-vis de la concurrence, du risque et de l'incertitude ; SE=Sexe ; NA=Niveau académique, EP=Expérience professionnelle.*

## The entrepreneurial behaviors of Haitian migrants in the French overseas territories in America

***Abstract*** - This article attempts to examine the entrepreneurial behaviors of Haitian migrants legally residing in the French Overseas Territories in America (TOMFA), through a random sample survey of a sample of 220 of between them. The main results obtained statistically and using a microeconometric model show that the majority of these migrants express their intention to start a business in TOMFA, more in the long term than in the short term. They reveal certain economic and socio-cultural behaviors which constitute mental blocks. Overall, they make it possible to understand how the sustainable socio-economic development of Haitian migrants in TOMFA must pass through the "social transactions" of the migrant with the host territory and the country of origin.

***Key-words***

Migration
Sustainable socio-economic development
Entrepreneurial behaviors of Haitian migrants
Social transactions with the host territory and the country of origin
French Overseas Territories in America (TOMFA)

**Région et Développement**
*n° 53-2021*
www.regionetdeveloppement.org

# How does mobile money affect the use of informal remittance channels in Sub-Saharan Africa?

**Manuela NGABA***

***Abstract*** - The use of informal remittance channels remains significant in sub-Saharan Africa. However, the importance of mobile money has been growing in the region which is not without effect on the use of informal remittance channels by individuals. Therefore, this study examines the impact of mobile money on the use of informal domestic remittance channels in Sub-Saharan Africa using data from the 2017 Global Findex. The results show that individuals who own and use a mobile money account are less likely to send remittances through an informal channel. This indicates the relevance of digitizing remittances to attract more flows and achieve greater formalization of remittances in Sub-Saharan Africa.

***JEL Classification***
O17, O33, O12

***Key-words***
Mobile Money
Informal Remittances
Sub-Saharan Africa

* Centre d'Économie de Paris Nord (UMR CNRS 7234-CEPN), Université Sorbonne Paris Nord; ngabaaboudi@univ-paris13.fr

## 1. INTRODUCTION

The international movement of people is constantly increasing. It is symptomatic of the deep disparities in economic, social, and security development around the world. In Africa, the number of migrants living outside the continent increased from 17 million in 2015 to 19 million in 2019 (IOM, 2019). The size and growth of intra-African migration are even more important. During the same period, an estimated 20 million migrants lived within the region, up from 18.5 million in 2015 (ibid). Most of these movements (whether they are voluntary or forced) involve remittances from migrants to their families left behind. According to the World Bank estimates, international remittances to Sub-Saharan Africa reached US$48 billion in 2019. As shown in Figure 1 (in Appendix), which illustrates the trend of foreign capital inflows to Sub-Saharan Africa, remittances have been increasing steadily since 2016. In 2018, they were larger than foreign direct investment (FDI) and closer to official development assistance (ODA), the largest source of capital inflows for Sub-Saharan countries. In recent years, the scale and the counter-cyclical nature of these private funds have increased their attractiveness. On the one side, they are now recognized by international development agencies and policymakers as a potential lever for achieving Sustainable Development Goals (SDGs). On the other side, researchers also express great interest in remittances and their effects, as evidenced by the extensive literature on the subject[1].

It is now well-established from various empirical studies that remittances can improve development indicators such as poverty rate (Adams Jr and Page, 2005; Anyanwu and Erhijakpor, 2010; Margolis et al., 2015), financial inclusion (Aggarwal et al., 2006; Aga and Peria, 2014), and access to education and health care (Zhunio et al., 2012). However, the magnitude of these private financial flows remains poorly understood. Official statistics do not take into account the amounts from domestic and intraregional migration[2]. Also, officially recorded remittances are underestimated because they do not include informal remittances, which are inherently hard to capture. Indeed, informal remittances include money or goods that migrants send to family and friends in their home countries through transfer systems other than regulated banking and financial channels. These non-institutionalized and parallel remittances channels take many forms such as hand-carrying (through transport companies, friends, family or the migrant himself), the transfer of value with no physical movement of funds through a clearing system (hawala, hundi, Fei Ch'ien). Whatever their forms, informal remittances channels are mainly characterised by the exclusive use of cash and trust between stakeholders.

A study by Freund and Spatafora (2008) estimates that these informal remittances to developing countries represent between 35% and 75% of recorded flows, with Sub-Saharan Africa countries having one of the highest rates. Further research conducted by Mohapatra and Ratha (2011) revealed that in 2009, more than 90% of domestic remittances were sent through informal channels in Ghana, Burkina Faso, Senegal, and Uganda. At the root of the strong preference for informal channels in Sub-Saharan Africa lie an inadequate or non-existent formal financial system but also factors related to the migrants' profile (low level of literacy, illegal status) (Sander and Maimbo, 2003).

[1] See, for example, the works of Page and Plaza (2006); Adams Jr (2011); Taylor and Castelhano (2016).

[2] Contrary to popular belief that most Sub-Saharan African migrants live in developed countries, the prevailing migration patterns in Sub-Saharan Africa are internal (mainly urban to rural) and intra-regional migration (Sander and Maimbo, 2003; Ratha and Shaw, 2007; Mercandalli and Losch, 2017). Internal migration represents about 50% of migration in Kenya and Senegal and 80% in Uganda and Nigeria (Mercandalli and Losch, 2017). Overall, migration within-country in Sub-Saharan Africa is estimated to account for 69% of the total migration from Sub-Saharan Africa (Ratha and Shaw, 2007).

Individuals' preference towards informal remittances channels in Sub-Saharan Africa is not without economic risks. According to several development agencies, a condition for migrants' remittances to be better harnessed for development is that they are channelled through formal mechanisms. Indeed, the frequent use of informal channels tends to keep people outside the formal system, constraining their ability to save and borrow money through formal institutions (OECD, 2017). It also limits the availability of economic data, and can therefore negatively affect economic policy decisions (El Qorchi et al., 2003).

Since their launch in the 2000s, by Mobile Networks Operators (MNOs), mobile financial services (MFS) have spread rapidly in Sub-Saharan Africa. At the end of 2019, 181 million mobile money accounts were active in the region[3], representing almost half of the world's mobile money accounts (GSMA, 2019). These accounts allow individuals to store their money digitally, make payments, receive and send money instantly to and from their mobile phone, without necessarily having a bank account at a financial institution. To date, mobile money transfers through domestic peer-to-peer (P2P) transfers are one of the most widely used services compared to other services. To illustrate, in December 2019, P2P transfers accounted for 91% of the circulating value (ibid). The main fallout of the market entrance of MNOs is the reduction of transfer fees from one individual to another (World Bank, 2009). Although mobile money transfer services are secure, fast, and they charge lower fees than traditional remittance service providers (RSPs)[4], their effect on the usage of informal channels is unclear.

There is a growing body of economic literature that discusses the impact of digital financial innovation such as mobile money on remittances. Recent evidence suggests that holding a mobile money account increases the frequency and amount of remittances received and sent (Jack and Suri, 2014; Darmon et al., 2016; Munyegera and Matsumoto, 2016; Aron et al., 2017). To the best of our knowledge, few studies have investigated whether mobile money leads to a shift in the use from informal to formal channels for remittances.

A descriptive analysis of a survey data carried by Mbiti and Weil (2015) reveals that following the launch of M-Pesa in Kenya, the mobile money channel became the dominant one and crowded out banks, post offices, Money Transfer Operators (MTOs), and informal channels. Nevertheless, the authors point out that despite the decline in the use of informal channels, they remained popular compared to other channels. Similar patterns were observed in rural Mozambique. The introduction of Mkesh has replaced traditional remittance channels. (Batista and Vicente, 2013). Though, as highlighted by Aron (2018), one limitation of this study is that the authors focused on transfers in an unusual direction which is from rural to urban areas. Another limitation is that their findings cannot be generalizable to all Sub-Saharan Africa countries. Given the scarcity of empirical works and the above-mentioned challenges, it is thus important to gain a better understanding of the links between the adoption of mobile money and the formalization of remittances flows.

This study aims to fill the knowledge gaps about digitalization and remittance flows. To this end, it explores whether a mobile money account reduces the use of informal remittance channels in Sub-Saharan Africa. The data used are from the World Bank's Financial Inclusion Survey that was conducted in several countries, including 35 countries in Sub-Saharan Africa (Global Findex 2017). A multinomial

[3] The terms mobile financial services (MFS) and mobile money are interchangeable terms. They refer to a range of financial services available through the mobile phone. These services generally include mobile money transfers, mobile phone payments, mobile savings, mobile loans, and mobile insurance.

[4] The main traditional remittance services providers are banks, Money Transfer Operators (such as Western Union and MoneyGram) and post offices.

logistic regression is applied to a categorical remittance channels variable taking three options: Bank, informal channel, and MTOs.

The results indicate that individuals with a mobile money account are less likely to send domestic remittances through informal channels than those without one. Overall, this paper has important implications for mobile financial inclusion and the remittance market in Sub-Saharan Africa. It highlights the relevance of including mobile financial services as part of the remittance formalization strategy to improve its economic impact.

The remaining part of the paper proceeds as follows. Section 2 provides some stylized facts on mobile money and informal remittances in Sub-Saharan Africa. Section 3 outlines the literature review on mobile money and informal remittances. Section 4 describes the data and the Multinomial logit (MNL) model used in the empirical strategy. Section 5 presents the results. Section 6 discusses the main findings and presents policy recommendations. Finally, we conclude.

## 2. MOBILE MONEY AND INFORMAL REMITTANCES CHANNELS IN SUB-SAHARAN AFRICA: STYLIZED FACTS

Since its launch in the 2000s, mobile money has spread rapidly in Sub-Saharan Africa. The region leads the world in the numbers of registered and active accounts. At the end of 2018, 181 million accounts were active in the region, representing almost half of the world's mobile money accounts. South Asia, the second-biggest mobile money market, lags far behind and has only half of the active accounts in Sub-Saharan Africa (GSMA, 2019). In some economies (e.g., Burkina Faso, Côte d'Ivoire, and Tanzania), there are twice as many mobile money accounts as there are bank accounts (Demirguc-Kunt et al., 2018). Another important point is that the share of mobile money transactions to GDP is also higher for the Sub-Saharan African region. In 2018, mobile money transactions accounted for 25% of the region's GDP, compared to 8% in 2014. For the rest of the world, this share was 5% of GDP in 2018 compared to 3% in 2014 (IMF, 2020).

Mobile money is a disruptive tool that changes access to financial services. Its rapid spread is driven both by the increase in the penetration rate of mobile phone and by an overall improvement of the quality of the mobile network[5]. However, it is worth noting that the uptake is not uniform in Sub-Saharan Africa.

Chironga et al. (2017) distinguish three types of markets based on the number of accounts registered: (i) "mature markets" where the penetration rate is more than 1,000 accounts per 1,000 adults; (ii) "maturing markets", with a penetration rate between 100 and 1,000 accounts per 1,000 adults and which are growing rapidly; (iii) "sleeping giants", markets with less than 100 accounts per 1,000 adults, and with huge under-exploited potential.

This typology is dynamic and evolves according to the take-up of mobile money in each country. Based on the 2018 IMF's Financial Services Access Survey, a recent snapshot can be obtained. Countries like Benin, Côte d'Ivoire, Ghana, Kenya, Rwanda and Uganda fall into the category of mature markets. In these countries, people usually have more than one mobile money account. It is not uncommon for individuals to subscribe to more than one operator at a time in Sub-Saharan Africa. It allows them to avoid the costs associated with limitations on interoperability, or to cope with network problems that might arise with another operator. The maturing mar-

[5] There are ten times as many mobile phones as landlines in Sub-Saharan Africa and 60 % of the population has mobile phone coverage while the region was scarcely connected in the 1990s (Aker and Mbiti, 2010).

kets are also characterised by a strong popularity of mobile money accounts compared to banks accounts. Countries that fall into this type include Burkina Faso, Cameroon, Senegal, and Togo. According to available data, Seychelles and Nigeria register less than 100 accounts per 1,000 adults. However, only Nigeria is considered, a sleeping giant based on the size of its population and its economic potential. Indeed, Nigeria is the most populated country in Africa with a financial inclusion rate of only 40%. Moreover, only six per cent of adults who reported using a mobile money account in 2017[6]. While other countries were adopting conducive policies for mobile money operators, Nigeria's regulatory framework has (until October 2018) limited the number of players that can provide mobile financial services, and hence hampering the development of mobile money. New reforms adopted at the end of 2018 by the Nigerian Central Bank (NCB) aim to speed up the adoption of mobile money and increase financial inclusion.

When looking at the growth in the number of active accounts[7]instead of the registered account number, a significant discrepancy within the countries exists (Figure 2, in Appendix). Between 2014 and 2018, countries such as Benin, Burkina Faso and Lesotho experienced a rapid increase in the number of active accounts, while on the other hand, the increase is less pronounced in countries like Togo and Cameroon.

Initially dominated by RSPs, the entry of MNOs has significantly changed the remittance market ecosystem, particularly domestic markets. It has increased competition in a highly uncompetitive and concentrated market structure. Deployment of mobile money agents increased from two million in 2014 to 16 million in 2018. During the same period, the number of branches for commercial banks increased from 372 to just over 4,000[8]. With regards to changes in postal agencies, their number declined from 13,067 to 11,581 between 2014 and 2018[9]. This significant roll-out of mobile money agents is a key component in facilitating cash-in-cash-out operations. Thus, at the end of 2019, P2P transfers accounted for 60% of all the value transactions in Sub-Saharan Africa (GSMA, 2019). Figure 3 (in Appendix) shows that mobile money transaction volumes increased substantially between 2014 and 2017 in Sub-Saharan Africa. The overall number of transactions increased from 88 million to 435 million.

Concerning informal transfers, there are currently no data available to approximate them. The commonly used approach is to analyse national surveys to get an approximation of these flows. The analysis of two surveys conducted in 2014 and 2017 by the World Bank in Sub-Saharan Africa reveals that reliance on informal channels to send domestic remittances has decreased. As a matter of fact, in 2014, 72% of the respondents reported having sent remittances through informal channels. In 2017, this figure fell to 64%. Although informal remittances are falling, they have attractive features. These include anonymity, flexibility, proximity and convenience for senders.

The next section will review the theoretical and empirical works concerning the link between the use of mobile money and the reliance on informal remittances channels.

---

[6] See, Klapper and Popovi (2018).

[7] The number of active accounts is a more reliable measure of the mobile money's dynamic in Sub-Saharan Africa. As mentioned above, individuals often have more than one SIM card and more than one mobile money account. Quite often, some of these accounts end up turning into dormant accounts.

[8] International Monetary Fund (2020) "Financial Access Survey". Available at: http://fas.imf.org

[9] Universal Postal Union (2020)"Global or Regional Estimates". Available at: http:// pls.upu.int/pls/ap/ssp_report.main?p_choice=AGGREG&p_language=AN

## 3. LITERATURE REVIEW

Most work on the effects of mobile money on the remittance market has focused on its impact on the frequency and amount of remittances. According to findings by Morawczynski (2009), who conducted ethnographic fieldwork to assess the impact of the launch of M-Pesa in two locations in Kenya, urban migrants using M-Pesa increase the frequency of sending while lowering the amount of money transferred at the same time. These urban migrants recognize that with M-Pesa they are no longer forced to hold cash while waiting to make a one-off payment. They can as soon as they have funds (on a weekly or bi-weekly basis), send it to their families in rural areas. This phenomenon of sending money "in bits" leads to an overall increase in the amount remitted. In other words, the amounts frequently sent via mobile money are lower than those sent via other channels; however, when aggregated, the amounts sent via mobile money are higher overall. There are several reasons why migrants send these small regular amounts. On the one hand, MTOs charge lower remittance fees than other channels such as MTOs or banks for relatively small amounts. In addition, fees charged by the informal channels are highly volatile and can vary according to demand and the time of year. On the other hand, making regular transfers of small amounts enables urban migrants and their recipient families to better organize their finances.

Mbiti and Weil (2015) reached the same conclusion in their work on the economic impacts of M-Pesa. Using a balanced panel of locations in Kenya obtained from the combination of the 2006 and 2009 FinAccess surveys, they find that if M-Pesa were universally adopted, individuals would send five more remittances per annum. The main driver behind the increase in both the amount and frequency of funds transfers is the decrease in transaction costs.

Indeed, Munyegera and Matsumoto (2016) point out that, mobile phone-based financial transactions are associated with a reduction in the transaction, transport, and time costs in Ghana. As a result of this cost reduction, the authors indicate that households with at least one mobile phone subscriber are 20 percentage points more likely to receive remittances than non-using households.

These findings have been confirmed at the macroeconomic level by Darmon et al. (2016). They developed a theoretical model that integrates both the transfer decision of the senders and the consumption choices made by the beneficiaries, with and without the possibility of at least partial recourse to mobile payment. They show that mobile money has a positive effect on the aggregate level of remittances and welfare.

Overall, most studies suggest a positive effect of mobile money on remittances (amount and/or frequency). However, the extent to which this new digital financial innovation can play a role in formalizing informal remittances has received little attention both in the theoretical and empirical literature. The issue is of concern, however, given that the targeted population by mobile financial services is the one excluded or under-served by the formal system, and therefore relies mainly on informal practices (informal savings, credit, insurance and remittances).

Batista and Vicente (2013) in an impact assessment of the introduction of mobile money on various outcomes, focused on the effects on the remittance channel. They conducted a randomized control trial among 102 rural areas in Mozambique, reaching 2040 individuals. At the end of the experimentation, they observe that, when comparing the target and control group, the willingness to remit through Mkesh increased. Precisely, targeted subjects are 26% more willing to remit through Mkesh than the control group. From this result, the authors infer the Mkesh effect by asserting that at the margin, it crowds out other transfer channels. Though, as highlighted by Aron (2018), the authors focus on transfers in an unusual direction (from rural to urban areas), and their findings may not be generalizable to all Sub-Saharan Africa countries.

The same pattern of change has been observed for remittances flows within Kenya (Mbiti and Weil, 2015). In 2006, before the introduction of M-Pesa, the main channel used to remit was through friends and bus companies which are informal channels. While more than 50% of respondents reported using informal channels, only 10% transferred via bank or MTOs. In 2009, after the introduction of M-Pesa, the mobile money channel became the most widely used, crowding out other channels. However, the authors note that the crowding-out effect is greater for banks and MTOs. In other words, the introduction of M-Pesa has been more detrimental to banks and MTOs than to informal channels. One of the limitations of this study is the fact that the authors simply observe (before and after) the remittance methods used by the respondents. Therefore, factors other than the advent of mobile money may be at the root of the crowding-out of traditional remittance channels.

Similar and more robust findings were provided by Bair and Tritah (2019) for the case of Madagascar. Based on the 2015 FinScope consumer survey, they found that mobile money adoption raised the probability of sending (and receiving) as well as the amounts transferred. The authors go further in their analysis by investigating the complementary or substitute nature of mobile money compared to other channels. They regressed the number of channels used by households to send and receive remittances on the use of mobile money. After controlling for potential endogeneity using the instrumental variable approach, they show that mobile money substitutes traditional transfer channels. However, the value of the estimated parameter (very close to 1) suggests that many households continue to combine the use of different remittances channels.

These studies although drawn from specific cases in Sub-Saharan Africa, support the hypothesis that the introduction of mobile money is challenging the traditional remittance market players. However, the following section will provide empirical evidence to assess this effect for Sub-Saharan African countries.

## 4. DATA AND METHODOLOGY

### 4.1. Data and descriptive statistics

To assess the effect of the usage of mobile financial service on the informal remittances channels, this study relies on the World Bank's 2017 Global Findex database (Demirguc-Kunt et al., 2018). The database is constructed from nationally representative surveys of more than 150,000 adults, randomly selected from over 140 economies. The surveys were conducted in 2017 by Gallup, Inc., as part of its Gallup World Poll. They provide information on saving, borrowing, remittances, payment and risk management behaviours, both formally and informally. The final sample includes 35,000 respondents across 35 Sub-Saharan Africa countries (see Table 8 in Appendix for the list of countries). The database contains information on the channel used by respondents to send remittances and their use of formal and informal financial services in the past 12 months. Formal financial services use is captured by the registration of any savings or borrowing transaction carried out within a bank or regulated financial institution, while any savings or borrowing transaction that takes place outside the above-mentioned regulatory framework will be considered informal. Finally, the database also includes the individual characteristics of the respondents such as gender, age, educational attainment, and the income quintile.

To identify the channel used by the respondent to remit, they were asked the following question: *In the PAST 12 MONTHS, have you, personally, GIVEN or SENT money to a relative or friend living in a different area in any of the following ways? A. You sent money through a bank or another type of formal financial institution, B. You sent money through a mobile phone, C. You handed cash to this person or sent cash through someone you know, D. You sent money through a money transfer service.*

Table 1 reports summary statistics for the full sample and by mobile money account holding status. Column (3) shows that the mean age of respondents is 34 years, and women are more represented than men in the full sample (51% of women). Most of the respondents use the informal channel for remittances. On average, about 65% of adults in the sample reported sending domestic remittances through informal means and 12% through MTOs. Regarding financial inclusion, 64% of the respondents do not have an account in either bank or Microfinance Institution (MFI). The consequences of this low rate of bancarization are visible when looking at the share of individuals who have resorted to electronic payments. Only seven percent of the respondents paid their bills using the Internet tool. In other words, they paid directly with their credit card for various bills. Overall, 51% of the respondents have a primary school level or less while only four percent are graduated from higher education. Regarding the distribution of the sample by income, the richest quintile includes the largest share of the sample (27% of the individuals), while the poorest quintile has 16% of the sample.

**Table 1. Summary statistics for the full sample, mobile money users and non-users**

| | | Full Sample | Mobile Money users | Mobile Money non-users | |
|---|---|---|---|---|---|
| Variables | N | Mean | Mean | Mean | Difference in means |
| *Individual characteristics* | | | | | |
| Age | 32824 | 34.00 | 32.06 | 34.00 | −2.87*** |
| Female | 33000 | 0.51 | 0.45 | 0.53 | −0.08*** |
| Employment status | 33000 | 0.68 | 0.79 | 0.66 | 0.13*** |
| *Financial inclusion* | | | | | |
| No financial account | 33000 | 0.64 | 0.46 | 0.71 | -0.25*** |
| *Remittance behaviour and channels* | | | | | |
| Sent domestic remittances | 31730 | 0.33 | 0.58 | 0.22 | 0.36*** |
| Sent through financial institution | 8115 | 0.17 | 0.08 | 0.25 | -0.17*** |
| Sent using cash | 2311 | 0.65 | 0.59 | 0.66 | −0.07*** |
| Sent through MTOs | 2310 | 0.12 | 0.15 | 0.11 | 0.04* |
| *Payment habits* | | | | | |
| Pays bills electronically | 32507 | 0.07 | 0.19 | 0.02 | 0.17*** |
| *Educational attainment* | | | | | |
| Primary education or less | 33000 | 0.51 | 0.34 | 0.57 | −0.23*** |
| Secondary education | 33000 | 0.44 | 0.58 | 0.39 | 0.19*** |
| Tertiary education or more | 33000 | 0.04 | 0.08 | 0.03 | 0.05*** |
| *Income* | | | | | |
| Income – Poorest 20% | 33000 | 0.16 | 0.10 | 0.19 | −0.09*** |
| Income – Second 20% | 33000 | 0.17 | 0.14 | 0.18 | −0.04*** |
| Income – Third 20% | 33000 | 0.19 | 0.17 | 0.19 | −0.02 |
| Income – Fourth 20% | 33000 | 0.21 | 0.22 | 0.21 | 0.01*** |
| Income – Richest 20% | 33000 | 0.27 | 0.37 | 0.23 | 0.14*** |

*Source: Author's computation based on 2017 Global FINDEX.*
*Notes: ***, ** and * indicate statistical difference of means significant at 1%, 5% and 10% level, respectively.*

Table 1 also shows that there are statistically significant differences between mobile money users and non-users for most variables. First, column (4) indicates that 45% of mobile money users are women, which means that there is a gender gap in the holding of a mobile financial account. In other words, men are more likely to have a financial service on their phone than women. Second, the average age of mobile money users is lower relative to that of non-users. Not surprisingly, mobile money users remit more, less through informal channels and more through formal ones such as MTOs and Banks. Finally, considering the distribution in income quintile groups, mobile money non-users are more represented in the lower quintile. Conversely, mobile money users are more numerous when looking at the distribution in the top quintile. The latter observation suggests that there are still access barriers to mobile money for the poorest people, although they are the targeted populations.

Overall, Table 1 shows that there is a difference in remittance behaviour between mobile money users and non-users. Specifically, individuals with a mobile financial service are less likely to send remittances through informal channels. However, before concluding that holding a mobile money account reduces the likelihood of using informal transfer channels, a more thorough econometric analysis needs to be carried.

### 4.2. Empirical methodology

The purpose of this study is to examine whether mobile financial services reduce the reliance on informal remittances channels in Sub-Saharan Africa. Survey respondents were asked whether in the past 12 months they sent money through a mobile money account, a bank or another type of formal financial institution, an MTO or if they handed or sent cash through someone they know within the country. Individual *i* will choose transfer channel *j*, if this channel is associated with a higher level of utility than any other channel (*j*=1 for banks, *j*=2 for informal channels, *j*=3 for MTOs)[10]. Since the dependent variable is a polytomous and unordered categorical variable, a multinomial logit (MNL) specification is most suitable for this study. The approach is similar to the one used by Amuedo-Dorantes and Pozo (2005) Siegel and Luecke (2013), and Kosse and Vermeulen (2014) in their works on the determinants of migrants' choice of remittance channels.

Let assume that the utility of individual *i* derived from the choice of a transfer channel *j* is as follows:

$$U_{ij} = \beta_j' \mathrm{X}_i + \alpha_j' \mathrm{Z}_i + \varepsilon_{ij} \tag{1}$$

With *X* the binary variable *mobile money account*, *Z* a vector of other observed attributes. $\beta$ and $\alpha$ are vectors of unknown parameters. $\varepsilon$ is the error term.

Since individuals choose the channel that best maximizes their utility and assuming that $J^{th}$ is this channel, the probability that individual i choose $J^{th}$ channel is:

$$\begin{aligned} Prob(Y_i = j) &= Prob\left(U_{ij} > U_{ik}\right) \\ &= Prob\left[\varepsilon_{ij} - \varepsilon_{ik} < \left(\beta_j \mathrm{X}_i + \alpha_j \mathrm{Z}_i\right) - \left(\beta_k \mathrm{X}_i + \alpha_k \mathrm{Z}_i\right)\right] \end{aligned} \tag{2}$$

where $k$ = 1...4, $k \neq j$.

[10] To avoid potential endogeneity bias, the study of the impact of the mobile money account on individuals' choice of remittance channels requires excluding the mobile money channel from the set of remittance channels. Fact, while it is expected that holding a mobile money account will lead to the choice of mobile money as a money transfer channel, it is also possible that holding a mobile money account may be influenced by wanting to remit using this channel. To correct the endogeneity issue in a discrete choice model with an endogenous binary regressor, Lewbel (2000) proposed the special regressor estimators. This approach requires one exogenous regressor that has to be conditionally independent of $\varepsilon$, appear additively to $\varepsilon$ in the model, and be conditionally continuously distributed with large support (Lewbel, 2000). Unfortunately, the survey design does not allow us to obtain such a variable that can be used as a special regressor. Other approaches exist to correct the endogeneity issue in a discrete choice model such as the control function approach (Wooldridge, 1997; Heckman and Navarro-Lozano, 2004). However, this method requires that the endogenous variable be continuous whereas the endogenous variable in this study is discrete.

Under the assumption that errors are independent and identically distributed (iid), with type I extreme value distribution (Gumbel distribution), McFadden (1978) showed that Equation 2 leads to the multinomial logit model (MNL). This model specifies the probability that individual *i*, chooses a channel *j* as follows:

$$\boldsymbol{Prob(Y_i = j) = P_{ij}} = \frac{\exp(\beta_j' \chi_i + \alpha_j' z_i)}{1 + \sum_{k=1}^{j} \exp(\beta_k' \chi_i + \alpha_k' z_i)} \tag{3}$$

$\beta$ and $\alpha$ are easily estimated using maximum likelihood estimation.

For a clearer interpretation of the estimates, the marginal effects instead of coefficients are computed. The marginal effects measure the change in predicted probabilities of each outcome as a result of a change in a particular predictor variable while leaving the other explanatory variables constant. The marginal effect on channel *j* of a change in mobile money usage (from 0 to 1) is defined by:

$$\frac{\partial P_{ij}}{\partial x_i} = P_{ij}\left[\beta_j - \sum_{k=0}^{j} P_{ik}\beta_k\right] \tag{4}$$

From Equation (4), we can see that unlike an interpretation based on the estimated coefficients, marginal effects in MNL models are not relative to a baseline channel. It depends on the specific values of the $x_i's$ where the change is computed (Long and Freese, 2006, p.240).

The implementation of the MNL approach is structured under one important underlying assumption, the independence of irrelevant alternatives (IIA). This assumption states that an alternative's likelihood is not dependent on other available alternatives. Say differently, the odds of adding or removing an alternative does not affect the odds among the remaining alternatives (Long and Freese, 2006, p.407). Three tests are commonly applied to confirm or invalidate the IIA assumption: The Hausman-McFadden test (Hausman and McFadden, 1984), the Suest-based Hausman test, and the Small-Hsiao test (Small and Hsiao, 1985). To examine the validity of the IIA assumption, we performed the three tests using Stata software. The Hausman test produces negative chi-squares which are very common with this test as mentioned by Long and Freese (2006, p.409). Hausman and McFadden (1984, 1226) argue that a negative test statistic is evidence that IIA property is not violated. The Suest-based Hausman test and the Small-Hsiao test support the evidence that IIA property is not violated as none of the tests is significant. We also compute an LR test for combining alternatives which revealed that the alternatives cannot be combined. The result of the IIA and LR test are reported in Table 5 and 6 in Appendix.

The choice of the control variables is based on the existing literature and the availability of the data in the survey. However, as reported by Siegel and Luecke (2013), most papers informally discuss the determinants of the choice of a transfer channel. Empirical works are scarce and give us very little guidance in terms of the variables to be integrated as explanatory variables for the choice of a transfer channel. Based on the works of Siegel and Luecke (2013) and Kosse and Vermeulen (2014), control variables used in this paper are personal characteristics of the sender such as gender, age, employment status, and educational attainment. Additional factors like the characteristics of the different channels are also taken into account. Unfortunately, the dataset does not provide us with alternative specific variables.

To establish whether mobile financial services lower the likelihood of using informal remittances channels, this study first considers all the 35 countries in the sample. Then, countries are grouped based on the development level of financial institutions. The choice of clustering according to the level of financial institutions' development is motivated by the existing literature. Indeed, according to Buencamino and Gorbunov (2003), informal financial systems thrive in economies for several reasons, including when the conventional financial system fails to fulfil its function. This failure can be reflected in either a mismatch between the available products and the needs of populations as well as a geographical coverage limited to major cities. Some regions such as Western Africa have a well-established informal transfer system (Genesis, 2003; Mohapatra and Ratha, 2011) and a low level of financial development compared to the Sub-Saharan average[11]. Data on the sub-index that measures the level of financial institutions' development are drawn from the final overall index "Financial Development Index", developed by the International Monetary Fund (IMF, 2018). This sub-index, ranging from 0 (low developed) to 1 (highly developed), measures the depth, access, and efficiency of financial institutions (Svirydzenka, 2016).

## 5. RESULTS

This section summarizes the main findings of the study. Estimates for the full sample are first reported, before presenting the results for the sub-samples.

### 5.1. Results for the full sample

Table 2 shows findings on the relationship between the use of a mobile money account and the likelihood of sending money through various remittances channels. For a clearer interpretation, average marginal effects (A.M.E) are computed instead of the coefficients, less intuitive in the MNL estimation. Column (3) indicates that mobile money users are less likely to send remittances through an informal channel. Specifically, on average, individuals who use a mobile financial account are 5.9% less likely to send money through an informal channel than individuals who do not use one, keeping other variables constant.

As expected, not having an account at a financial institution (such as a bank or a microfinance institution) lowers the probability of sending money through a bank by 35%. Conversely, individuals who do not have an account at a financial institution are 3% more likely to use an informal remittances channel than individuals who have a financial account.

Estimates also show that paying bills through the Internet lowers the likelihood of using informal channels. Simultaneously, doing so increases the likelihood of sending money through banking channels by 13%. This result is consistent with that reported by Kosse and Vermeulen (2014). They argue that general payments habits play a role in the migrant's choice of remittance channel. Individuals accustomed to paying bills online using a credit card will be more inclined to use the banking channel to transfer money. Meanwhile, people who do not use financial accounts and who prefer cash are more likely to use informal remittances channels as results showed. Turning to the employment status, results show that it also impacts the likelihood of using an informal remittance channel. Individuals who work are 6.5% more likely to remit informally than those out of the workforce. In addition, working individuals are less likely to use the MTO channel than those who are not employed. Moreover, using an informal channel is not related to age or even gender.

Concerning the sender's educational level, the results are more intuitive. Compared to individuals with a primary schooling level or less, individuals with secondary and tertiary schooling are less likely to use informal channels. As noticed by Alhassan et al. (2019), the use of informal channels is more important among those

---

[11] In 2017, the financial development index for western Africa was 0.15, while it was 0.16 and 0.27 for eastern and southern Africa respectively. The African average was 0.16.

with a low level of education mainly due to minimal paperwork. Alternatively, the probability that an individual with a secondary or tertiary level of education uses a banking channel is more than 10%.

**Table 2. Multinomial logit estimations of the impact of mobile money account on informal remittances**

| Variables | Financial Institution | Informal channel | Money Transfer Operators |
|---|---|---|---|
| Female | 0.005 | 0.008 | -0.013 |
| | (0.019) | (0.020) | (0.013) |
| Age | 0.003 | -0.003 | 0.001 |
| | (0.003) | (0.003) | (0.002) |
| Age squared | -0.000 | 0.000 | -0.000 |
| | (0.000) | (0.000) | (0.000) |
| Employment | -0.029 | 0.065** | -0.036** |
| | (0.026) | (0.026) | (0.017) |
| Mobile Money account | 0.036 | -0.059** | 0.023 |
| | (0.026) | (0.027) | (0.018) |
| No financial account | -0.311*** | 0.300*** | 0.011 |
| | (0.022) | (0.022) | (0.013) |
| Pay bills electronically | 0.136*** | -0.171*** | 0.034 |
| | (0.045) | (0.049) | (0.034) |
| Secondary Education | 0.124*** | -0.115*** | -0.009 |
| | (0.020) | (0.020) | (0.013) |
| Tertiary Education | 0.155*** | -0.158*** | -0.004 |
| | (0.041) | (0.044) | (0.027) |
| Income: Second 20% | -0.000 | 0.009 | -0.009 |
| | (0.040) | (0.040) | (0.025) |
| Income: Third 20% | 0.028 | -0.035 | 0.007 |
| | (0.038) | (0.037) | (0.023) |
| Income: Fourth 20% | 0.045 | -0.043 | -0.002 |
| | (0.037) | (0.037) | (0.024) |
| Income: Richest 20% | 0.042 | -0.033 | -0.009 |
| | (0.036) | (0.036) | (0.023) |
| Log-likelihood | | -2265.9531 | |
| R-squared | | 0.1388 | |
| N | | 3,155 | |

*Notes: Estimations allow for country fixed effect. Average Marginal effects are reported. superscripts ***, ** and * indicate statistical significance at 1%, 5% and 10% level, respectively. Standard errors are in parentheses. Omitted variables are the income poorest 20% and primary education.*

## 5.2. Results by the level of development of financial institutions

In this section, countries of the full sample are separated into four subsamples. These sub-samples include countries classified by quartile of financial development index (see Table 9 in Appendix). The estimations results are reported in Table 3 in Appendix.

These results show that holding a mobile money account reduces the likelihood of sending remittances through an informal channel in countries with relatively undeveloped financial institutions. Another interesting finding that should be highlighted is that the use of mobile money is also associated with a lower likelihood of sending cash in countries with a well-developed financial sector. Similar to the whole-sample result, not holding an account at a financial institution reduces the likelihood of sending money through an informal channel regardless of the development level of financial institutions in Sub-Saharan Africa. Intuitively, compared to the poorest, the richest are much more reluctant to use an informal channel. The influence of general payment habits advanced by Kosse and Vermeulen (2014) can be observed even though the result is significant only for the second and the fourth quartile. In countries identified as having the highest financial level, (such as Côte d'Ivoire, Kenya, Senegal, and South Africa), regular use of a bank account for bill payment discourages the use of informal remittance channels (-20%).

To test the hypothesis of coefficient stability across sub-groups, we run the likelihood-ratio Chow test between the full model and the stratified models. The likelihood-ratio Chow test is appropriate for hypotheses that specify that all coefficients of a model do not vary between disjointed subsets of the data. The results presented in Table 7 in Appendix show that the MNL regression model applies to each of the quartiles. Therefore, regressions (and coefficients) are the same across subgroups.

### 5.3. Robustness checks

To ensure the robustness of the reported result for the full sample, a robustness check has been done. As the alternatives of our outcome are independent, we run two separate binary logistic regression with the informal channel as the baseline category. Results reported in table 4 (in Appendix) show no significant change in our results. Column 1 represents the estimation results of a logistic regression of our independent variables on the variable channel (Informal channel vs banks). The use of the informal channel instead of the banking channel decreases by 5% as soon as the individual starts using a mobile money account. The same finding can be made regarding the shift from the MTO channel to the informal channel. In fact, the use of mobile money reduces the likelihood by 5.4% of using an informal channel for individuals who used the MTO channel.

## 6. DISCUSSION AND POLICY RECOMMENDATIONS

Improving the developmental impact of remittances is an international policy priority. To this end, several commitments have been made including facilitating productive domestic investment, reducing the remittance costs to an overall average of 3% of the amount transferred by 2030, and increasing the volume of remittances through official remittance channels. Indeed, the persistence of informal remittance channels is harmful to both households and the overall economy.

This paper examines the impact of mobile money on the use of informal remittance channels in Sub-Saharan Africa. The results show that a mobile money account is associated with a lower probability of sending domestic remittances through informal means. This finding is consistent with the results of earlier country-level studies (Batista and Vicente, 2013; Mbiti and Weil, 2015; Bair and Tritah, 2019). Therefore, it is agreed that mobile money helps to fill the gaps in informal remittances channels. First, sending money through an informal channel requires that the supply of remittances (expressed by the intermediate) and its demand (expressed by the sender) match. Indeed, several reasons can delay the sending and receiving of remittances through an informal channel: the intermediary may not have cash available when the migrant wants to transfer money, the bus company that carries remittances may not have a scheduled trip when the migrant wants to send money, and lastly the sender may not be able to find anyone willing to carry the cash to the recipient's home. Secondly, the use of informal channels involves risks such as loss, theft or fraud of the funds. Thirdly, entry of the MNOs in the remittances market has to some extent reduced the transaction costs for both the receiver and the sender, who previously relied on the informal channels.

The result also shows that other factors such as regular use of a bank account to pay bills online and higher educational attainment are associated with less use of the cash-based channels for remittances.

Hence, individuals who have regular use of a bank account are more integrated into the banking system and are sceptical or unaware of how such informal alternatives work. This is explained by the existence of a trust relationship with the bank which results in a reluctance of using informal operators.

Regarding the link between educational attainment and the use of the informal channel, a low general education (limited literacy as well as numeracy skills) can hinder the understanding of financial terms and lead to an exclusion from the traditional financial sector (Atkinson and Messy, 2013; Zins and Weill, 2016). Thus, the migration of less-educated individuals not only hinders the migrant's integration at the destination, but it also encourages the continued flow of remittances through informal channels.

Lack of a financial account increases the likelihood of using informal channels. However, findings revealed that an unbanked individual is more likely to transfer funds through an informal channel. This result confirms that inclusive banking services help to reduce the share of informal remittance systems. It also reinforces the idea that mobile money can draw into the financial system those excluded from the traditional banking system. According to Klapper et al. (2019), 340 million people in Sub-Saharan Africa were unbanked in 2017. This represents a third of the adults in the world who remain unbanked. Improving mobile money services, especially money transfer services, could result in a greater impact in the long term.

Concerning employment status, the results reveal that those who reported being in the labour force are more likely to make internal remittances by informal means. This result, which may seem surprising, can be explained by the fact that the majority of jobs in Africa are informal. On average, informal employment represents 60% of total non-agricultural employment (Allard, 2017). Individuals do not always have the necessary documents to prove their identity or income. Moreover, payment in the informal sector is exclusively in cash. This liquidity preference may contribute to maintaining individuals in the informal sector for other transactions such as remittances. Finally, age, gender, and income have no significant effect on the likelihood of sending remittances through informal means. Holding a mobile money account increases the likelihood of sending money via a bank account and MTOs, although the result is not significant.

The results also indicate holding a mobile money account reduces the likelihood of sending remittances through an informal channel for the first and fourth quartile. The relevance of the former result lies in that in the literature, a low development level of financial institutions is associated with a high use of informal financial systems (Sander and Maimbo, 2003). In countries belonging to the first quartile, access to financial institutions is limited. Indeed, countries such as Uganda and Guinea had fewer than three commercial bank branches per 100,000 adults in 2017 (compared to 5.2 in Côte d'Ivoire and 10.5 in Namibia). This weakness in the financial institutions' architecture is conducive to a major recourse to new, faster, easier and more secure payment systems such as mobile money. On the other hand, the results show that in countries with stronger financial institutions such as Kenya, Senegal and Côte d'Ivoire, mobile money helps to reduce the use of the informal channel. The persistence of informal remittances channels reveals the mismatch between the needs for payments and transfers and the products and services offered by financial institutions. Mobile money thus appears to be an alternative to the various banking products and services.

Overall, the entrance of mobile money as a new player in the remittance market has several implications for the developmental impact of remittances, for the financial inclusion policy, and poverty reduction in Sub-Saharan Africa. Indeed, unlike international remittances, domestic remittances most benefit the poorest households. They can account for a significant share of the recipient household's income (Housen et al., 2013). Several studies have shown that internal transfers have an impact on poverty reduction in some Sub-Saharan African countries (Maitra and Ray, 2003; Adams et al., 2008; Chiwuzulum Odozi et al., 2010). By attracting more remittances mobile money services could help increase the income of the migrant's family. They can also provide beneficiary households with the appropriate tools to manage this additional income and be a gateway to financial inclusion for the migrant and his family left behind.

The mobile money technology can be used as a tool to achieve the remittance cost target of less than 3% of the amount remitted, one of the three commitments of the Valetta Summit on Migration in 2015. Mobile money can also make it easier to identify areas of high emigration through the monitoring of remittance patterns. Identify these areas will enable the implementation of local policies aimed at limiting massive emigration flows from rural to urban areas. Finally, the development of various services (loans, savings, insurance, merchant payments) by MNOs and the multiplication of partnerships between MNOs and local banks ensure that the adoption of a mobile account by the migrant and his family who are accustomed to informal channels.

Yet, as the transition from informal to formal channels needs time and adaptation costs, MNOs need to adopt effective communication and financial education strategies aimed at migrant workers and their families with a focus on the less-educated. MNOs also need to improve the existing network infrastructure through investments, to ensure broad and high-quality network coverage for the population. Regarding the role of governments and banking regulators, they must ensure a regulatory environment conducive to the adoption of mobile money. This involves the adoption of legislation relating to the activity of MNOs but also, measures to improve access to electricity and the penetration rate of mobile phones.

## 7. CONCLUSION

This study investigates the effect of mobile financial services on the usage of informal remittances channels in Sub-Saharan Africa. Specifically, it has focused on mobile money innovation, given its leading role in the financial inclusion strategy in Sub-Saharan Africa. The results show that holding a mobile money account lowers the probability of sending domestic remittances through an informal channel. This paper is a contribution to the growing body of research that examines the potential of digitalization in the remittance market in sub-Saharan Africa. It confirms that the advent of mobile money is reshaping the remittance market landscape and access to financial services in sub-Saharan Africa. While previous studies have mainly focused on the impact that this new player could have on the frequency and amounts of formal remittances, issues related to informal remittances, given their scale and the challenges they raise, need to be addressed.

However, this study has some limitations. First, the survey design did not allow to correct the identified endogeneity issue. Secondly, the study was limited by the unavailability of some data on the amounts remitted, the frequency and the cost of the remittances sent, which are key variables in the choice of a remittance channel. The availability of a Sub-Saharan Africa-wide data set that includes a larger number of variables, especially instrumental variables, would better capture the effects of the interest variable on the likelihood of using informal channels. The emergence of mobile money as a driver of financial inclusion and a player in the remittance market has opened up several avenues of research. Empirical research could investigate the behaviour of other actors such as MTOs and postal offices and how they respond to the advent of mobile financial services. Other studies could further explore the impact of mobile money and remittances on the development of income-generating activities in Sub-Saharan Africa. Finally, this study provides a basis for exploring the impact of other digital innovations such as crowdfunding platforms and other fintech on the remittance market.

## REFERENCES

**Adams Jr, R. H., Cuecuecha, A., Page, J.** (2008), *The impact of remittances on poverty and inequality in Ghana*. The World Bank.

**Adams Jr, R. H.** (2011). Evaluating the economic impact of international remittances on developing countries using household surveys: A literature review. *Journal of Development Studies*, 47(6), 809-828.

**Adams Jr, R. H., Page, J.** (2005). Do international migration and remittances reduce poverty in developing countries? *World development*, 33(10), 1645-1669.

**Aga, G. A., Peria, M. S. M.** (2014). *International remittances and financial inclusion in Sub-Saharan Africa*. The World Bank.

**Aggarwal, R., Demirguc-Kunt, A., Martinez Peria, M. S.** (2006). *Do workers' remittances promote financial development?* The World Bank.

**Aker, J. C., Mbiti, I. M.** (2010). Mobile phones and economic development in Africa. *Journal of Economic Perspectives*, 24(3), 207-32.

**Alhassan, A., Li, L., Reddy, K., Duppati, G.** (2019). The impact of formal financial inclusion on informal financial intermediation and cash preference: evidence from Africa. *Applied Economics*, 51(42), 4597-4614.

**Allard, C.** (2017). 3. The Informal Economy in Sub-Saharan Africa. In *Regional Economic Outlook, April 2017, Sub-Saharan Africa*. International Monetary Fund.

**Amuedo-Dorantes, C., Pozo, S.** (2005). On the use of differing money transmission methods by Mexican immigrants. *International Migration Review*, 39(3), 554-576.

**Anyanwu, J. C., Erhijakpor, A. E.** (2010). Do international remittances affect poverty in Africa? *African Development Review*, 22(1), 51-91.

**Aron, J**, (2017). "'Leapfrogging': A Survey of the Nature and Economic Implications of Mobile Money," CSAE Working Paper Series 2017-02, Centre for the Study of African Economies, University of Oxford.

**Aron, J.** (2018). Mobile money and the economy: a review of the evidence. *The World Bank Research Observer*, 33(2), 135-188.

**Atkinson, A., Messy, F. A.** (2013). Promoting financial inclusion through financial education: OECD/INFE evidence, policies and practice. OECD Working Papers on Finance, Insurance and Private Pensions, No. 34, OECD Publishing.

**Bair, S., Tritah, A.** (2019). Mobile money and inter-household financial flows: Evidence from Madagascar. *Revue économique*, 70(5), 847-871.

**Batista, C., Vicente, P. C.** (2013). Introducing mobile money in Rural Mozambique: Initial evidence from a field experiment. NOVAFRICA Working Paper Series, 1301.

**Buencamino, L., Gorbunov, S.** (2003). Informal money transfer systems: opportunities and challenges for development finance. UN.

**Chironga, M., De Grandis, H., Zouaoui, Y.** (2017). Mobile financial services in Africa: Winning the battle for the customer. *Mckinsey Report*.

**Chiwuzulum Odozi, J., Taiwo Awoyemi, T., Omonona, B. T.** (2010). Household poverty and inequality: The implication of migrants' remittances in Nigeria. *Journal of Economic Policy Reform*, 13(2), 191-199.

**Darmon, É., Chaix, L., Torre, D.** (2016). M-payment use and remittances in developing countries: a theoretical analysis. *Revue d'économie industrielle*, 156, 159-183.

**Demirguc-Kunt, A., Klapper, L., Singer, D., Ansar, S., Hess, J.** (2018). *The Global Findex Database 2017: Measuring financial inclusion and the fintech revolution*. The World Bank.

**El Qorchi, M., Maimbo, S., Wilson, J. F.** (2003). *Informal Funds Transfer Systems: An analysis of the informal hawala system* (Vol. 222). International Monetary Fund.

**Freund, C., Spatafora, N.** (2008). Remittances, transaction costs, and informality. *Journal of development economics*, 86(2), 356-366.

**Genesis** (2003). African families, African money: bridging the money transfer divide. *Study prepared for FinMark Trust, South Africa*.

**GSMA** (2019). State of the industry report on mobile money. Technical report.

**Hausman, J., McFadden, D.** (1984). Specification tests for the multinomial logit model. *Econometrica: Journal of the Econometric Society*, 1219-1240.

**Heckman, J., Navarro-Lozano, S.** (2004). Using matching, instrumental variables, and control functions to estimate economic choice models. *Review of Economics and statistics*, 86(1), 30-57.

**Housen, T., Hopkins, S., Earnest, J.** (2013). A systematic review on the impact of internal remittances on poverty and consumption in developing countries: Implications for policy. *Population, Space and Place*, 19(5), 610-632.

**IFAD** (2009). Sending money home to Africa: Remittance markets, enabling environments, and prospects. Rome, Italy: Ifad. Technical report.

**IMF** (2018). Financial Development index database.

**IMF** (2020). Regional economic outlook. Sub-Saharan Africa: Covid-19: an unprecedented threat to development. Technical report.

**IOM** (2019). World migration report 2020. Technical report, Geneva: IOM.

**Jack, W., Suri, T.** (2014). Risk sharing and transactions costs: Evidence from Kenya's mobile money revolution. *American Economic Review*, 104(1), 183-223.

Klapper, L., A. Popovi (2018). Five ways Nigeria can realize mobile technology's potential for the unbanked, World Bank blog Africa can end poverty. https://blogs.worldbank.org/africacan/five-ways-nigeria-can-realize-mobile-technologys-potential-for-the-unbanked

**Klapper, L., D. Singer, S. Ansar, J. Hess** (2019). Sub-Saharan Africa: Mobile money and digital financial inclusion. Technical report.
https://globalfindex.worldbank.org/sites/globalfindex/files/referpdf/FindexNote1_062419.pdf

**Kosse, A., Vermeulen, R.** (2014). Migrants' choice of remittance channel: do general payment habits play a role? *World Development*, 62, 213-227.

**Lewbel, A.** (2000). Semiparametric qualitative response model estimation with unknown heteroscedasticity or instrumental variables. *Journal of Econometrics*, 97(1), 145-177.

**Long, J. S., Freese**, J. (2006). *Regression models for categorical dependent variables using Stata* (Vol. 3) Stata press.

**Maitra, P., Ray, R.** (2003). The effect of transfers on household expenditure patterns and poverty in South Africa. *Journal of development Economics*, 71(1), 23-49.

**Margolis, D. N., Miotti, L., Mouhoud, E. M., Oudinet, J.** (2015). "To Have and Have Not": International Migration, Poverty, and Inequality in Algeria. *The Scandinavian Journal of Economics*, 117(2), 650-685.

**Mbiti, I., Weil, D. N.** (2015). Mobile banking: The impact of M-Pesa in Kenya. In *African Successes, Volume III: Modernization and Development*, 247-293. University of Chicago Press.

**McFadden, D.** (1978). Modelling the choice of residential location. *Transportation Research Record*, 673.

**Mercandalli, S., Losch, B.** (2017). Rural Africa in motion. Dynamics and drivers of migration South of the Sahara. FAO, CIRAD.

**Mohapatra, S., Ratha, D.** (2011). Migrant remittances in Africa: An overview. In *Remittance Markets in Africa,* World Bank elibrary.

**Morawczynski, O.** (2009). Examining the usage and impact of transformational M-banking in Kenya. In *International Conference on Internationalization, Design and Global Development*, 495-504, Springer, Berlin, Heidelberg.

**Munyegera, G. K., Matsumoto, T.** (2016). Mobile money, remittances, and household welfare: Panel evidence from rural Uganda. *World Development*, 79, 127-137.

**OECD** (2017). Creating an enabling environment to enhance the development impact of remittances», dans interrelations between public policies, migration and development. OECD Publishing, Paris.

**Page, J., Plaza, S.** (2006). Migration remittances and development: A review of global evidence. *Journal of African Economies*, 15, 245-336.

**Ratha, D., Shaw, W.** (2007). *South-South migration and remittances*. The World Bank.

**Sander, C., Maimbo, S. M.** (2003). *Migrant labour remittances in Africa: Reducing obstacles to developmental contributions*. World Development Report background papers; 2005; Africa Region working paper series ; no. 64 Washington, D.C. : World Bank Group.

**Siegel, M., M. Luecke** (2013). Migrant transnationalism and the choice of transfer channels for remittances: the case of Moldova. Global Networks 13(1), 120–141.

**Small, K. A., Hsiao, C.** (1985). Multinomial logit specification tests. *International Economic Review*, 619-627.

**Svirydzenka, K.** (2016). *Introducing a new broad-based index of financial development.* International Monetary Fund.

**Taylor, J. E., Castelhano, M.** (2016). Economic impacts of migrant remittances. In *International handbook of migration and population distribution,* 525-541, Springer, Dordrecht.

**Wooldridge, J. M.** (1997). On two stage least squares estimation of the average treatment effect in a random coefficient model. *Economics letters,* 56(2), 129-133.

**World Bank** (2009). China - From poor areas to poor people: China's evolving poverty reduction agenda - an assessment of poverty and inequality, Washington, DC: World Bank Group.

**Zhunio, M. C., Vishwasrao, S., Chiang, E. P.** (2012). The influence of remittances on education and health outcomes: a cross country study. *Applied Economics,* 44(35), 4605-4616.

**Zins, A., Weill, L.** (2016). The determinants of financial inclusion in Africa. *Review of Development Finance,* 6(1), 46-57.

## APPENDIX

### Table 3. Results by quartile of the financial development index

| *Banking Channel* | Q1 | Q2 | Q3 | Q4 |
|---|---|---|---|---|
| Female | 0.060 | 0.019 | -0.067* | -0.032 |
| | (0.039) | (0.018) | (0.036) | (0.043) |
| Age | -0.011* | 0.004 | 0.010 | 0.002 |
| | (0.006) | (0.008) | (0.006) | (0.007) |
| Age squared | 0.000* | -0.000 | -0.000** | 0.000 |
| | (0.000) | (0.000) | (0.000) | (0.000) |
| Employment status | 0.029 | -0.136** | -0.036 | 0.049 |
| | (0.048) | (0.058) | (0.048) | (0.051) |
| Mobile Money account | -0.155** | -0.036 | -0.075* | 0.071 |
| | (0.063) | (0.077) | (0.046) | (0.052) |
| No financial account | -0.175*** | -0.302*** | -0.250*** | -0.256*** |
| | (0.051) | (0.087) | (0.042) | (0.055) |
| Pay bills online | -0.042 | 0.430*** | 0.057 | 0.087 |
| | (0.085) | (0.055) | (0.068) | (0.075) |
| Secondary Education | 0.134*** | 0.075* | 0.120*** | 0.073 |
| | (0.040) | (0.042) | (0.038) | (0.049) |
| Tertiary Education | 0.182*** | -0.056 | 0.554*** | 0.268** |
| | (0.066) | (0.105) | (0.116) | (0.106) |
| Income: Second 20% | 0.115 | -0.036 | -0.045 | 0.068 |
| | (0.072) | (0.073) | (0.076) | (0.075) |
| Income: Third 20% | 0.124* | 0.017 | -0.021 | 0.066 |
| | (0.065) | (0.085) | (0.073) | 0.066 |
| Income: Fourth 20% | 0.095 | -0.020 | 0.016 | 0.155** |
| | (0.070) | (0.076) | (0.070) | (0.066) |
| Income: Richest 20% | 0.120*** | 0.007 | 0.048 | 0.156** |
| | (0.060) | (0.079) | (0.072) | (0.065) |

**Table 3. continued from previous page**

| *Informal channel* | Q1 | Q2 | Q3 | Q4 |
|---|---|---|---|---|
| Female | -0.039<br>(0.043) | 0.000<br>(0.022) | 0.081**<br>(0.038) | 0.020<br>(0.044) |
| Age | -0.011*<br>(0.006) | -0.005<br>(0.006) | -0.013**<br>(0.006) | -0.001<br>(0.007) |
| Age squared | 0.000*<br>(0.000) | 0.000<br>(0.000) | 0.000**<br>(0.000) | 0.000<br>(0.000) |
| Employment status | 0.046<br>(0.053) | 0.161***<br>(0.052) | 0.032<br>(0.048) | -0.006<br>(0.052) |
| Mobile Money account | -0.119**<br>(0.061) | 0.024<br>(0.071) | -0.052<br>(0.056) | -0.087*<br>(0.051) |
| No financial account | 0.206***<br>(0.051) | 0.330***<br>(0.077) | 0.227***<br>(0.043) | 0.242***<br>(0.055) |
| Pay bills online | - 0.068<br>(0.098) | -0.450***<br>(0.066) | -0.010<br>(0.072) | -0.201***<br>(0.068) |
| Secondary Education | -0.137***<br>(0.040) | -0.048<br>(0.051) | -0.108***<br>(0.041) | -0.056<br>(0.051) |
| Tertiary Education | -0.196***<br>(0.068) | 0.017<br>(0.099) | 0.319**<br>(0.139) | -0.243**<br>(0.123) |
| Income: Second 20% | -0.070<br>(0.078) | 0.040<br>(0.084) | 0.062<br>(0.076) | -0.052<br>(0.074) |
| Income: Third 20% | -0.084<br>(0.070) | 0.004<br>(0.099) | 0.005<br>(0.073) | -0.088<br>(0.072) |
| Income: Fourth 20% | -0.051<br>(0.075) | 0.031<br>(0.074) | 0.021<br>(0.072) | -0.161**<br>(0.069) |
| Income: Richest 20% | -0.045<br>(0.069) | -0.002<br>(0.079) | -0.045<br>(0.072) | -0.119*<br>(0.068) |
| *Money Transfer Operators* | Q1 | Q2 | Q3 | Q4 |
| Female | -0.021<br>(0.039) | -0.019<br>(0.022) | -0.014<br>(0.021) | 0.012<br>(0.027) |
| Age | -0.001<br>(0.005) | 0.001<br>(0.006) | 0.003<br>(0.003) | -0.000<br>(0.004) |
| Age squared | 0.000<br>(0.000) | -0.000<br>(0.000) | -0.000<br>(0.000) | -0.000<br>(0.000) |
| Employment status | -0.075<br>(0.047) | -0.024<br>(0.020) | 0.004<br>(0.022) | -0.043<br>(0.033) |
| Mobile Money account | -0.035<br>(0.054) | 0.012<br>(0.026) | 0.127***<br>(0.048) | 0.016<br>(0.030) |
| No financial account | -0.032<br>(0.043) | -0.028<br>(0.025) | 0.023<br>(0.022) | 0.013<br>(0.025) |
| Pay bills online | 0.110<br>(0.104) | 0.019<br>(0.036) | -0.047**<br>(0.022) | 0.114<br>(0.075) |
| Secondary Education | 0.003<br>(0.039) | -0.028<br>(0.020) | -0.012<br>(0.025) | -0.017<br>(0.026) |
| Tertiary Education | 0.014<br>(0.060) | 0.038*<br>(0.023) | -0.874***<br>(0.126) | -0.025<br>(0.064) |
| Income: Second 20% | -0.045<br>(0.072) | -0.005<br>(0.030) | -0.017<br>(0.037) | -0.016<br>(0.052) |
| Income: Third 20% | -0.040<br>(0.066) | -0.021<br>(0.042) | 0.015<br>(0.036) | 0.023<br>(0.045) |
| Income: Fourth 20% | -0.044<br>(0.068) | -0.011<br>(0.010) | -0.037<br>(0.041) | 0.005<br>(0.047) |
| Income: Richest 20% | -0.074<br>(0.068) | -0.005<br>(0.032) | -0.003<br>(0.035) | -0.037<br>(0.050) |
| Log-likelihood | -412.93 | -405.37 | 644.22 | -500.56 |
| Pseudo $R^2$ | 0.2184 | 0.1593 | 0.1469 | 0.1965 |
| N | 626 | 720 | 951 | 661 |

*Notes: Estimations allow for country fixed effect. Marginal effects are reported. Superscripts ***, ** and * indicate statistical significance at 1%, 5% and 10% level, respectively. Standard errors are in parentheses. Omitted variables are the income poorest 20% and primary education.*

**Table 4. logit estimations of the impact of mobile money on informal remittances**

| Variables | (1) | (2) |
|---|---|---|
| Female | 0.001 | 0.020 |
| | (0.020) | (0.021) |
| Age | -0.004 | -0.001 |
| | (0.003) | (0.003) |
| Age squared | 0.000 | 0.000 |
| | (0.000) | (0.000) |
| Employment | 0.046* | 0.059** |
| | (0.027)) | (0.027) |
| Mobile Money account | -0.050* | -0.054* |
| | (0.028) | (0.030) |
| No financial account | 0.334*** | 0.057** |
| | (0.023) | (0.023) |
| Pay bills electronically | -0.170*** | -0.171*** |
| | (0.049) | -0.106 |
| Secondary Education | -0.133*** | -0.024 |
| | (0.020) | (0.020) |
| Tertiary Education | -0.171*** | -0.056 |
| | (0.043) | (0.044) |
| Income: Second 20% | 0.010 | 0.015 |
| | (0.041) | (0.038) |
| Income: Third 20% | -0.024 | -0.024 |
| | (0.039) | (0.035) |
| Income: Fourth 20% | -0.034 | -0.016 |
| | (0.038) | (0.036) |
| Income: Richest 20% | -0.033 | -0.004 |
| | (0.037) | (0.034) |
| Log-likelihood | -656.19 | -1448.47 |
| R-squared | 0.1014 | 0.1787 |
| N | 1,756 | 2,886 |

*Notes: Estimations allow for the country fixed effect. Average Marginal effects are reported. Superscripts ***, ** and * indicate statistical significance at 1%, 5% and 10% level, respectively. Standard errors are in parentheses. Omitted variables are the income poorest 20% and primary education.*

**Figure 1. Trend of financial inflows in sub-Saharan Africa**

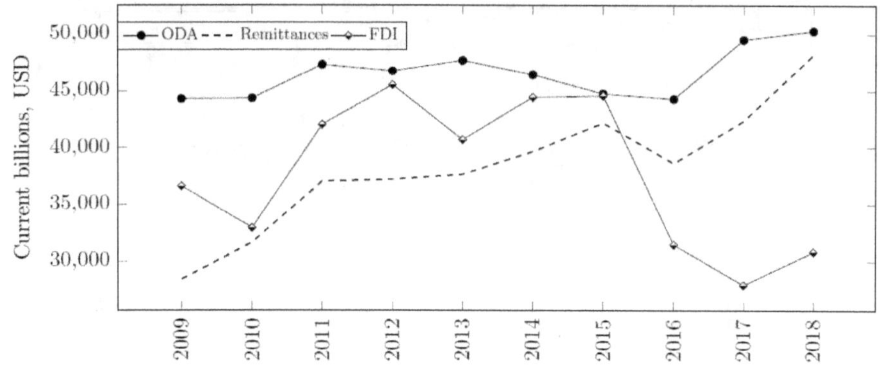


*Source: Author, based on World Development Indicators, 2020.*

**Figure 2. Evolution of active mobile money accounts in selected countries**

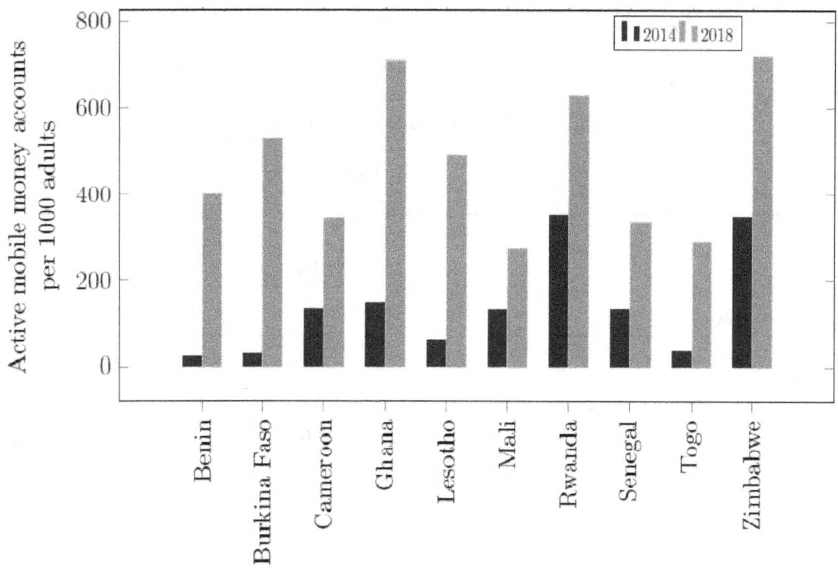


*Source: Author's calculations based on IMF's Financial Access Survey, 2020.*
*Note: The selection of the countries was constrained by the availability of the data.*

**Figure 3. Trend of mobile money transaction in sub-Saharan Africa**

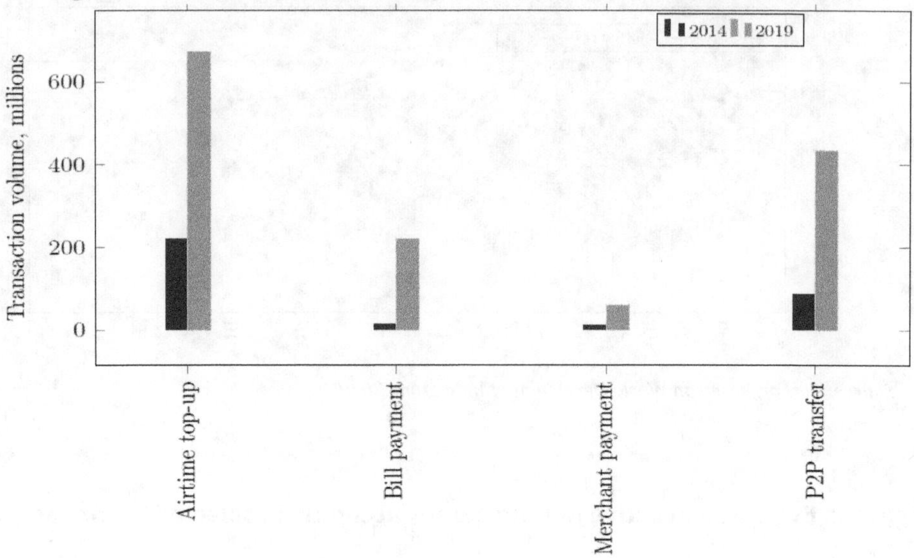


*Source: Author, based on Global Mobile Money Dataset, 2019.*

**Table 5. Tests of IIA assumption**

| | Hausman | | | Suest-based Hausman | | | Small-Hsiao | | |
|---|---|---|---|---|---|---|---|---|---|
| Remittances channels | $\chi^2$ | df | P> chi² | $\chi^2$ | df | P> chi 2 | $\chi^2$ | df | P> chi² |
| Banks | -4.204 | 13 | . | 13.06 | 14 | 0.522 | 12.198 | 14 | 0.59 |
| Informal channel | -6.389 | 13 | . | 20.315 | 14 | 0.121 | 15.557 | 14 | 0.341 |
| MTO | 5.826 | 13 | 0.952 | 4.697 | 14 | 0.99 | 9.416 | 14 | 0.804 |

*Ho: Odds(Outcome-J vs Outcome-K) are independent of other alternatives. A significant test is evidence against Ho.*

**Table 6. LR Test for combining alternatives**

| Remittances Channels | $\chi^2$ | df | P> chi² |
|---|---|---|---|
| Banks & informal channels | 546.223 | 13 | 0 |
| Banks & MTO | 109.618 | 13 | 0 |
| Informal channels & Banks | 61.956 | 13 | 0 |

*Ho: All coefficients except intercepts associated with a given pair of alternatives are 0 (i.e., alternatives can be combined).*

## Table 7. Likelihood-ratio Chow test

| | | | | | | |
|---|---|---|---|---|---|---|
| Likelihood-ratio test | | | LR chi2(88) = 676.04<br>Prob > chi2 = 0.0000 | | | |
| Assumption: (Full) nested in (Q1, Q2, Q3, Q4) | | | | | | |
| Akaike's information criterion and Bayesian information criterion | | | | | | |
| Model | Obs | ll(null) | ll(model) | df | AIC | BIC |
| Full | 3,155 | -2918.559 | -2498.323 | 32 | 5060.646 | 5254.462 |
| Q1 | 626 | -626.6667 | -493.2477 | 30 | 1046.495 | 1179.676 |
| Q2 | 720 | -551.8863 | -451.5341 | 28 | 959.0682 | 1087.287 |
| Q3 | 951 | -847.0912 | -717.5223 | 32 | 1499.045 | 1654.485 |
| Q4 | 667 | -587.3715 | -498.0008 | 30 | 1056.002 | 1191.085 |

*Note: N=obs. used in calculating BIC.*

## Table 8. List of countries in the sample (35)

| | | |
|---|---|---|
| Benin | Guinea | Nigeria |
| Botswana | Kenya | Rwanda |
| Burkina Faso | Lesotho | Senegal |
| Cameroon | Liberia | Sierra Leone |
| Central African Republic | Madagascar | South Africa |
| Chad | Malawi | South Sudan |
| Congo Republic | Mali | Tanzania |
| Congo, Dem. Rep. | Mauritania | Togo |
| Ivory Coast | Mauritius | Uganda |
| Ethiopia | Mozambique | Zambia |
| Gabon | Namibia | Zimbabwe |
| Ghana | Niger | |

## Table 9. List of countries ranked by quartile of financial development level

| Quartile 1 | Quartile 2 | Quartile 3 | Quartile 4 |
|---|---|---|---|
| Central African Republic | Ethiopia | Benin | Botswana |
| Chad | Ghana | Burkina Faso | Ivory Coast |
| Congo, Dem. Rep. | Liberia | Cameroon | Kenya |
| Congo Republic | Madagascar | Gabon | Mauritius |
| Guinea | Mozambique | Lesotho | Namibia |
| Malawi | Rwanda | Mali | Senegal |
| Sierra Leone | Tanzania | Niger | Togo |
| South Sudan | Zambia | Nigeria | South Africa |
| Uganda | | | |

*Source: Author's compilations based on IMF's Financial Access Survey, 2020.*

## Comment le paiement mobile affecte-t-il l'utilisation des canaux de transferts de fonds informels en Afrique subsaharienne ?

***Résumé*** **–** L'utilisation des canaux informels de transfert de fonds par les migrants reste importante en Afrique subsaharienne. Cependant, l'usage accru du paiement mobile (*mobile money*) peut avoir un effet sur le recours aux canaux informels de transfert par les particuliers. En ce sens, cette étude examine l'impact du paiement mobile sur l'utilisation des différents canaux de transferts de fonds domestiques en Afrique subsaharienne, en utilisant les données du Global Findex 2017. Les résultats montrent que les individus qui possèdent et utilisent un compte de paiement mobile sont moins susceptibles d'envoyer des fonds par un canal informel. Ce résultat montre la pertinence de la digitalisation pour amener davantage de transferts et une plus grande formalisation de ces fonds en Afrique subsaharienne.

***Mots-clés***

Mobile Money
Transferts de fonds informels des migrants
Afrique subsaharienne

**Région et Développement**

*n° 53-2021*

www.regionetdeveloppement.org

*CASE STUDY*

# Migration and rural development in NENA countries

**Anda DAVID***
**Björn NILSSON****

***Abstract*** - Migration is inseparable from social and economic transformations and it plays a crucial role in shaping rural livelihoods. In this paper we review the existing evidence on internal and international migration in four countries of the North Africa and Near East (NENA) region with very diverse profiles both in terms of migration and of rural development: Egypt, Jordan, Morocco and Tunisia. We also analyze the policy framework of rural development in the NENA region, evaluating to what extent current practice seems adapted to tackle the main issues highlighted by migration in the region.

***JEL Classification***
F22, O15, R23, R00

***Key-words***
Migration
Rural development
Remittances
Agriculture
Egypt
Jordan
Morocco
Tunisia

* Agence française de développement (AFD), davida@afd.fr
** Université Paris Saclay and DIAL, bjorn.nilsson@u-psud.fr

## INTRODUCTION

The North Africa and Near East region (NENA) has a long history of migratory flows. Dating back to pre-colonial times, these flows, both within-countries and between countries, have fluctuated in tandem with significant historical events. Independence, European demand for low-skilled labor, the Palestinian exodus, the 1970s oil crises and more recently the war in Syria are but a few of the defining events that have shaped inflows and outflows in the region. At the same time, alike much of the developing world, demographic pressure has resulted in important urbanization rates as climate change and land scarcity have rendered livelihoods in rural areas more and more uncertain. The region's youth, facing unemployment rates higher than in any other region, often see migration as their only chance to climb the social ladder. Against this background, the academic discourse of the last decades holds that rather than the mere result of a lack of development, migration can encourage and accompany development, and the tide is unlikely to turn as development indicators rise in the future (De Haas, 2007a). These migratory flows are not without consequences, as an important theoretical and empirical literature has shown. Consequences arise both on the individual migrants, and on those left behind, on origin and on destination countries. The objective of this paper is to review the evidence of the origins and consequences of migration in relation to rural development in the NENA region, focusing on Egypt, Jordan, Morocco and Tunisia.

Gubert (2003) points out that the early theoretical literature on the impact of migration on sending countries mainly focused on its short term impact on relative prices and well-being, using the model of a dependent economy, and Djajic (1986) concludes that the effect is ambiguous and depends on the relative share of remittances. Remittances are generally considered as having a positive impact on home countries and Mesnard (2001) shows that they can lead to capital accumulation and growth in the long term. Finally, the return of migrants can also be seen as a positive externality of migration since it results in knowledge diffusion and increased per capita growth (Domingues Dos Santos and Postel-Vinay, 2003).

A recent FAO report (Deotti and Estruch, 2016) outlines the theoretical channels through which rural out-migration can impact rural livelihoods. Most channels have ambiguous outcomes, however, and these are related to the composition of the migrant population. Labor productivity for example, may increase with migration since there is less pressure on the labor market and thus a potentially more efficient allocation of labor. It could also be synonym with a brain drain phenomenon whereupon the most productive individuals of a community disappear, since they are likely to experience the largest gains from migration. The same reasoning can be applied to skills transfers, income inequality or land degradation where both a net positive and a net negative effect may occur.

In this article, we first summarize the evidence regarding the importance of international and internal migration in four countries: Egypt, Jordan, Morocco and Tunisia. We then review the literature on the impacts of migration on remaining households, keeping focus on issues relevant for rural households. Finally, we review the policy framework of rural development in the NENA region, evaluating to what extent current practice seems adapted to tackle the main issues highlighted by migration in the region.

# 1. RECENT TRENDS IN REGIONAL MIGRATORY PATTERNS: DRIVERS OF MIGRATION IN THE NENA REGION

## 1.1. International migration in some NENA countries

The common definition used by the main migration databases (OECD, United Nations, IOM) states that an international migrant is an individual who lives in a country where he or she was not born. According to the United Nations, the stock of international migrants accounts for 3,5% of the world's population, having been multiplied by 3 over the last 50 years. International emigration is a significant phenomenon for NENA countries, with emigration rates ranging from almost 4% for Egypt to 9% for Jordan according to UN data (UN, 2015). Interestingly, while Egypt has the lowest emigration rate, it has the largest diaspora among the NENA countries, counting almost 3.3 million Egyptians abroad (Table 1). On the other hand, Jordan has a rather small diaspora in absolute terms (of almost 700 000 migrants), but the highest emigration rate.

**Table 1. General migration figures for NENA countries**

| | Egypt | Morocco | Tunisia | Jordan |
|---|---|---|---|---|
| Intern. migrant stock | 3 268 970 | 2 834 641 | 651 044 | 699 719 |
| Developed regions | 546 633 | 2 636 112 | 608 428 | 123 213 |
| Developing regions | 2 722 337 | 198 529 | 42 616 | 576 506 |
| Emigration rate | 3,9% | 8,3% | 5,8% | 9,1% |

*Source: Authors' computations using UN-DESA data for 2015.*

These apparent discrepancies give us a first insight into the complex migration patterns of NENA countries and the changing dynamics that they have witnessed over the last decades. Recent estimated data from Abel and Sander (2014) shows that while migration outflows from Egypt, Jordan and Tunisia decreased between 1990 and 2010, migration outflows from Morocco increased significantly over the same period (see Figure 1). Interestingly, emigration flows from Tunisia had been on an upward trend between 1990 and 2005 and dramatically decreased afterwards.

**Figure 1. Estimated migrant outflows, all destinations**

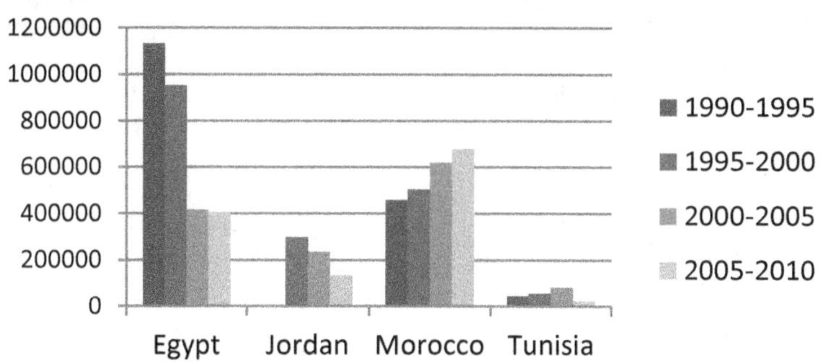


*Source: Authors' calculation based on Abel and Sander (2014).*

However, if we restrict the analysis to OECD countries as destinations, the picture is reversed, with all the outflows increasing between 2000 and 2015, except for Morocco (see Figure 2). Besides the difference in the methodology used to construct the data, this difference can be explained by a decrease in non-OECD migration for

Tunisia, Egypt and Jordan (emigrating less to Libya and the Gulf countries), with relatively stable flows to OECD countries, and a large increase in Moroccan non-OECD migration occurring simultaneously with a negative trend in flows towards OECD countries.

**Figure 2. Emigration flows to OECD destinations**

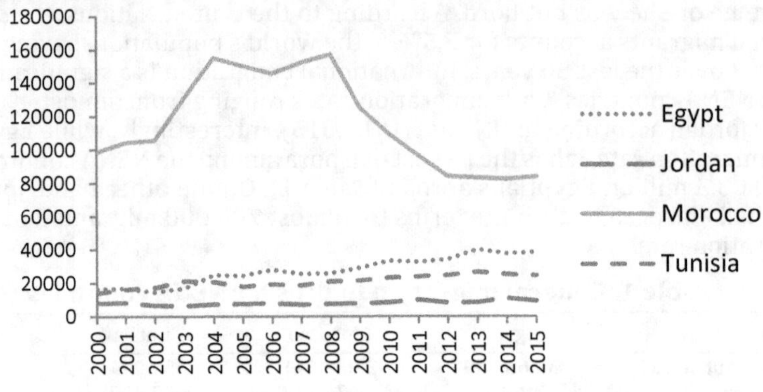


*Source: Authors' calculation based on OECD data.*

The above comparison has to be treated with caution due to the difference in the databases used and in the time periods considered. Discrepancies among the various sources of data are also highlighted, for instance, in Amer and Fargues (2014), who stress that the number of Egyptian migrants can vary substantially from source to source. Nevertheless, it gives us a first idea of how different destinations shape not only the size of emigration flows, but also their evolution.

## 1.2. International migration profiles of NENA countries

### *Egypt*

Egypt is the largest migrant sending country in the MENA region, with 3.27 million Egyptians registered abroad in 2015 (Table 1), and also the most populous one with slightly less than 100 million inhabitants. The emigration rate remained relatively stable over the last decades, going from 3.6% in 1990 to 3.9% in 2015.

In a recent article, David et al. (2020) use survey data and find that, for 2018, almost 9 percent of the working age Egyptian population had an international migration experience, but recent migration rates were slightly lower compared with those measured in the previous wave of the survey in 2012.

Table 2 shows the evolution of the migrant stock of Egyptians in the top five destination countries in 1990 and in 2013. Saudi Arabia remains the top destination for Egyptian migrants, a fact also highlighted by Wahba (2015) in a study retracing five decades of international migration in Egypt.

**Table 2. Egyptian migrant stock in the top five destinations in 1990 and 2013**

| 1990 | | 2013 | |
|---|---|---|---|
| Saudi Arabia | 954 888 | Saudi Arabia | 1 298 388 |
| Kuwait | 200 490 | UAE | 711 894 |
| Jordan | 141 413 | Jordan | 276 950 |
| UAE | 165 980 | Kuwait | 182 342 |
| Lebanon | 78 308 | USA | 171 985 |

*Source : IOM data for 1990 and 2013.*

The USA appears in the top-five countries of destination in 2013, hosting almost 166 000 Egyptians and this number slightly increased in 2013. However, Egyptians had started choosing it as a destination even prior to the 1980s, mainly driven by political dissatisfaction (Wahba, 2015). Emigration flows, including irregular emigration, to Europe increased significantly over the 2000s, with Italy as a main destination.

Wahba (2015) analyzes the differences between rural and urban current and return migrants and finds that rural migrants are younger than urban migrants and that rural migrants tend to be mostly engaged in low skilled occupations prior to migration. Another interesting finding is that a higher percentage of rural migrants emigrated because they were unemployed and that they rely more on migration brokers, while also using more intensely their social networks in the destination country. Moreover, the main reasons for returning are different between rural and urban returnees, end of contracts being the main reason for urban returnees and poor working conditions for rural returnees.

### *Jordan*

The most striking feature of Jordan in terms of migration is it being both a sending and a receiving country. In 2013, there were around 640 000 Jordanians living abroad according to UN-DESA, mostly in the Gulf Countries, pulled by the higher wages, as well as the availability and quality of jobs. Similar to Egypt, the Jordanian emigration flows towards the Gulf Countries increased significantly after the 1973 oil price surge. Interestingly, Jordan experienced a skill shortage in the late 1970s due to emigration to the neighboring Gulf Countries, but the open-door emigration policy was maintained, mainly due to the dependence of the Jordanian economy on remittances (DoS, 2016).

In 2014, 68% of all Jordanian migrants were residing in Saudi Arabia and the UAE and only 16% were living outside of Arab countries (De Bel-Air, 2016a). Nevertheless, flows to the Gulf countries started to decrease after 2008 under the joint influence of the economic crisis which decreased public expenditure and subcontracting, of political tensions and of policies such as the Saudisation of the Saudi Arabian workforce. De Bel-Air (2016a) points out that, at the same time, there was an increase in the number of residence permits for Jordanians in Western countries, mainly in the US.

Contrary to other NENA countries, Jordanian emigrants are highly educated (around 70% have a higher education according to Wahba (2014) and DoS (2016)), and De Bel-Air (2016a) highlights that they often occupy professions in engineering and construction, media and higher education, as well as finance. Interestingly, she also points out to a rather balanced sex ratio, contrary to what is observed for Egypt for instance. Another striking feature of Jordanian emigration is the low prevalence of migrants originating from rural areas – 95% of the current migrants in 2012 were originally from urban areas (Wahba, 2014). Although the Jordanian rural population represents less than 20% of the population, this still shows that international migration is a phenomenon concentrated among urban Jordanians. The DoS (2014) survey on international migration shows that households with migrants in rural areas are more likely to own farm land, farm tractors and tools compared to returnees and non-migrants.

### *Morocco*

Morocco has become one of the world's leading emigration countries and international migratory movements have long been a salient phenomenon of Morocco's economy and society. In 2013, the stock of first-generation Moroccan migrants stood at 2.8 million representing around 8.6% of the population (UN-DESA, 2015). However, if the second and third generations, who also hold the Moroccan nationality, are taken into account the Moroccan diaspora is estimated to be between 4 and 4.5 million (De Bel-Air, 2016b). Intentions to migrate are also very high, with a share of 69% of young people (18-29 years old) having expressed the desire to emigrate in 2011-2012 (De Bel-Air, 2016b).

Having started during the colonial times, Moroccan emigration, mainly male and directed towards France, intensified after the independence in 1956 and decreased afterwards with the mid-70s oil crises. Starting with the 1980s, emigration flows started to pick up, often through family reunification programs. However, after the economic crisis in 2008, flows to Southern European countries decreased significantly compared to the early 2000s, as Moroccans were disproportionately affected by the negative shock in the construction and services sectors.

**Table 3. Moroccan migrant stock in the top five destinations in 1990 and 2013**

| 1990 | | 2013 | |
|---|---|---|---|
| France | 713 987 | France | 911 046 |
| Italy | 169 285 | Spain | 745 674 |
| Israel | 157 029 | Italy | 355 645 |
| Belgium | 135 196 | Netherlands | 173 489 |
| Spain | 134 656 | Israel | 165 963 |

*Source: IOM data for 1990 and 2013.*

In recent years, France continues to be the main residence country for Moroccan migrants, hosting more than 30% of the diaspora, while Spain hosts 25%. Interestingly, De Bel-Air (2016b) notes that among the small communities of Moroccans in the Gulf Countries and North America, the prevalence of high-skilled women is considerable compared to other destinations.

### *Tunisia*

Similar to Morocco, Tunisia is mostly an emigration country whose diaspora, in 2014, was estimated to be of around 543 000 migrants if only the Tunisia-born are considered and of more than 1.2 million migrants if the definition extends to the born-abroad second and third generations. While emigration flows initially directed mainly toward Western Europe, especially to France as a result of the colonialist past, Tunisian migrants started choosing Libya as a destination from the mid-70s, as a result of the increase in oil exploitation, and Italy since the 1980s (Natter, 2015). While emigration to Europe was mainly low-skilled and relied on family reunification since the 1980's, technical cooperation agreements between Tunisia and the Gulf countries resulted in an increase of skilled and high-skilled migration toward these new destinations. In terms of demographic profile, Tunisian migrants in France stand out, being older than the average (almost half of them are 55 years and above) and having a more balanced sex ratio.

With the surge in unemployment rates of tertiary-educated youth, flows of students and high-skilled migration towards Germany and North America have also increased. However, irregularity is a major feature of Tunisian migration to Europe and also to neighboring countries (De Bel-Air, 2016c).

Interestingly, the Tunisian Revolution induced a change in the profiles of migrants (David and Marouani, 2017). First of all, the share of migrants originating from rural areas more than doubled after the revolution (for those having migrated after 2011, 50% of international emigrants were living in a rural area, while the percentage was of barely 20% for those having migrated before 2011). Migrants having left Tunisia after the Revolution are also slightly older, have fewer family ties, are more educated and more often irregular workers (David and Marouani, 2017).

### 1.3. Internal migration in some NENA countries

Internal migration outweighs international migration in terms of numbers. In 2005, 763 million people (12% of the global population) were estimated to live in their home country but outside their birth region (Bell and Charles-Edwards, 2013). Urbanization is not a new phenomenon, however: data on mobility in Morocco shows that the annual flow of rural people to urban areas increased from 2.2% of the rural population in the 1920s (when the urbanization rate stood at 12.5%) to 11.4% in the 1970s (with an urbanization rate of 43%), and by the turn of the century more than 60% of the population lived in urban areas (De Silva and Silva-Jauregui, 2004). Tunisia and Jordan have also witnessed sharp declines in their rural population, falling from 42% and 28% respectively in 1990 to 33% and 17% respectively in 2013.

Egypt constitutes an interesting country in terms of internal population movements, since its population is still predominantly rural. Out of the 82 million Egyptians estimated for 2013, 57% lived in rural areas according to the World Bank Database (WBDB). More recent data shows that, in 2018, only 9% of Egyptians declared having moved from their place of birth (David et al., 2020). The first half of the 20$^{th}$ century indeed witnessed a large flow of the rural population move into urban areas, with Cairo (including Giza) accounting for the lion's share of that migration. However, this urbanization has since halted, with the current share of the rural population being virtually at the same level as 50 years ago (57%). Although not all internal migration takes the shape of rural to urban migration, this decrease in rural to urban migration is mirrored in low internal mobility in the recent Egyptian censuses.

Over the last half-century, Jordan has become a highly urbanized country, with the share of rural population decreasing from 49 per cent in 1960 to 16 per cent in 2016 (WBDB). The urbanization of Jordan is due to two factors: the arrival of refugees, who mainly settled in urban areas in the northwest part of the country, and internal migration from rural to urban areas. Thus, since the early 1980s, the population of Amman has more than tripled (although part of this is due to the expulsion of 300 000 Jordanians of Palestinian origin from the Gulf in 1991), while rural areas have remained stagnant (Ababsa, 2013). The rural-urban dichotomy is also a south-north dichotomy: the few cities in the south have not fared better in terms of population growth than their rural counterparts.

Although Morocco is a significant sending country for international migrants, internal migration is likewise important, and sometimes a precursor for international migration, with young international migrants using internal migration to urban areas as a springboard for international migration (de Haas, 2005). The urbanization of Morocco has occurred simultaneously with de-agrarization, as the rural population has sought to diversify its income sources, completing agricultural income with income from non-agricultural employment. The increased attraction of relatively small urban centers such as Al Hoceima, Agadir or Ouarzazate, resulting from improved infrastructure and a decentralization process, has also implied that long-distance migration is no longer necessary for such income diversification (Berriane, 1996; De Haas, 2005). De Haas (2006) also details the impact that international migration has on internal migration. He claims that investment due to remittances by international migrant household has accelerated the growth of medium-size and large towns in migration zones, attracting internal migrants from both within and outside these regions.

Like Morocco, the urbanization process of Tunisia in the last half-century is a mixture of the Egyptian and the Jordanian cases. Much like in Morocco, urbanization has been a clear feature of the country's development since the 1960s, with a share of rural population declining from 62 per cent to 33 per cent. The determinants of migrations are often income opportunities. Focusing on tertiary educated Tunisians, Kriaa and Mouaddeb (2014) find that *push* factors (and especially the availability of jobs) play an important role in the decision to migrate between governorates. In contrast, distance does not seem to be a big obstacle in the movements of this category of youth (the fact that the country is relatively small is plausibly a contributing factor). Finally, since the 2011 revolution mobility – both international and internal – has increased as regional disparities have risen (Amara and Jemmali, 2016).

The four countries studied here share push factors such as the downsizing of the public sector, which together with a less and less profitable agriculture and unequally distributed land forces people to diversify their income sources (Deshingkar and Grimm 2004). Migration to urban areas may in this regard be a part of households' livelihoods strategy. Nevertheless, the large growth of urban centers in the region has resulted in increased unemployment, and the swelling of the informal sector (91.1% and 46.8% of employed youth (15-29 years old) in Egypt and Jordan hold informal jobs [Shehu and Nilsson, 2014]).

The available evidence suggests that internal migration has not increased in the long term, and lifetime and short-term mobility appear rather low in the region, by international standards. An exception to this is Morocco, where lifetime mobility stands at more than 30%. Internal mobility in Jordan is also specific, since the country holds an important number of refugees, an important share of which live outside refugee camps and move around in the country. Evidence from both Morocco and Tunisia shows that beyond a rural to urban phenomenon, important shares of internal migration takes place between rural areas. In Egypt, internal migration is more important in the direction urban to rural areas than the opposite.

The patchwork of motivations for internal migration and the country specificities laid out above preclude any generalizations as for the drivers of internal migration. What seems to be sure is that deteriorating agricultural opportunities and joblessness in rural areas in general contribute as push factors for young, predominantly male individuals, to try their luck in areas with more opportunities, either within or outside the country. The next section will summarize the evidence of the impacts of both international and internal migration on households' livelihoods, focusing on rural areas where possible.

## 2. THE IMPACT OF MIGRATION IN FOUR NENA COUNTRIES

### 2.1. Egypt

According to Wahba (2007), Egypt is a particularly interesting case in the migration literature since migration is both temporary and work-oriented. The temporary nature of international migration is due to the main destination countries of Egyptian migrants (Gulf countries), offering short-term contracts and no real possibilities of a prolonged stay. Hence, returnees are large in numbers, which implies that beside the remittances channel, the impact of return migration on origin localities is likely to be important.

Being a large sending country, remittances represent an important share of Egypt's GDP (5% in 2006, Binzel and Assaad, 2011), which – like in other countries dependent on foreign inflows of money – has put constraints on its balance of payments. However, at the micro level, remittances also play an important part in the incomes of Egyptian migrant-sending households, and a sizable literature has drawn on survey data to analyze the impacts of remittances on origin households.

A traditionalist view of remittances has argued that most remittances are squandered away on consumption goods of no durable utility. This view is for the most part rejected by evidence from Egypt. A significant proportion of remittances is spent on housing (Adams Jr, 1991; Zohry, 2009), and households in which a member emigrates increase their stock of durable goods more than comparable non-migrant households (Arouri and Nguyen, 2017). The likelihood of remittances being used for other purposes than consumption of non-durable goods furthermore hinges on the poverty level of the household. An interesting finding by Adams Jr (1991) is that the elasticity of investment to income is higher for migrant households, suggesting that international migration can indeed be a part of a long-run investment strategy aimed at increasing wealth durably. In this regard, social and spatial mobility may furthermore be negatively correlated, since remittances have had the effect of increasing land prices throughout the country.

Supplemental income such as remittances may also modify households' behavior in the labor market. On the one hand, an older anthropological literature from Egypt (Taylor, 1984; Adams, 1986) has shown that upon male emigration women can be forced to take up traditionally male occupations such as running the household enterprise. On the other hand, the influx of remittances might raise individuals' reservation wage, with remaining members dropping out of the labor force (Binzel and Assaad, 2011; Arouri and Nguyen, 2017). Finally, looking at the impact of remittances on the intention to migrate in three MENA countries, van Dalen et al. (2005) find a positive but not significant association between remittances and intention to migrate in Egypt. The failure to show a significant result may be due to collinearity however, since when the numbers and positions of emigrants in the household are removed as explanatory variables, remittances become positively and significantly associated with intentions to migrate.

Given the temporary and circular nature of Egypt's international migration, several authors have taken an interest in the impact of returnees. By spending time abroad, returnees save up money and gain experience that may be used upon their return. Evidence shows that returnees are more likely to become entrepreneurs than non-migrants, despite the fact that their stay is associated with a loss of social capital (Nasser, 2005; Wahba and Zenou, 2012). They also tend to invest more in formal businesses paying taxes (Nasser, 2005) and their enterprises have a higher chance of survival in the long run (Marchetta, 2012). McCormick and Wahba (2003) show that while broadly, migrants return to the same industrial patterns of employment, the migration experience is associated with a move from the public to the private sector.

## 2.2. Jordan

The livelihoods strategies of the rural populations in Jordan are different from those in Egypt. On the one hand, since land is more accessible in Jordan than in Egypt, a larger share of the poorests' income is derived from farm work in Jordan. On the other hand, the urbanization of Jordan far outweighs that of Egypt, since less than 20 per cent of the population live in rural areas. While in rural Egypt the poor receive 60% of their income from nonfarm activities, the equivalent number for Jordan is 20%. This means, among other things, that the rural poor in Jordan are more likely to be vulnerable to climatic change and adverse weather shocks. Having international migrants could be a way of dealing with these and other hazards (Sayan,

2006). Contrary to what was found in studies on Egypt, where a substitution of wage employment for other income activities was observed but where no effect on the overall labor market participation seems to have occurred, remittances clearly displace the labor force in Jordan. Al-Assaf (2016) uses the 2010 Jordanian Labor Market Panel Survey (JPMLS) to study the impact of remittances on labor supply of both men and women. He finds a negative and significant effect both on wage employment and on own work, across genders. A candidate explanation is that Jordanian emigration is to a large extent high skilled, with Jordanians earning 4 times what they would earn at home (Wahba, 2014). Thus, remittances do not only replace the foregone income of the household head, but also generate a true upward pressure on reservation wages in Jordanian households. These results are reinforced when remittances are instrumented by the number of Western Union offices in main Jordanian cities. Older evidence (Khaled, 1995) comparing a sample of migrant wives (518) with a sample of resident wives (532) however suggests that migrant wives work more than wives of non-migrants, especially in informal employment.

### 2.3. Morocco

With a stock of emigrants representing about 10% of its population, a decrease of almost 50% of the rural population over the last 50 years and as the third largest remittance recipient in the MENA region (after Lebanon and Egypt), Morocco's economy and society are strongly impacted by international and internal migration. De Haas (2007b) notes that the intensification of migration flows, internal as well as international, is the result of colonization and incorporation of rural areas, along with a certain level of socio-economic development. Up until today, remittances remain one of the most prominent features of the Moroccan migration, having reached 7% of GDP in 2012. However, studies point to various negative effects of remittances. Collyer (2004) and De Haas (2009) find that no large-scale return on remittance induced investments can be found, but they did seem to have an effect in terms of increasing intra-community inequality. In rural areas, De Haas (2007c) argues that inadequate infrastructure and absence of public services lowers the propensity to invest in low-risk sectors such as housing, retail and trade. However, Teto (2001) showed that 1.17 million out of 30 million Moroccans would fall back to absolute poverty without international remittances, although the middle and higher income classes profit relatively more from remittances than the lowest income groups. The inflow of remittances can also reverse the agricultural decline through agricultural investments, as suggested by De Haas (2001). De Haas (2007c) offers an extensive discussion on this agricultural decline, to which international migration is seen to have contributed. However, he concludes that it is internal migration, rather than international migration, that seems to be associated with a retreat from agriculture through a decrease both in poverty and in the availability of family labor.

Regarding the links between migration and labor supply, migration has historically been a male phenomenon, and hence studies on the subject tend to concern its impact on labor outcomes of women. In rural Morocco, Sorensen (2004) argues that harvesting – a typically male task in the 1950s – has progressively been feminized following male emigration and become regarded as women's work. In rural areas, the need to replace migrants' work may therefore result in an increase in women's unpaid family work, since they might have to compensate for lost labor while continuing to assume their domestic role. As international migration has been linked to increased levels of land and livestock ownership in Morocco (Steinmann, 1993; Chigueur, 2007), women's agricultural workloads may have increased as a result. Steinmann (1993) noted that the emphasis on livestock production in migrant families could partly be explained by the fact that animal husbandry is a traditionally female task and its production can therefore increase without additional male labor input. In the Todgha valley, De Haas and Van Rooij (2010) however observed an important decrease in the workload of women in international migrant households, as they could hire laborers for agricultural work. This labor demand was fulfilled by wives of non-migrants and of internal migrants, the latter having the heaviest workload due to the combination of the man's absence and lower levels of remittances (see also Steinmann, 1993). While paid work might seem an important route to women's economic empowerment, Lenoël and David (2017) show that international migration is unlikely to play a positive role in supporting women's access to cash-earning opportunities in the absence of more favorable labor market conditions at origin. Instead, international migration may lead to their withdrawal from the labor market. They argue that while patriarchal attitudes are an important factor in women's low levels of engagement in paid activities, the most compelling reason behind this situation probably lies in the lack of good job opportunities for women, especially in rural areas.

In terms of investments, De Haas (2007b) argues that, on average, current and returned international migrant households invested four and six times more, respectively, than non-migrant households. Nevertheless, similar to Egypt, housing construction remains the migrant's first investment priority (more than 71% of the funds go to real estate), sometimes transforming villages into towns. Return migrants are among those that invest the most, but this mainly concerns urban areas, where they often prefer to settle. Returnees who choose to go back to their native villages had often been less successful during their migration process and lack the material and human capital to invest (Collyer, 2004).

Finally, it is worth noting that several studies also show the impact that migration has on shaping territorial dynamics. De Haas (2007c) highlights a strong link between internal migration and international migrants' investments in the urban sector and the general process of a rural urbanization taking place in Morocco. Using a case study of rural young people in the Saïss region, Ftouhi et al. (2015) highlight the fact that the mobility of young men can ensure the transfer of knowledge and skills to farm and stimulate agricultural projects. However, the same is not true for young women, who obtain little social recognition in farming activities and whose mobility is negatively perceived.

### 2.4. Tunisia

Surprisingly, the literature on the impact of migration on Tunisia is far less extensive than for other countries. This is mainly due to a lack of microeconomic data on migration, a problem which was been addressed with the first wave, in 2014, of the Tunisian Labor Market Panel Survey (TLMPS), conducted by ERF, which includes an extended module on migration. Thus, until recently, most of the knowledge on migration's impact on various outcomes in Tunisia was grasped through the lenses of return migration, thanks to specific surveys targeting returnees. Mesnard (2004a) shows the predominance of entrepreneurial activities among Tunisian returnees, financed through overseas savings. In a later study she highlights that migration allows individuals to overcome credit constraints and start a business (Mesnard, 2004b). Nevertheless, it appears that returnees in Tunisia do not benefit from a phenomenon of human capital accumulation that would entail positive results on the labor market (Mesnard, 2004a). A similar result is found by David (2017) for migrants who were forced to return. Small scale surveys also give us a glimpse at the impact of migration on specific communities. Gammoudi and Sghaier (2007) analyse the impact of emigration on the Fatnassa oasis, situated in the South-West of Tunisia. They find that households having emigrants abroad have higher standards of living and the remittances were mainly used to buy agricultural land and hire laborers in order to compensate for the departure of migrants, similar to what has been observed in Morocco.

Capital flows linked to migration are another important dimension of the migration-development nexus. Similar to the Moroccan case, various studies stress the negative externalities of the predominance of real estate in the uses of remittances (Gammoudi and Sghaier, 2007). However, significant amounts were also invested in productive projects and Gammoudi and Sghaier (2007) highlight that between 1984 and 2004 more than 28 million euros were invested in the agricultural sector. In a study aiming at understanding the role played by migration in shaping the labor market dynamics in a crisis context, David and Marouani (2015) show that the increase in Tunisian unemployment between 2008 and 2011 is due to the increase in labor supply resulting from the decrease in remittances associated with the economic crisis in Europe.

## 3. AGRICULTURAL POLICY, RURAL DEVELOPMENT AND MIGRATION

### 3.1. Existing and past policy

During colonization, traditional methods of organizing agriculture in the region gave way to more capital-intensive and mechanized methods, and, in the Maghreb countries, part of previously usable land became the property of the French government, limiting and regulating agricultural activities in these areas. New ways of organizing production were put in place, and associations were created to sell produce to the colonial power. In Egypt, the 19th century saw the implementation of cooperatives under British rule. These cooperatives gained a legislative framework in the first half of the 20th century – a period that also saw the opening of agricultural credit institutions (Elmenofi et al., 2014). These movements from traditional to "modern" codified organization rural activities served the purpose of colonial governance, and left traces on rural organization after colonization.

Upon independence, Morocco and Tunisia were confronted with extreme inequality of land holding. Land belonging to colonial powers was seized and redistributed to farmers, albeit at a slow pace (Abaab et al., 1995). Even today, in Morocco, 30% of cultivated land belongs to 8500-9000 families of large landholders, and Moroccan rural development efforts still revolve around this inequality. The rural development strategy development implemented by the Government of Morocco after 2008, Green Morocco Plan (GMP), aiming to increase agricultural production and reduce rural poverty and rural-urban inequality, is thus based on two pillars: the first pillar focuses on large modern farms belonging to a small minority of large-scale farmers, and the second pillar focuses on smallholder and family farming. The increase in the agricultural sector's competitiveness foreseen in the GMP is based, on the one hand side, on the shift of production to higher value added fruits and vegetables and, on the other hand side, on capitalizing on Morocco's geographic position and its proximity to European markets. In Tunisia as well, lands seized from colonial powers were redistributed upon independence, and much like in Morocco, important efforts have been made to modernize the agricultural sector and to solve conflicts related to the privatization of previously collective lands.

The 1980s and 1990s saw structural adjustment in the agricultural sector. In Morocco, while agricultural development was a high priority until the early 1980s (Faysse, 2015), after 1985 and until 2007 a structural adjustment policy was introduced in the agricultural sector, reducing the involvement of the state in agricultural activities (Akesbi, 2006). Many of the interventionist policies such as compulsory cropping patters and indivisibility of farms in agrarian reform cooperatives got dismantled in the 1980s and the Department of Agriculture drew up contracts with associations of farmers at the national level so that these associations could undertake a series of agreed-upon actions (Desrues, 2005). In his overview of rural development policies in Tunisia, Elloumi (2006) stresses that the accession of Tunisia to the GATT in 1990, the agreements with the WTO in 1994 and the creation of a Free Trade Area with the EU in 1996 confirmed the country's entry into a process of relative openness to global markets, introducing more competition among producers, hence the emphasis on improving the competitiveness of products and the environment of producers, especially for the export sector. The rise of the manufactured products sector however restricted the role of agriculture in the development of the country. While the role of agriculture in the Tunisian economy has decreased, the number of farms has increased, the average size has fallen and the pressure on natural resources is increasing. Nevertheless, basic rural infrastructures have improved considerably, the rural exodus has slowed down thanks to the creation of jobs (although precarious), and living conditions have improved.

In Egypt, post-adjustment policies have revolved on managing land. Given the constrained land availability in Egypt and the high population growth of the last century, land reclamation initiatives have been attempted with variable success in the past century. Since the 1990s, the government has primarily targeted fringe desert areas, using an integrated approach (40% of land is reserved for villages and services), selecting settlers on the basis of poverty, landlessness and unemployment (Elmenofi et al., 2014). This became all the more paramount after a 1992 law reform rendering land rentals subject to market prices, which were 10 times as high as previous prices. In 2009, a goal of reclaiming an additional 3 million *feddans* by 2030 – more than the estimated 2.6 million *feddans* reclaimed since 1930 – was announced by the government (USDA, 2016). The plan fell apart with the revolution, but was reannounced in 2014 by Preident Al Sissi, starting with 1.5 million feddans. This newly reclaimed land would be redistributed to university graduates, Egyptian firms and foreign investment firms. Observers however remain skeptical about the capacity of the Egyptian government to achieve success in this endeavor (USDA, 2016).

In Jordan, due to very high urbanization, land pressure is less acute. Water, however, is extremely scarce and what is documented about agricultural policies in the country has mostly been focused on water management. Since the land reform programs of the 1960s, land and water have been controlled by the state (Tarawneh, 2014). The Jordan Valley Authority (JVA) manages the agricultural lands along the Jordan river, the country's agricultural backbone, and all land transactions go through the authority, at a price which it decides unilaterally. The type and amount of crops cultivated is centrally decided by the Ministry of Agriculture, and the absence of cooperation between the two has led to problems in the past (Tarawneh, 2014). The share of agriculture in GDP is low, however, and the country is heavily dependent on imports (Engelmann, 2016). This share declined further in the 1990s upon the abolition of most agricultural subsidies under the Agricultural structural adjustment as stated in Jordan's 2003 National Strategy for Agricultural Development.

Land pressure and structural adjustment have meant that farmers in the region face increasing difficulties and increasingly need to rely on other sources of income than agriculture. In Jordan, little arable land, desertification and the resulting lack of self-sufficiency in agriculture (Jordan's produce is enough to last 12 days of a year) paint a bleak picture for agricultural livelihoods in the coming years. In Egypt, demographic pressure is only partially counteracted by land reclamation policies whose extent is inevitably limited as irrigation becomes more costly the further away from water sources land is reclaimed. Furthermore, coordination problems and centralized planning, implying insufficient involvement of local stakeholders, has been a feature of past policy (Elmafati, 2014), but changes in the Egypt's institutional framework have moved towards decentralization (Nawar, 2006). In this context, recent rural development efforts have focused on *integrated* community-based development. An evaluation of eight community based projects in Egypt financed by the World Bank highlights a weakness in public resource allocation, and an associated inefficiency in poverty impact, raising concerns both on sustainability and on the prolonged attitudes of local communities to such projects (Nelson, Mathur & Moonesinghe, 2006).

In Jordan, despite widespread rural poverty (IFAD, 1980), no specific framework to address it exists. The National Strategy for Agricultural Development however focuses on access to technology and resources, the optimum use of resources such as soil and water, and improved access to financial services. Water management is however partly dependent on neighboring countries uses, and is a source of political conflict in the region. Furthermore, the National Agenda 2006-2015 also mentions addressing employment opportunities and service delivery in rural areas and secondary town, specifically through increased penetration of microfinance services, the expansion of village cluster programs and services in rural areas. No accounts of success of the program however exist.

Given the fragile livelihoods of rural populations in the region, attempts to diversify and stabilize income sources have been part not only of national policy initiatives, but also the target of external financing. The International Fund for Agricultural Development (IFAD) has financed dozens of projects in all four countries since 1979, with a total financing exceeding 950 m$. In all countries, there has been a focus on the availability of microcredit to fragile households, and to the improved management of water and land resources. In Egypt, attention has been cast to off-farm enterprises, given that land scarcity implies livelihoods in rural areas cannot solely rely on agriculture.

Based on the knowledge brought forth from the literature on the impacts of migration, migration policies could be articulated with respect to rural development targets in the region. In Tunisia, there are two institutions that govern controlled emigration: the National Employment and Self-Employment Agency (Agence Nationale de l'Emploi et du Travail Indépendant - ANETI) and the Tunisian Agency for Technical Cooperation (Agence Tunisienne de la Coopération Technique - ATCT). The former organizes and ensures placement of the Tunisian labour force abroad, mainly in France, while the latter deals mainly with promoting Tunisian skills and favors the placement in Arab countries. Directly linked to rural outcomes, various agencies also support the promotion of investment and firm creations, such as the Agency for Promoting Agricultural Investments (Agence de Promotion des Investissements Agricoles - APIA). One of the recent projects of APIA, supported by FAO and financed by the Italian government, concerns youth mobility, food security and poverty reduction. The program, which extends over 2 years, was launched in 2016 and aims at improving youth employability in rural areas and enhances policy coherence with regards to rural exodus and migration.

The importance of migration for Morocco is reflected in the policy initiatives it has sparked, with the maintaining of strong links with the diaspora being a priority for the Government. This is embodied in the establishment of a Ministry for the Moroccan Community Residing Abroad in 2000, the Council for the Moroccan Community abroad in 2007 and a national "Strategy of Mobilisation of the Competences of Moroccan Residing Abroad" in 2009. Keeping close contacts with the important diasporas is another way of articulating a migration policy with respect to rural development. Also, a large number of village associations have been created since the 1990s, providing a key point of contact with internal and international migrants from the village. Their aim is to improve socio-economic conditions in rural Morocco and Charfi (2009) finds that they have contributed to the dynamics of collective organization in said villages. In Tunisia too, a reform has been implemented since the 2011 revolution, which entails the election of representatives of Tunisians residing abroad to the Tunisian parliament, and the creation of a Secretary of State for Migrations and Tunisians Abroad (SEMTE) under the supervision of the Ministry for Social Affairs. Egypt has also moved towards a more inclusive approach to its diasporas in Western countries, albeit at the same time harshening laws against illegal emigrants, who risk prison under Egyptian law. After the 2011 revolution, political rights for Egyptian emigrants were strengthened as the right to vote for Egyptians residing abroad was constitutionally guaranteed. Nevertheless, the integration of diasporas has not been as profound as in countries like Morocco and Tunisia (Müller-Funk, 2017). In Jordan, a large expatriate conference was held in 2015, with the aim to establish stronger ties with the Jordanian expatriate community and promote their involvement in their home country.

### 3.2. Implications of the findings

The fact that migration provides diversification of revenue streams is a promising outcome, since land constraint in these countries implies that a focus on the rural non-farm sector might be a better strategy to fight rural poverty than agricultural growth (De Janvry & Sadoulet, 1993). Adams Jr (2001) has confirmed the importance of such activities in the reduction of rural income inequalities in Egypt and Jordan.

Just as migration is inseparable from social and economic transformations, opportunities for migration will play important roles in adaptation to climate change. Given the constraints on agriculture, it seems rational for countries to encourage rural income diversification. Migration can be an accompanying factor in this movement. However, it is important to keep in mind that while hardship motivates migration, migrants' agency should be respected. As argued by Carling and Taaleras (2016) poverty eradication policy has had little success in decreasing either rural-urban migration or international migration, mainly because targeted policies are minor when compared to socio-economic factors, but also because poverty reduction can fuel migration aspirations. Interestingly, they also highlight that poverty-driven migration is the result of perceived poverty and perceived causes of poverty, not of absolute poverty, and therefore, what triggers migration intentions is perceiving oneself as poor and seeing one's poverty as the results of the place in which one lives. Hence, policies focused on addressing low levels of development as key drivers of migration should be analysed and implemented carefully, pursuing synergies and creation of coherent aims. Most of these policies see agriculture as a means to reduce migration aspirations and irregular migration, and existing projects, such as "Return to Agriculture" ("Retour vers l'agriculture") in Senegal have been widely criticized (Pian, 2010 ; Reid-Henry, 2013 ; Talleraas, 2014) and have shown limited results (Panizzon, 2008 ; Diedhiou, 2014). These arguments also resonate in the context of NENA countries where we have seen that there is a considerable need for agro-industrial transformation and where agro-climatic conditions are worsening. In Tunisia for instance, recent disturbances have had destructive effects on water supply systems and multiplied practices of illegal use of water, resulting in a reduction in its availability for farms as well as for the inhabitants. This situation further reduced productivity, crop quality, incomes and the development of the agricultural sector, making the economic outlook for the people in these regions worse.

This does not imply that agricultural development should be secondary. Integrated rural development, such as the land reclamation projects in Egypt, can be fruitful for development. Indeed, improving productivity in agriculture is only part of the solution since it will not be enough to ensure decent livelihoods form most vulnerable rural populations such as small farm owners or landless households. This highlights the need for coherent policies within a holistic framework which takes into account the structural economic constraints that agricultural development faces. As argued by Boughzala and Hamdi (2014) while small and micro-projects are effective for reducing unemployment and poverty, they are not sufficient in ensuring sustainable growth based on inclusive institutions.

Within this framework, the positive externalities of migration should be harnessed, such as the increase in entrepreneurial activities which often accompanies migration. It can act as a tool in the shift from public to private employment, given that the right incentives exist. Hence, return migration policies could be tailored to accompany migrants in their establishment of businesses or in their transition to private sector jobs. In terms of use of capital, incentives can be implemented in order to redirect remittances from real estate towards productive investment in the agricultural sector in order to to mitigate the scarcity of natural resources and to overcome the barriers represented by the limited access to financial resources to improving the productivity.

Returnees do not only transfer capital, but can also bring back accumulated human capital. Given that many of them work in the agricultural sector while abroad, as we have seen for Moroccans in Spain and Egyptians in Jordan and in the Gulf States, there is a potential for knowledge and technology transfer to be harnessed. Nevertheless, this positive externality may be conditional on the returns being voluntary and not forced (David, 2017). Finally, return migrants bring back different norms, with potential impacts on demographic and gender inequality outcomes. This is slightly nuanced by the fact that women's bargaining power seems to increase upon migration.

## REFERENCES


**Abaab, A., Bédrani, S., Bourbouze, A., & Chiche, J.** (1995). Les politiques agricoles et la dynamique des systèmes agropastoraux au Maghreb. *Options Méditerranéennes*, 14, 139-165.

**Ababsa, M.** (2013). Changes in the Regional Distribution of the Population. In *Atlas of Jordan : History, Territories and Society*. Beyrouth, Presses de l'Ifpo.

**Abel, G.J., & Sander, N.** (2014). Quantifying global international migration flows. *Science*, 343(6178), 1520-1522.

**Adams, R.H.** (1986). *Development and social change in rural Egypt*. Syracuse University Press.

**Adams, Jr, R.H.** (1991). The economic uses and impact of international remittances in rural Egypt. *Economic Development and Cultural Change*, 39(4), 695-722.

**Adams Jr, R.H.** (2001). Nonfarm income, inequality, and poverty in rural Egypt and Jordan. Mimeo.

**Akesbi, N.** (2013). L'agriculture marocaine, entre les contraintes de la dépendance alimentaire et les exigences de la régulation sociale. *Maghreb-Machrek*, 215(1), 31-56.

**Al-Assaf, G.** (2016). Do International Remittances Affect the Performance of Labor Market in Jordan? An Empirical Investigation. Economic Research Forum Working Papers No. 1014.

**Amer, M., & Fargues, Ph.** (2014). Labor Market Outcomes and Egypt's Migration Potential, EUI/RSCAS Working Papers - MPC Series 2014/55, San Domenico di Fiesole, 18- 19.

**Amara, M., & Jemmali, H.** (2016). Deciphering the Relationship between Internal Migration and Regional Disparities in Tunisia. *Social Indicators Research*, 1-19.

**Arouri, M., & Nguyen, C.V.** (2017). Does International Migration Affect Labor Supply, Non-farm Diversification and Welfare of Households? Evidence from Egypt. *International Migration*.

**Bell, M., & Charles-Edwards, E.** (2013). Cross-national comparisons of internal migration: An update of global patterns and trends.

**Berriane, M.** (1996). Migration internationale et extension du Cadre Bâti : le cas des villes du Maroc Nord. Séminaire La migration internationale, CERED, Rabat, June.

**Binzel, C., & Assaad, R.** (2011). Egyptian men working abroad: Labor supply responses by the women left behind. *Labor Economics*, 18, 98-114.

**Boughzala, M., & Hamdi, M.T.** (2014). Promoting inclusive growth in Arab countries: Rural and regional development and inequality in Tunisia. *Brookings Global Working Paper Series.*

**Carling, J., & Talleraas, C.** (2016). Root causes and drivers of migration.

**Charfi, A.** (2009). The role of emigrants in rural development associations in Morocco. *Journal of Ethnic and Migration Studies*, 35(10), 1643-1663.

**Chigueur, M.** (2007). L'impact de la migration sur la société marocaine., Chapter in *Développement régional de l'Oriental et migration*. Rabat: AMERM - GTZ - Goethe Institute.

**Collyer, M.** (2004). The Development Impact of Temporary International Labor Migration on Southern Mediterranean Sending Countries: Contrasting Examples of Morocco and Egypt, Sussex Centre for Migration Research WP-T6.

**David, A.M.** (2017). Back to Square One: Socioeconomic Integration of Deported Migrants. *International Migration Review*, 51(1), 127-154.

**David, A., El-Mallakh, N. & Wahba, J.** (2020). Internal versus International Migration in Egypt: Together or Far Apart? *AFD Working Paper Series N°127.*

**David, A., & Jarreau, J.** (2017). Migrating out of a crowded labor market: evidence from Egypt. *IZA Journal of Development and Migration*, 7(1).

**David, A.M., & Marouani, M.A.** (2015). Migration and employment interactions in a crisis context. *Economics of Transition*, 23(3), 597-624.

**David, A. & Marouani M.A.** (2017). Migration patterns and labor market outcomes in Tunisia. DIAL Working Papers Series, N°DT/2017-03.

**Deshingkar, P., & Grimm, S.** (2004). Voluntary internal migration: An update. *Overseas Development Institute, 44.*

**De Bel-Air, F.** (2016a). Migration Profile : Jordan. EUI-RSCAS Policy Brief, Issue 2016/05. Migration Policy Center. Florence. Italy.

**De Bel-Air, F.** (2016b). Migration Profile : Morocco. EUI-RSCAS Policy Brief, Issue 2016/05. Migration Policy Center. Florence. Italy.

**De Bel-Air, F.** (2016c). Migration Profile : Tunisia. EUI-RSCAS Policy Brief, Issue 2016/05. Migration Policy Center. Florence. Italy.

**De Haas, H.** (2001). Migration and Agricultural Transformations in the oases of Morocco and Tunisia. Utrecht: KNAG.

**De Haas, H.** (2005). *Morocco's Migration transition: Trends, determinants and future scenarios.* Global Commission on International Migration.

**De Haas, H.** (2006). Migration, remittances and regional development in Southern Morocco. *Geoforum*, 37(4), 565-580.

**De Haas, H.** (2007a). Turning the tide? Why development will not stop migration. *Development and Change*, 38(5), 819-841.

**De Haas, H.** (2007b). Morocco's Migration Experience: A Transitional Perspective. *International Migration*, 45(4), 39-70.

**De Haas, H.** (2007c), The impact of international migration on social and economic development in Moroccan sending regions: a review of the empirical literature, International Migration Institute, James Martin 21st Century School, WP3, University of Oxford.

**De Haas, H.** (2009) Morocco. Country profile, no 16, Focus Migration. February.

**De Haas, H. and Van Rooij, A.** (2010). Migration as emancipation? the impact of internal and international migration on the position of women left behind in rural Morocco. *Oxford Development Studies*, 38(1), 43–62.

**De Janvry, A., & Sadoulet, E.** (1993). Market, state, and civil organizations in Latin America beyond the debt crisis: The context for rural development. *World Development*, 21(4), 659-674.

**De Silva, S. J., & Silva-Jáuregui, C.** (2004). Migration and Trade in MENA.

**Deotti, L., & Estruch, E.** (2016). Addressing rural youth migration at its root causes: a conceptual framework, FAO.

**Department of Statistics (DoS)** (2016). Jordan-HIMS. Jordan Household International Migration Survey 2014 – Final Report. Jordanian Department of Statistics. Amman. Jordan.

**Desrues, T.** (2004). La nouvelle politique agricole et les associations professionnelles agricoles au Maroc. Fifth Mediterranean Social and Political Research Meeting, Firenze (Italy), March 24-28.

**Diedhiou, A.** (2014) 'The policy fallacy of promoting return migration among Senegalese transnationals.' The ITPCM International Commentary (35).

**Djajic, S.** (1986). International migration, remittances and welfare in a dependent economy, *Journal of Development Economics*, 21, 229-34.

**Domingues Dos Santos M., & Postel-Vinay, F.** (2003), Migration as a source of growth: the perspective of a developing country, *Journal of Population Economcis.* 16(1), 161-75.

**Elloumi, M.** (2006). Les politiques de développement rural en Tunisie : acquis et perspectives. In : Chassany J.P., Pellissier J.-P. (eds.). *Politiques de développement rural durable en Méditerranée dans le cadre de la politique de voisinage de l'Union Européenne.* Montpellier, CIHEAM, 55-65.

**Elmenofi, G.A., El Bilali, H., & Berjan, S.** (2014). Governance of rural development in Egypt. *Annals of Agricultural Sciences*, 59(2), 285-296.

**Faysse, N.** (2015). The rationale of the Green Morocco Plan: missing links between goals and implementation. *The Journal of North African Studies*, 20(4), 622-634.

**Ftouhi, H., Kadiri, Z., Abdellaoui, E.H., & Bossenbroek, L.** (2015). Partir et revenir au village. Mobilité non permanente des jeunes ruraux dans la région du Saïss (Maroc). *Cah Agric,* 24, 372-378.

**Gammoudi, T., & Sghaier, M.** (2007). L'impact socioeconomique de l'émigration sur la région de départ. *Migrations Société*, 19(114), 25.

**Gubert, F.** (2003). L'impact de l'émigration sur les pays d'origine : l'état de la recherche. *Dialogue*, 10, 2-8.

**Kriâa, M., & Mouaddeb, I.** (2014). Mobilité géographique et insertion professionnelle : les diplômés de l'enseignement supérieur en Tunisie (2004-2008). *Revue d'Économie Régionale & Urbaine*, 3, 521-554.

**Lenoël, A. & David, A.** (2017). Leaving work behind? The impact of emigration on female labor force participation in Morocco. *International Migration Review*, forthcoming.

**Marchetta, F.** (2012). Return migration and the survival of entrepreneurial activities in Egypt. *World Development*, 40(10), 1999-2013.

**McCormick, B., & Wahba, J.** (2003). Return international migration and geographical inequality: The case of Egypt. *Journal of African Economies*, 12(4), 500-532.

**Mesnard, A.** (2001), Migration temporaire et mobilité intergénérationnelle, *Recherche Economique de Louvain*, 67(1), 61-90.

**Mesnard, A.** (2004a). Temporary migration and self-employment: evidence from Tunisia. *Brussels Economic Review*, 47(1), 119-138.

**Mesnard, A.** (2004b). Temporary migration and capital market imperfections. *Oxford Economic Papers*, 56(2), 242-262.

**Müller-Funk, L.** (2017). Managing Distance: Examining Egyptian Emigration and Diaspora Policies. *Egypte/Monde arabe*, (1), 47-69.

**Natter, K.** (2015). Revolution and Political Transition in Tunisia: A Migration Game Changer?, Migration Information Source Country Profiles. Washington, DC: Migration Policy Institute.

**Nawar, M.H.** (2006). Rural development policies in Egypt: Historical Background and Evolution of the Institutional Framework. *Politiques de développement rural durable en Méditerranée dans le cadre de la politique de voisinage de l'Union européenne.* Montpellier, CIHEAM, 45-54.

**Nelson, R., Mathur, K., & Moonesinghe, S.** (2006). The Effectiveness of World Bank Support for Community-Based and-Driven Development. Background Paper: Egypt Country Study.

**Panizzon, M.** (2008) Labour mobility: A win-win-win model for trade and development. The case of Senegal. Berne, NCCR Trade Regulation.

**Pian, A.** (2010) Le cadre discursif du développement. Des discours et actions politiques concrètes, aux réportoires d'action des associations de refoulés. Working Paper, 25. Oxford: International Migration Institute (IMI).

**Reid-Henry, S.M.** (2013). An Incorporating Geopolitics: Frontex and the Geopolitical Rationalities of the European Border. *Geopolitics*, 18(1), 198-224.

**Sayan, S.** (2006). Business cycles and workers' remittances: How do migrant workers respond to cyclical movements of GDP at home? IMF Working Paper, 06/52.

**Shehu, E., & Nilsson, B.** (2014). *Informal employment among youth: Evidence from 20 school-to-work transition surveys.* Geneva, ILO.

**Sorensen, N.N.** (2004). Migrant remittances as a development tool: The case of Morocco. Migration Policy Research Working Paper Series, 2.

**Steinmann, S.H.** (1993). Effects of international migration on women's work in agriculture. *Revue de géographie du Maroc*, 15(1-2), 105-124.

**Talleraas, C.** (2014) The policy determinants of migration: What is the role of the Senegalese government in shaping patterns of migration from Senegal to Europe?, MA thesis in Human Geography, Oslo: Department of Sociology and Human Geography, University of Oslo.

**Tarawneh, M.F.** (2014). *Rural Capitalist Development in the Jordan Valley: The Case of Deir Alla-the Rise and Demise of Social Groups*. Sidestone Press.

**Taylor, E.** (1984). Egyptian migration and peasant wives. *Merip reports*, 124, 3-10.

**Teto, A.** (2001). Contribution des transferts a la solidartite sociale et familiale a la consolidation des filets de securites et de protection contre la pauvrete: cas du Maroc. Economic Research Forum for the Arab Countries, Iran and Turkey.

**USDA** (2016). Egyptian Land Reclamation Efforts. USDA Foreign Agricultural Service GAIN Report.

**Van Dalen, H.P., Groenewold, G., & Fokkema, T.** (2005). The effect of remittances on emigration intentions in Egypt, Morocco, and Turkey. *Population Studies*, 59(3), 375-392.

**Wahba, J.** (2007). Returns to overseas work experience: The case of Egypt. In *C. Ozden and M. Schiff (eds.), International Migration, Economic Development and Policy,* 235-258.

**Wahba, J.** (2014). Immigration, emigration, and the labor market in Jordan. *The Jordanian Labor Market in the New Millennium,* 172.

**Wahba, J.** (2015). Through the keyhole: International migration in Egypt. *The Egyptian Labor Market in an Era of Revolution*, 198-217.

**Wahba, J., & Zenou, Y.** (2012). Out of sight, out of mind: Migration, entrepreneurship and social capital. *Regional Science and Urban Economics*, 42(5), 890-903.

**Zohry, A.** (2009). The development impact of internal migration: Findings from Egypt. *International Union for the Scientific Study of Population.*

---

## Migration et développement rural dans les pays d'Afrique du Nord et du Proche-Orient

***Résumé*** – La migration est indissociable des transformations sociales et économiques et joue un rôle crucial sur le bien-être et les moyens de subsistance dans les régions rurales des pays d'Afrique du Nord et du Proche-Orient (NENA). Nous passons en revue les données existantes sur les migrations internes et internationales dans quatre pays de la région NENA aux profils très divers tant en termes de migration que de développement rural : l'Égypte, la Jordanie, le Maroc et la Tunisie. Nous analysons également les politiques de développement rural pour voir sous quelles formes elles semblent adaptées pour s'attaquer aux principaux problèmes mis en évidence par la migration dans la région.

---

***Mots-clés***

Migration
Développement rural
Transferts de fonds
Agriculture
Egypte
Jordanie
Maroc
Tunisie

---

# REVUE RÉGION ET DÉVELOPPEMENT

## Site Web : www.regionetdeveloppement.org

### Recommandations aux auteurs

La Revue Région et Développement publie en français ou en anglais des articles originaux, des notes et documents et des comptes rendus de lecture. Pour soumission à publication, l'auteur doit adresser à la rédaction de la revue le texte par courrier électronique (ou le manuscrit dactylographié en deux exemplaires). La présentation des chapitres, des références bibliographiques et des notes de bas de page doit être conforme à celle de la revue. Les articles doivent être accompagnés d'un résumé en français et en anglais d'une dizaine de lignes, des mots-clés correspondants et de la classification du JEL. Le nom de l'auteur, l'institution à laquelle il appartient et l'adresse complète doivent figurer en page de garde.
Les articles proposés à la revue Région et Développement sont évalués par le Comité de rédaction puis soumis de manière anonyme à un ou deux referees. L'auteur reçoit un rapport d'évaluation, lui aussi anonyme, concluant à publication, révision ou refus.
Après avis favorable à la publication dans la revue, il sera demandé à l'auteur un envoi par mail du texte en Word (y compris figures, tableaux et formules mathématiques compatibles avec Word 2010).

Les propositions d'articles doivent être adressées à la rédaction de la revue :

Professeur Maurice Catin
Revue Région et Développement
Université de Toulon
Laboratoire d'Economie Appliquée au Développement (LEAD)
Faculté de Sciences Économiques et de Gestion
70 Avenue Roger Decouvoux - 83000 Toulon

Mail : maurice.catin@univ-tln.fr

## BULLETIN D'ABONNEMENT

# Revue Région et Développement

**• Je désire souscrire un abonnement pour l'année 2021 (deux numéros) :**

☐ France, DOM-TOM : 44 € ☐ Étranger : 47 €

**• Règlement :**

**Pour la France**

- Chèque bancaire
- Virement sur le compte *CCP 23 625 44 N Paris*
- Paypal sur le lien *paiement.harmattan.fr*
- Carte Bancaire sur le lien *paiement.harmattan.fr*

**Pour l'étranger**

- Virement (en euros uniquement) sur le compte *CCP 23 625 44 N Paris*
- Paypal sur le lien *paiement.harmattan.fr*
- Carte Internationale Visa/Mastercard sur le lien *paiement.harmattan.fr*

Nom et Prénom : ..........................................................................................
Adresse :..........................................................................................................
..........................................................................................................................
Code Postal : .......................... Ville : ...........................................................
Pays : ..................................................

Date : Signature :

***Ce bulletin d'abonnement à la revue Région et Développement et votre règlement sont à retourner à :***

**Éditions L'HARMATTAN - 7, rue de l'École-Polytechnique, 75005 PARIS**
Tél. : 01 40 46 79 14 - fax : 01 43 29 86 20 - site web : www.editions-harmattan.fr

Abonnement annuel : 2 numéros
France, DOM-TOM : 44 € ; Étranger : 47 €

## Structures éditoriales du groupe L'Harmattan

**L'Harmattan Italie**
Via degli Artisti, 15
10124 Torino
harmattan.italia@gmail.com

**L'Harmattan Hongrie**
Kossuth l. u. 14-16.
1053 Budapest
harmattan@harmattan.hu

---

**L'Harmattan Sénégal**
10 VDN en face Mermoz
BP 45034 Dakar-Fann
senharmattan@gmail.com

**L'Harmattan Cameroun**
TSINGA/FECAFOOT
BP 11486 Yaoundé
inkoukam@gmail.com

**L'Harmattan Burkina Faso**
Achille Somé – tengnule@hotmail.fr

**L'Harmattan Guinée**
Almamya, rue KA 028 OKB Agency
BP 3470 Conakry
harmattanguinee@yahoo.fr

**L'Harmattan RDC**
185, avenue Nyangwe
Commune de Lingwala – Kinshasa
matangilamusadila@yahoo.fr

**L'Harmattan Congo**
67, boulevard Denis-Sassou-N'Guesso
BP 2874 Brazzaville
harmattan.congo@yahoo.fr

**L'Harmattan Mali**
ACI 2000 - Immeuble Mgr Jean Marie Cisse
Bureau 10
BP 145 Bamako-Mali
mali@harmattan.fr

**L'Harmattan Togo**
Djidjole – Lomé
Maison Amela
face EPP BATOME
ddamela@aol.com

**L'Harmattan Côte d'Ivoire**
Résidence Karl – Cité des Arts
Abidjan-Cocody
03 BP 1588 Abidjan
espace_harmattan.ci@hotmail.fr

---

## Nos librairies en France

**Librairie internationale**
16, rue des Écoles
75005 Paris
librairie.internationale@harmattan.fr
01 40 46 79 11
www.librairieharmattan.com

**Librairie des savoirs**
21, rue des Écoles
75005 Paris
librairie.sh@harmattan.fr
01 46 34 13 71
www.librairieharmattansh.com

**Librairie Le Lucernaire**
53, rue Notre-Dame-des-Champs
75006 Paris
librairie@lucernaire.fr
01 42 22 67 13

www.ingramcontent.com/pod-product-compliance
Lightning Source LLC
LaVergne TN
LVHW010943051026
849532LV00003B/1113